GOTTESDIENST PRAXIS SERIE B

Arbeitshilfen für die Gestaltung von Gottesdiensten zu Kasualien, Feiertagen, besonderen Anlässen und Arbeitsbücher für die Gemeindepraxis

Herausgegeben von Erhard Domay

Gütersloher Verlagshaus

WEIHNACHTEN
JAHRESWECHSEL

Gottesdienste · Predigten · Szenen · Liturgische Stücke

Herausgegeben von Erhard Domay

Mit einer pastoralsoziologischen Einführung von Karl-Fritz Daiber

Gütersloher Verlagshaus

Die Deutsche Bibliothek - CIP-Einheitsaufnahme

Gottesdienstpraxis. - Gütersloh : Gütersloher Verl.-Haus.

Ser. B, Arbeitshilfen für die Gestaltung von Gottesdiensten zu Kasualien, Feiertagen, besonderen Anlässen und Arbeitsbücher für die Gemeindepraxis / hrsg. von Erhard Domay.

NE: Domay, Erhard [Hrsg.]; Arbeitshilfen für die Gestaltung von Gottesdiensten zu Kasualien, Feiertagen, besonderen Anlässen und Arbeitsbücher für die Gemeindepraxis

Weihnachten, Jahreswechsel: Gottesdienste - Predigten - Szenen - liturgische Stücke / hrsg. von Erhard Domay.
Mit einer pastoralsoziologischen Einf. von Karl-Fritz Daiber. - 1996
ISBN 3-579-02982-7

ISBN 3-579-02982-7

Satz: Fotosetzerei Steggemann, Herford
Druck und Bindung: Ebner Ulm
Umschlagentwurf: Franz Wöllzenmüller, Oberhaching
Titelfoto: © BRIGITTE, 1983

Gedruckt auf chlorfrei gebleichtem Werkdruckpapier

Printed in Germany

Inhalt

Weihnachtspredigten

Gottesdienste, Predigten, liturgische Stücke zum Jahreswechsel

Pastoralsoziologische Einführung

Beobachtungen und Reflexionen von einer hinteren Kirchenbank aus

Karl-Fritz Daiber

Beobachtungen

Mehr als 20 Jahre habe ich in meiner Wohnortgemeinde den Heiligabendgottesdienst eine Stunde vor Mitternacht gehalten. 1995 war es zum ersten Mal wieder anders. Ich saß bei diesem Gottesdienst auf einer hinteren Kirchenbank, freilich nicht nur bei diesem Gottesdienst, sondern bei allen Gottesdiensten, die ich über Weihnachten und Neujahr miterlebt habe. Ich habe mitgefeiert und doch, wie es Soziologenbrauch ist, gleichzeitig auch beobachtet, wahrzunehmen versucht, Probleme registriert, und dies in einer sehr persönlichen Weise. Davon sei hier zunächst berichtet.

Meine Erkundungen begannen in dem Gottesdienst, an dem meine Kinder und Enkel teilnehmen, dem 16-Uhr-Gottesdienst am Heiligen Abend. Ich war nicht die ganze Zeit über dabei, kam später dazu, saß im Vorraum der Kirche, durch eine Glaswand vom Kirchenschiff getrennt, mit einigen Stühlen für Erwachsene, Plätzen für Kinder, Spielzeug für die Kleinen. Kirchenbänke, die ausrangiert waren, links und rechts an der Wand. Als ich kam, war das Krippenspiel voll im Gang und entgegen dem, was mir sonst oft von diesen Gottesdiensten berichtet worden war, war es still in der Kirche. Aufmerksam verfolgten die Menschen das, was am Altar geschah, und dies bis in die letzten Bankreihen hinein. Der Pfarrer hat keine Experimente gemacht, er hat Vertrautes angeboten, und die Menschen konnten mitgehen. Als ich kam, fragte die Küsterin, ob ich noch zu diesem oder schon zum nächsten Gottesdienst käme, die Leute würden am Heiligen Abend oft schon eine Stunde zuvor in der Kirche sein. Sie erzählte dies verwundert, auch etwas mißbilligend. Nun, ich war zu gerade diesem Gottesdienst gekommen, gewissermaßen als Zaungast und doch dabei. Viele Familien mit Kindern waren da, auch ganz kleine hatten die Eltern mitgebracht. Mit einem weinenden Baby kam eine Mutter aus dem Schiff heraus, setzte sich in den Vorraum und begann, das Kind zu stillen. Schön, daß dies heute in der Kirche so möglich ist. Überhaupt war es heiter-gelöst in diesem Vorraum, aufmerksam und doch den Kindern, die es drinnen nicht aushalten konnten, Raum gebend zum Spielen. Ob es nicht auch eine weihnachtliche Atmosphäre gibt? Natürlich gibt es die. Und ob sie nicht bedeutender ist, manchmal bedeutender für die Weitergabe des Weihnachtsevangeliums als alles, was wir mit Worten sagen?

Den nächsten Gottesdienst ließ ich aus. Dafür war ich um 23 Uhr dabei. Wie gesagt, seit vielen Jahren zum ersten Mal von der hinteren Kirchenbank aus, und zwar da, wo sonst immer meine Frau alleine gesessen hatte. Sie hatte die Leute beobachtet, hatte mich über mancherlei Unruhe infor-

miert, die gelegentlich entstanden war, auch erzählt, was für unterschiedliche Menschen sich dort gelegentlich zusammenfanden. Ich habe dies dann erst bei den Abendmahlsfeiern unmittelbar gesehen. Im Kreis der Kommunizierenden waren nicht nur regelmäßige Kirchgänger dabei, sondern oft zufällige Passanten, ganz unterschiedlichen Bevölkerungsschichten zugehörend. Diese Abendmahlsfeiern waren für mich eine große Sache: Gemeinschaft über alle gesellschaftlichen Schranken hinweg, auch über alle Nähen und Distanzen zur Kirche. Ein theologisch nicht völlig nachvollziehbares Urteil, aber doch eine Erfahrung, die mir wichtig ist.
Die Predigt in »meinem« Gottesdienst war gut, theologisch die Dinge auf den Punkt bringend, auch angehend. Aber ich habe sie trotzdem vergessen. Im Nachdenken kann ich nicht einmal mehr den Text erinnern. Was mir in der Erinnerung geblieben ist, ist etwas anderes: So, wie es in den Jahren zuvor auch immer war, hat ein Schauspieler, der in der Gemeinde lebt, die Weihnachtsgeschichte vorgetragen. Es war ein Höhepunkt in diesem Gottesdienst. Die Menschen lauschten gebannt. Man spürte geradezu die Spannung, die uns ergriffen hatte. Natürlich lebt die Traditionsweitergabe von der Auslegung, aber sie lebt auch von dem überlieferten Wort und von ihm allein. Und Auslegungen gibt es vielgestaltige, auch das Weihnachtsoratorium von Johann Sebastian Bach. Zweimal hat man es in diesem Jahr in unserer Gemeinde aufgeführt, an zwei Tagen hintereinander, und die große Kirche war voll besetzt. Es sind kaum die Arien, die die Faszination auslösen, möglicherweise ist das Wichtigste die erzählte, gesungene Geschichte und die Choräle als lobpreisende Antwort der Gemeinde.
Der Heiligabendgottesdienst zur Mitternacht ist seit Jahren gut besucht. Auch in diesem Jahr war er das. Ganz anders ist es am ersten Weihnachtsfeiertag. Auch diesen Gottesdienst ließ ich nicht aus. Gut erinnere ich mich an das erleichternde Aufatmen von Kirchenvorstehern und Pfarrerin, die bereitstanden, um Gesangbücher auszuteilen, als sie wieder einen kommen sahen. Noch war die Kirche so gut wie leer, auch nach mir kamen nicht mehr viele Menschen, ein paar ältere, gar nicht unbedingt solche, die zur »Kerngemeinde« zählten, eher andere, denen einfach dieser Termin gepaßt hat, und die möglicherweise den Rummel am Heiligabend vermeiden wollten. Aber es waren eben nur ein paar. Ein weit unterdurchschnittlicher Gottesdienstbesuch. Trotzdem haben Kirchenmusiker und Pastorin sich etwas einfallen lassen, um die Gemeinde zum Singen zu bewegen. Wir durften auch an dieser oder jener Stelle außer der Reihe aufstehen, um die Bedeutung des Lobes zu unterstreichen. Die Kantorei hat gesungen, eine Kirchenvorsteherin hat eindrucksvoll das Weihnachtsevangelium gelesen. Ich vermute, daß die Pastorin gut gepredigt hat, sie predigt oft gut. Ich konnte sie nur nicht verstehen, weil die Lautsprecheranlage sie dazu verführte, zu schnell und zu leise zu sprechen. Aber ich hatte ja das Weihnachtsevangelium gehört und verstanden.

Am zweiten Weihnachtsfeiertag war ich wieder dabei. Es war ein Gottesdienst mit Abendmahl, auch eine Musikgruppe spielte. Es war sicher ein guter Gottesdienst, nur, der Pastor, der ihn hielt, sprach noch schneller als die Pastorin, noch leiser und noch intimer. So mußte ich während der Weihnachtspredigt Weihnachtslieder aus dem Gesangbuch lesen. Einmal erregte der Prediger meine Aufmerksamkeit. Laut und deutlich sagte er: »Die Theologie ist stumm.« Ob er mich wohl im Auge gehabt hat?
Nach den Weihnachtsfeiertagen fuhr ich, meiner jahreszyklischen Gewohnheit folgend, nach Ostfriesland. Es ist ein Land voller Faszination, gerade auch im Winter, in klaren Sternen- und Mondnächten, wenn man den Himmel ungestört von Ost nach West und von Nord nach Süd in der ganzen Weite des Horizontes über sich hat.
An Silvester besuchte ich zunächst den 17-Uhr-Gottesdienst in der benachbarten Kleinstadt, wo ein junger Pfarrer - es kann auch ein Vikar gewesen sein - predigte. Einheimische Gemeindemitglieder und Gäste waren da. Von den Ausführungen des Predigers her hatte man fast den Eindruck, daß die Mitarbeiterinnen und Mitarbeiter der Gemeinde eingeladen worden waren. Ich persönlich war mit einer besonderen Erwartung in diesen Gottesdienst gegangen. Ich war nicht nur Beobachter, sondern einer, der einen Zuspruch brauchte. Das Jahr, das hinter mir lag, war kein einfaches gewesen.
Von meiner Ausgangslage aus gesehen war mir der ausführliche Bericht über Gruppen und Kreise in der Gemeinde, zu der ich nicht gehörte, ungewöhnlich fremd. Ich hätte diesen Bericht sicherlich besser ertragen, wenn der Pfarrer den Versuch gemacht hätte, die anderen Gemeindemitglieder, die nicht zu dieser Gemeinde gehörten, etwas stärker abzuholen. Ansätze waren enthalten, aber eben nur Ansätze.
Bei der Auswahl der Lieder war sehr auf theologische Korrektheit geachtet worden, zuviel Stimmung sollte ja nicht erzeugt werden. Der Predigt lag das Hebräerwort »Jesus Christus gestern und heute und derselbe auch in Ewigkeit« zugrunde. Für mich ein tröstliches und zukunftseröffnendes Wort, insbesondere auch dann, wenn ich an den Entstehungshintergrund dieses Satzes denke.
Der Predigt konnte ich völlig problemlos folgen. Ich habe jedes Wort des Predigers verstanden, ich meine, rein akustisch verstanden, aber auch sonst. Von dem, was er sagte, weiß ich nicht mehr viel. Ich habe das Gefühl, er hat gut gepredigt. Was mir nicht so ganz gefallen hat, war, daß er sich von den Feuerwerksleuten abgesetzt hat, und auch von anderen. Jedenfalls hatte ich das Gefühl, er meinte zu Beginn der Predigt, dieses Wort aus dem Hebräerbrief komme Menschen gerade entgegen, die Stabilität suchen, die Ordnung brauchen, Festigkeit. Es hat ihm irgendwie nicht gepaßt, daß das so ist. Er wollte selbst mehr Dynamik, mehr Bewegung. Dann sprach er auch davon, daß der Begriff »Ewigkeit« für viele Menschen möglicherweise fremd sei, weil er für sie Statik, ewiges Gleichsein symbolisiere. Freund,

dachte ich, deine Probleme möchte ich haben. Es ist nicht das, was mich am Silvesterabend beschäftigt, aber vielleicht bin ich ja ein Sonderling und ein Sonderfall.

In der Dorfgemeinde, zu der mein Haus gehört, war um sieben Uhr abends Silvestergottesdienst. Auch dort ging ich hin. Eine jüngere Pastorin ist für diese Gemeinde verantwortlich. Ich weiß, sie ist für die Nöte und für die Bedürfnisse der Menschen aufgeschlossen. Paul Gerhardts Lied »Nun laßt uns gehn und treten mit Singen und mit Beten ...« sollte gesungen werden. Ich habe es zuvor gelesen und während des Gottesdienstes irgendwann noch einmal: wie nahe dieses Lied bei den Menschen ist. Und so war es denn auch in diesem Gottesdienst. Die Pfarrerin hat wiederum über den Hebräertext gepredigt, aber ganz anders. Zu Beginn hat sie die Geschichte einer Wanderung auf einer der ostfriesischen Inseln erzählt, die bedrohlich hätte ausgehen können und ein gutes, bewahrtes Ende gefunden hat. Im Grunde war es eine »Engelgeschichte«. Die Pastorin hat das nicht gesagt, aber es war trotzdem so. Ich konnte zuhören, mitgehen, mich trösten lassen und getrost den Tatbestand übersehen, den ich nicht immer übersehen will: daß der Text am Ende, explizit gesehen, nur als Appendix vorkam. Aber vielleicht hat sie ihn doch eben auf andere Weise gepredigt, im Vollzug von Zuwendung. Vielleicht hat das den Unterschied ausgemacht. Im Rahmen der Abkündigungen hat sie überschwenglich Mitarbeiterinnen und Mitarbeiter der Gemeinde gelobt, hat ihnen gedankt und keine Gruppe vergessen. War dies im Pfarrkonvent abgesprochen gewesen, den Dank an die Mitarbeiterinnen und Mitarbeiter im Silvestergottesdienst zur Sprache zu bringen? Mitarbeiterinnen und Mitarbeiter der Gemeinde waren da, das sah man, andere Leute, die offensichtlich den Silvestergottesdienst brauchten, auch, schließlich ein paar Gäste. Beim Hinausgehen verabschiedete sie sich von uns. Eine ältere Frau nahm sie in den Arm. Draußen, auf dem Friedhof, war ein frisches Grab. Zuversichtlich und getrost fuhr ich nach Hause. Etwas sentimental war der Gottesdienst schon, dachte ich, aber er hat mir gutgetan.

Einen Neujahrsgottesdienst gibt es in diesem Dorf nicht mehr, aber in der zentralen Kleinstadt wird er angeboten, verlegt auf den Spätnachmittag, fünf Uhr. Wenn man von der Zahl der Teilnehmerinnen und Teilnehmer am Gottesdienst ausgeht, würde man wahrscheinlich am Neujahrsvormittag kaum mit weniger rechnen dürfen. Die Predigt war gut, merkwürdigerweise habe ich sie total vergessen. Zum Gedenken von Männern, die bei einer Lebensrettungsaktion auf See ertrunken waren, wurde ein schlichtes Orgelstück gespielt, das Gedenken war für mich wichtig. Die erbetene Spende für die schönen Leuchter der Kirche, die mir gut gefallen, habe ich verweigert. Ich hätte lieber für »Brot für die Welt« noch einmal etwas gegeben.

Als ich Anfang Januar den Studierenden meines homiletischen Proseminars von meinen Kirchgängen über Weihnachten und Neujahr erzählte,

haben sie gelacht. Ungläubig gelacht, nicht über die Einzelheiten, wohl aber über die Regelmäßigkeit meines Kirchgangs.
Damit bin ich denn auch beim Erfahrungsaustausch, den wir im Seminar gemacht haben. Einiges soll daraus berichtet werden. Dabei geht es um Erfahrungen mit Weihnachts-, Silvester- und Neujahrsgottesdiensten, quer durch Westdeutschland.
Übereinstimmend wurde von der hohen Beteiligung an den Heiligabendgottesdiensten geprochen. Von einer Gemeinde wurde erzählt, der Mitternachtsgottesdenst sei abgeschafft worden, weil nur wenige Menschen noch an ihm teilgenommen hätten. Der Gottesdienst am ersten Weihnachtsfeiertag scheint durchgängig unterdurchschnittlich besucht zu sein, der am zweiten Weihnachtsfeiertag wieder durchschnittlich. Silvester ist kein Höhepunkt des Gottesdienstbesuchs, wie man es zum Teil vor Jahrzehnten in Süddeutschland antreffen konnte. Eher wird von einer durchschnittlichen Beteiligung gesprochen, von Ausnahmen abgesehen. Der Neujahrsgottesdienst ist überall unterdurchschnittlich besucht, unabhängig davon, ob er am Vormittag oder am Nachmittag stattfindet.
In den allermeisten Gottesdiensten der Festzeit wurde eine Predigt gehalten. Aus einer reformierten Gemeinde der Schweiz wurde erzählt, daß der Versuch, vom Predigtritual abzuweichen, von der Gemeinde nicht akzeptiert wurde. Innerhalb der reformierten Kirche ist dies nicht verwunderlich, aber doch gilt ganz allgemein, daß eben die Predigt als Teil des evangelischen Gesamtrituals festverankert bleibt, sieht man von Formen des Familiengottesdienstes ab, in denen sie beispielsweise durch ein Krippenspiel ersetzt werden kann.
Für Menschen, die die Unruhe des Heiligabend-Familiengottesdienstes nicht kennen, ist diese manchmal überraschend und enttäuschend. Eltern mit kleineren Kindern sind hier allerdings höchst tolerant, sie wären wohl eher verwundert, wenn dies anders sein könnte. Allerdings wird von den Pfarrerinnen und Pfarrern die kindergerechte Gestaltung des gemeinsamen Feierns erwartet. Wo immer es möglich ist, sollte auf die Mitarbeit erfahrener Gemeindemitglieder nicht verzichtet werden.
Die Predigten wurden von den Studierenden keineswegs scharfer Kritik unterzogen, sie fanden in der Regel Akzeptanz. In einem Fall wurde von einer »dogmatisch« orientierten Predigt gesprochen, die aus inhaltlichen, aber auch aus Gründen der Länge eher unruhige Hilflosigkeit, auch bei den erwachsenen Gemeindemitgliedern, erzeugt habe.
Der Schwerpunkt der Beobachtungen der Studierenden lag bei Gottesdiensten der Weihnachtsfeiertage. Silvester- und Neujahrsgottesdienste waren pflichtgemäß zwar auch beobachtet worden, aber ein deutlich emotional besetztes Interesse war kaum zu spüren. Auch von hier aus bestätigt sich, was statistisch erkennbar wird, daß der Heiligabend eindeutig den Schwerpunkt kirchlicher Beteiligung über Weihnachten und Neujahr bildet. Überhaupt scheint es so zu sein, daß die Zeitzäsurierung, die speziell dem

Altjahrsabend und dem Neujahr zukommt, vielfach in den Zusammenhang des Weihnachtenfeierns gerückt ist: Am Heiligabend erinnert man sich dessen, was im vergangenen Jahr war, wie es gelaufen ist, wer beim letzten Weihnachten noch mit dabei war, wer bei diesem Weihnachten nicht mehr unter den Feiernden ist.

Reflexionen

Die gottesdienstliche Beteiligung an den Festtagsgottesdiensten über Weihnachten und Neujahr läßt sich im einzelnen aus der veröffentlichten EKD-Statistik nicht ablesen. Dort finden sich nur die Daten über die Beteiligung an Christvespern und Metten am Heiligen Abend. In der ganzen Reihe von Landeskirchen kam es beispielsweise 1991 zu einer Beteiligung, die bei über 30% der Kirchenmitglieder lag. Trotz Schwankungen im einzelnen dürfte dies die Marke sein, die im Augenblick von Jahr zu Jahr wieder erreicht wird. In einer weiteren Gruppe von Landeskirchen liegt die Beteiligung bei 20–25%, unter 20% wurden nur in Berlin-Brandenburg (West) festgestellt: 1991 waren dort am Heiligen Abend knapp 18% der Kirchenmitglieder im Gottesdienst. Dies bedeutet aber nun, daß der Heilige Abend zum eigentlichen Weihnachtfest geworden ist. Gleichzeitig ist bemerkenswert, daß eine mögliche Unterscheidung nicht so vorgenommen werden kann, daß im Heiligabendgottesdienst der Gottesdienst der volkskirchlichen »Jahreschristen« gesehen wird, in den Gottesdiensten an den folgenden Feiertagen die Gottesdienste der »Kergemeinde«. Vielmehr nehmen auch die mehr oder weniger regelmäßig am gottesdienstlichen Leben Teilnehmenden über Weihnachten eher am Heiligen Abend am Gottesdienst teil als an den anderen Feiertagen. Den ersten Feiertag im Blick auf den Kirchgang dem Heiligen Abend vorzuziehen, hat andere Gründe, als die einer speziellen religiösen Orientierung.
Auffallend ist, daß der Silvestergottesdienst nur noch in Ausnahmefällen einen zweiten emotionalen Höhepunkt der Zeit zwischen Weihnachten und Neujahr bildet. Nicht ganz auszuschließen ist, daß diese Entwicklung auch durch theologische Vorbehalte der Predigerinnen und Prediger mitbestimmt worden ist: Silvester und Neujahr sind doch eigentlich keine richtigen christlichen Festtage, sondern eher bürgerliches Brauchtum. Vorbehaltlos sich auf Bedürfsnislagen betroffener Menschen einzustellen, die ein vergangenes Jahr eher durchlitten als erlebt haben, scheint eher seltener geworden zu sein. Vielleicht ist es zum Teil auch unmöglich geworden, dies zu erwarten, weil der Kontakt zwischen Pfarrerinnen bzw. Pfarrern und Gemeinde gerade in großstädtischen Situationen nicht besonders intensiv sein kann. Mitarbeiterinnen und Mitarbeitern aus Anlaß eines zuendegehenden Jahres zu danken, ist zwar schön, aber im Blick auf die volkskirchliche Gesamtsituation eher der etwas hilflose Versuch, einem Festgottesdienst oder einer Festandacht einen gemeindebezogenen Sinn zu geben. Damit meine ich nicht den Bericht über die sogenannten

»Lebensbewegungen«, der in manchen Landeskirchen üblich ist, daß also über die Anzahl der Taufen, Konfirmationen, Trauungen und Begräbnisse berichtet wird, natürlich auch über Abendmahlsgäste, Kirchenein- und Kirchenaustritte. Insbesondere der Bericht über die Kasualienstatistik kann die lebenszyklische Verankerung eines Jahreswendegottesdienstes unterstreichen und genau jene Problematik bearbeiten, die letztendlich dann doch bei den Weihnachtsgottesdiensten zu kurz kommen muß. An Weihnachten kann erfahrenes Leben zwischen dem vergangenen und dem jetzigen Weihnachten nur unzureichend Berücksichtigung finden. Von daher bleibt manches, was Gemeindemitglieder gerade auch an Weihnachten gleichsam in der Vorwegnahme der Jahreswende bewegt, unausgesprochen.

Nicht unerwähnt darf bleiben, daß der Kirchgang am Heiligen Abend, auch wenn er verbreitet ist, keineswegs von der Mehrheit aller Kirchenmitglieder praktiziert wird. Es gibt nicht wenige, die eben Weihnachten ohne Kirchgang begehen, dies aus äußeren Gründen, aber auch aus inneren Gründen, weil man ohne den Kirchgang auskommt. Aber die Nichtkirchgänger sind nicht von vornherein Menschen, in deren Häusern die Weihnachtsgeschichte nicht gelesen wird. Es sind nicht automatisch Menschen, die ihren Kindern die Weihnachtsgeschichte nicht erzählen; es sind nicht ohne weiteres Menschen, die keine Krippe aufstellen, die nicht »O du fröhliche« singen und nicht »Stille Nacht« und »Vom Himmel hoch da komm ich her«. Trotz aller kommerziellen Überfremdung ist Weihnachten ein christliches Element unserer Kultur geblieben. Dies wirkt sich auf Einstellungen und auf Praxisformen aus, auch wenn diese nicht im Kirchgang ihren Ausdruck finden.

Wenn die Menschen am Heiligabend an den Gottesdiensten teilnehmen, welche Bewegungsgründe leiten sie? Wir haben keine empirischen Untersuchungen, die hier genaue Auskunft geben. Allerdings lassen sich aufgrund von Beobachtungen einige Schlüsse ziehen, die im Grunde genaueren Überprüfungen standhalten würden.

Weihnachten ist das Fest der Familie. Gerade der Heilige Abend hat diese spezielle Funktion, auch wenn die Familienkontakte über die ganze Weihnachtsfestzeit hinaus intensiver sind als sonst. Familie bedeutet Nähe, bedeutet Wärme, bedeutet, sich gegenseitig wahrzunehmen, bedeutet ernstgenommen zu werden, bedeutet letzte soziale Heimat.

Die Familie gerät regelmäßig an Weihnachten unter einen Überforderungsdruck. Sie kann die ersehnte heile Welt nicht völlig verwirklichen. Darum wird die Enttäuschung an der Familie an Weihnachten oft so vital: Weihnachtskräche gibt es auch in den besten Familien. Selbst wenn man das weiß und registriert, bleibt die Sehnsucht und dementsprechend die Erfahrung der Einsamkeit, wenn man keine Familie hat, wenn man allein feiern muß, gelegentlich sogar, wenn man ohne Kinder feiern muß. Darum kommen ja manche Gemeindemitglieder gerade in die Kindergottesdienste, um

an Weihnachten bei Kindern zu sein, um auf diese Weise ein richtiges Weihnachten, wenigstens in Spuren zu haben. Und darum ist auch die Toleranz gegen die Unruhe im Familiengotesdienst so ausgeprägt.
Die Sehnsucht nach einer letzten bergenden Heimat wird durch die Bilder der Weihnachtsgeschichte gestützt: Da ist die Mutter Maria, die das Kind umsorgt. Einmal mütterlich umsorgt sein, diese Sehnsucht mag eine Regression beinhalten, aber sie ist Lebenswirklichkeit. In der Weihnachtsgeschichte tritt die Rolle des Mannes zurück. Natürlich ist er auch wichtig, aber doch nicht ganz so zentral, wie er sich sonst im Leben darstellt. Vermutlich wollen Männer durchaus einmal auch zurücktreten.
Weihnachten ist das Fest der symbolischen Zuwendung, des Austausches von Grüßen und Geschenken, der Teilnahme aneinander. Gelegentlich sind auch dies ambivalente Vorgänge, aber doch unendlich wichtig für die Erfahrung innerer Geborgenheit.
Weihnachten ist auch das Fest, an dem Menschen darum wissen, daß sie geborgenes Leben nicht nur für sich allein haben, sondern es eigentlich weitergeben müßten. Natürlich ist »Brot für die Welt« nur ein symbolischer Akt, natürlich kann man Weihnachtssammlungen aller Art als Alibi für Unterlassenes begreifen. Nur, wenn die Gabe für den hilfesuchenden Menschen an Weihnachten eben doch gegeben wird, wenn ich mich der Perspektive der Armut aussetze und wenigstens in einem symbolischen Versuch darauf antworte, ist das mehr, als wenn ich nur zur Kenntnis nehme und das Portemonnaie geschlossen halte, das Konto als sowieso überzogen vor weiteren Zugriffen schütze.
Alle diese Dimensionen heutigen Weihnachtsfeierns sind nicht zufällig entstanden, sondern haben Anhaltspunkte in der theologischen Bedeutsamkeit des Festes: Gott ist erschienen im Fleisch. Oder johanneisch ausgedrückt: Also hat Gott die Welt geliebt, daß er seinen eingeborenen Sohn gab. Glücklicherweise ist es bei diesen abstrakten theologischen Sätzen nicht geblieben, sondern der theologische Gedanke hat Fleisch angenommen, ist Mensch geworden, und daraus ist eine so schöne Geschichte geworden wie die von Lukas 2, in der sich Armut und Hilflosigkeit in Reichtum und Bergung wandeln. Das jedenfalls ist Lukas 2 mit Sicherheit zu entnehmen, daß einem die Augen geöffnet werden müssen für dieses Geschehen, für die Deutung des Geschehens, von himmlischen Boten. So kann die Weihnachtspredigt eigentlich nie bloß Wirklichkeit verdoppeln, ersehnte und erhoffte Wirklichkeit noch einmal auf ihre Weise spiegeln, sondern sie muß etwas Neues hinzufügen. Und sie fügt etwas Neues hinzu, die Botschaft der Engel nämlich.
Ich vermute, daß solche Sätze für Theologen ganz gut nachvollziehbar sind. Weihnachten zu feiern wäre leichter, wenn der theologische Gehalt weniger synkretistisch vermischt zu haben wäre, weniger volksreligiös überfremdet oder weniger kommerziell säkularisiert. Es wäre theologisch leichter mit der Situation umzugehen, wenn der große Festgottesdienst der

Festgottesdienst am ersten Weihnachtsfeiertag wäre, wenn da die ganze Gemeinde zusammenkäme und mit Pauken und Trompeten in das große Halleluja einstimmen würde. Doch nun ist vielerorts aus dem ersten Festtag ein Anhängsel an den Heiligen Abend geworden. Auch wenn man weiß, daß Feste sich wandeln, ist dies schade. Wirklich? Oder gibt es nicht auch in der Ökumene höchst unterschiedliche Weihnachtstraditionen, Weihnachtstermine, Weihnachtsträume?

Warum gehen Weihnachten so viele Menschen in die Gottesdienste? Ich nehme einen älteren Gedanken hier noch einmal auf: Auch deshalb, weil sie im Jahresablauf von Weihnachten zu Weihnachten denken. Weil wieder ein Jahr vergangen ist, weil das alte Jahr vergangen ist und jetzt Neues ins Haus steht. Eben deshalb, weil das Gedenken an das Vergangene, auch weil Zukunftsängste im Blick auf das Kommende an Weihnachten nicht zureichend bearbeitet werden können, haben die Jahreswendegottesdienste im Rahmen des Weihnachtszyklus nach wie vor eine wichtige Aufgabe, weniger der Neujahrsgottesdienst als der am Altjahrsabend, an Silvester. Was in diesen Gottesdiensten zu sagen ist, sollte über Paul Gerhardts Neujahrslied meditiert werden. Hinter diesem Lied stehen je individuelle Erfahrungen, aber auch kollektive Erfahrungen. 1653 war der Dreißigjährige Krieg zuende, aber seine Wunden nicht verheilt. Beides zusammenzusprechen, kollektive Erfahrungen und individuelle, darauf käme es zu Silvester an. Dabei ist zu bedenken, daß immer dann, wenn ein Jahr persönlich sehr angehend erlebt worden ist, individuell erlebt worden ist, die Erfahrungen des je einzelnen und die des Kollektivs am meisten auseinandergehen. Die Silvesterpredigt darf deshalb nicht ausschließlich politisch-gesellschaftlich orientiert sein. Es kann zugleich nicht darum gehen, nur von individuellen Glücks- und Leiderfahrungen auszugehen. Lebensweltlich nahe Predigten sind für die Jahreswende jedenfalls unabdingbar. Daß Zeitzäsurierungen gerade wiederum über Weihnachten erlebt werden (»Letztes Weihnachten war es noch ganz anders«), bringt mich auf den Gedanken, zu sagen: An der Jahreswende muß die Weihnachtsbotschaft unter der besonderen Bedingung des Rückblicks und des Vorausblicks ausgelegt werden. Ob dies immer über die Jahreslosung möglich ist, kann gefragt werden. Ob sich überhaupt die vorgeschlagenen Perikopen immer eignen, sei als Problem wenigstens angemerkt. Gelegentlich macht man freilich die Erfahrung, daß ein herzlich sperriger Text herzenangehend sich öffnet. Und das ist dann auch das entscheidende Kriterium aus pastoralsoziologischer wie aus pastoraltheologischer Perspektive: Weihnachten und Silvester ist die Zeit der zu Herzen gehenden Predigt. Dazu gehört, daß sich gelegentlich die Predigerinnen und Prediger ins Herz gucken lassen. Die »Objektivität« des Weihnachtskerygmas wird durch Emotionalität nicht aufgelöst, im Gegenteil.

Gottesdienste, Gebete und Gestaltungselemente zum Christfest

»Die Leiblichkeit ist das Ende aller Werke Gottes.«

Gottesdienst am Heiligen Abend *Gunnar Sinn*

Das Thema des Gottesdienstes ist eine Formulierung von Friedrich Christoph Oetinger: »Die Leiblichkeit ist das Ende aller Werke Gottes.«

Orgelvorspiel (leise)

Triangel (Ton)
Hört genau hin! *(Ton)*
Hört alle, die ihr ungeduldig seid!
Hört alle, die ihr Sorgen habt,
genau hin.
Gott kommt! *(Ton)*
Habt keine Angst mehr!
Gott kam in unsere Welt,
arm und menschlich.
(Ton - leise)
Man kann ihn überhören ... wie diesen Ton.
Man kann andere Schwingungen
wichtiger nehmen.
Aber denoch ist er uns nahe, überall,
wie dieser Ton durch den Raum dringt.
(Ton - Pause)
Wenn wir still sind -
wenn wir zu uns kommen,
wenn arme und traurige Menschen das
Klagelied einmal vergessen -
dann war er auch bei ihnen.
Und hat DU zu ihnen gesagt und DU
zu Dir und zu Dir und zu mir!
(Ton - verklingen lassen)

Flötenspiel

Ich begrüße Sie ganz herzlich zum Heiligabendgottesdienst hier im Gemeindezentrum Sündersbühl und bedanke mich schon an dieser Stelle beim Chor unter Leitung von Herrn B. für die festliche Gestaltung dieses Gottesdienstes sowie bei Frau N. für das Flötenspiel.
Gott kommt zu uns in dieser Nacht in Gestalt seines Sohnes - das ist die Botschaft von Weihnachten. Und wir kommen zu ihm, - das ist der Sinn des Advents.

Beide Wege möchte ich mit Ihnen heute Abend nachspüren mit all unseren Sinnen.
So lassen Sie uns durch die Sonntage des Advents noch einmal unserer Sehnsucht nach Leben nachgehen, das sich lohnen soll.
Die erste Kerze des Adventskranzes wird noch einmal entzündet, während wir alle gemeinsam vom ersten Lied aus unserem Liedblatt, die erste Strophe singen.
EG 17,1 Wir sagen euch an ...
(erste Kerze anzünden lassen)

1. Advent - das Warten und Sehnen nimmt seinen Anfang.
Der Weihnachtsmarkt in N. wird eröffnet. Tausend Düfte füllen die Luft.
Was hat alles unseren *Geruchssinn* erreicht?
Nelkenduft und Fichtennadel, Glühwein und Bratwurst vom Grill, Zimt und Vanille - ferne Länder lassen uns grüßen.
Auch hier dürfen wir tief einatmen und vernehmen den Duft von Weihrauch und Myrrhe wie damals im Stall.
(Räucherstäbchen wurden zu Beginn des Gottesdienstes aufgestellt und angezündet)
Es weihnachtet, wenn wir durch die Gassen gehen und tief einatmen - ob Gott etwas damit zu tun hat?
Text 1 (Lektor/in)
Im Evangelium nach Matthäus steht geschrieben:
»Als Jesus geboren war in Bethlehem in Judäa zur Zeit des Königs Herodes, siehe, da kamen Weise aus dem Morgenland nach Jerusalem. ... Und der Stern, den sie im Morgenland gesehen hatten, ging vor ihnen, bis er über dem Ort stand, wo das Kindlein war. Als sie den Stern sagen, wurden sie hoch erfreut und gingen in das Haus und fanden das Kindlein mit Maria seiner Mutter, und fielen nieder und beteten es an und taten ihre Schätze auf und schenkten ihm Gold, Weihrauch und Myrrhe.«
Es ist irgendwie der Duft der großen weiten Welt, den die Weisen in Form von Weihrauch und Myrrhe in den Stall brachten und er verbindet uns mit allen Christen, die in dieser Nacht Weihnachten feiern im Osten und im Westen, im Norden und im Süden.
Ein Zeichen soll uns der Duft dieses Räucherstäbchens sein.
Wir singen den zweiten Vers unseres Liedes
EG 17,2 Wir sagen euch an ... (Vers 2)
(zweite Kerze anzünden lassen)

2. Advent - die Dinge nehmen ihren Lauf. Sie wird lauter die Sehnsucht und die Unruhe, die Erwartung und die Hoffnung.
Was haben wir alles *gehört?* Weihnachtslieder aus tausend Lautsprechern ›Jingle bells‹ und ›Stille Nacht‹, den Traum der weißen Weihnacht und ›O du fröhliche‹. Freilich auch das Klingeln der Kassen und all den anderen Lärm.

Und doch: in allen Geräuschen sehnen sich unsere Ohren nach dem vollen Klang der Nähe Gottes, nach den warmen und nach den leisen Tönen, nach dem Zusammenklang und nach der Harmonie in den vielen Stimmen. Nach Frieden im Land und Frieden in uns sehnen sie sich und nach tiefem Dank und Freude an Gottes Gegenwart.

Text 2 (Lektor/in)

So steht im Lukasevangelium geschrieben:

»Und der Engel sprach zu den Hirten: Fürchtet euch nicht. Siehe, ich verkündige euch große Freude ... Und alsbald war da bei dem Engel die Menge der himmlischen Heerscharen, die lobten Gott und sprachen: Ehre sei Gott in der Höhe und Friede auf Erden bei den Menschen seines Wohlgefallens.«

Und wenn sich nun die Stille tief um uns breitet,
so laß uns hören jenen vollen Klang,
der Welt, die unsichtbar sich um uns breitet,
all deiner Kinder hohen Lobgesang.

So hört sich die Sehnsucht eines Christen unseres Jahrhunderts an – Dietrich Bonhoeffer. Für den Chor der Engel, der die Sehnsucht unseres Hörens erfüllen möge, sei der Ton dieses Klangspiels unser Zeichen.

(Ein Klangspiel klingt)

EG 17,3 Wir sagen euch an ... (Vers 3)

(dritte Kerze anzünden lassen)

3. Advent – wir öffnen unsere *Augen* und sehen die Christbäume, die nächste Tür im Adventskalender und was dahinter ist, wir sehen die Beleuchtung in den Fenstern und an den Häusern und die Not der Welt wird uns bewußter und tritt uns näher, weil wir so gerne etwas Heiles sehen möchten, etwas Ganzes, etwas Vollkommenes. Die Finsternisse der Welt machen die Gedanken nochmal düster und wir möchten sie abschütteln und loswerden, möchten nach vorne schauen auf ein Ziel hin. Ob wir es erkennen können?

Text 3 (Lektor/in)

Beim Propheten Jesaja steht geschrieben:

»Das Volk, das im Finstern wandelt, sieht ein großes Licht und über denen, die da wohnen im finsteren Lande, scheint es hell. Denn uns ist ein Kind geboren, ein Sohn ist uns gegeben, und die Herrschaft ruht auf seiner Schulter.«

Ein Licht auf dem Weg und ein Licht, das uns vom Ziel unseres Lebens her scheint, das ist unser Sehnen im Advent, der Weihnachtsbaum sei unser Zeichen.

(Lichter des Christbaums anschalten)

EG 17,4 Wir sagen euch an ... (Vers 4)

(vierte Kerze anzünden lassen)

4. Advent – Gott ist nah – er steht vor der Tür und klopft an in unser Leben. Er möchte bei uns zu Gast sein in unserer Welt, an unserem Tisch. Er möchte für uns so wichtig sein wie das tägliche Brot, das wir brauchen und von dem allein wir dennoch nicht leben. All unser Schmecken soll ein Vorgeschmack sein auf Gottes Ankunft. Der Geschmack der Plätzchen und der Nüsse, der Mandarinen und des Weihnachtsstollens, des Glühweins nach der Kälte und des warmen Tees daheim ...
Speise und Trank für das Überleben brauchen wir täglich und doch ist Leben mehr als das. Gottes Nähe möchten wir schmecken und sehen und seine Freundlichkeit.
Wir suchen ›Beth-lehem‹, zu Deutsch: Haus des Brotes.
Text 4 (Lektor/in)
Im Psalm 34 steht geschrieben:
»Als ich den Herrn suchte, antwortete er mir und errettete mich aus aller meiner Furcht. Die auf ihn sehen, werden strahlen vor Freude. ... Als einer im Elend rief, hörte der Herr und half ihm aus allen seinen Nöten. Der Engel des Herrn lagert sich um die her, die ihn fürchten und hilft ihnen heraus. Schmecket und sehet, wie freundlich der Herr ist. Wohl dem, der auf ihn trauet!«
Brot des Lebens, Lebensbrot – das ist es, was wir suchen und was wir brauchen. *Leb*-Kuchen, – sie gehören zur Weihnachtszeit, wie kein anderes Gebäck. Einer davon soll unser Zeichen sein, daß Gott nicht in fernen Welten ist, sondern in unser Leben eintrat, Mensch wurde und sich verzehrte, damit wir leben können.

Wir sind da!
Sind wir da?
Für alle, die noch unterwegs sind,
und für alle, die angekommen sind:
mit allen, die gefunden haben
und mit allen, die da sind, singen wir:
Ich steh an deiner Krippen hier
Lied: EG Nr. 37.1-4

Gebet
All unser Sehnen,
all unsere Sinne richten sich, o Herr,
auf dich in dieser Zeit.
In unserem Leben
spüren wir die Unvollkommenheit
und ahnen,
daß bei dir die Erfüllung ist.
Wir möchten dir entgegen gehen
und danken dir,

daß du schon bei uns angekommen bist.
Wir danken dir für deinen Sohn,
der als Mensch
unser Schmecken und Sehen und Riechen
und Hören teilt,
der unser Leiden und unsere Freude kennt
und um unseren Schmerz und unsere Hoffnung weiß.
In ihm laß uns auch uns selbst erkennen
und deine Kinder sein. Amen

Lesung der Weihnachtsgeschichte

Lied: EG 30,1-4: Es ist ein Ros entsprungen ...

Ansprache

Liebe Gemeinde!
Alle Sinne voller Sehnsucht, das Sehen und das Schmecken, das Hören und das Riechen und das Begreifen.
So habe ich versucht mit Ihnen den Weg des Menschen durch den Advent auf den Heiligen Abend hin nachzugehen und zu verstehen.
Der ganze Mensch ist voll Sehnsucht nach der Nähe Gottes oder etwa nicht?

- Wenn Gott heißt, zu den Ursprüngen des Lebens zu gelangen;
- wenn Gott heißt, zu Sinn und Ziel meines Lebens zu finden;
- wenn Gott heißt, nicht allein und verlassen in den Weiten des Weltraums oder unseren Betonwüsten zu sein - dann gewiß doch!

Aber, liebe Gemeinde, Glaube hat doch nur so Sinn und nur so kann uns Gott etwas bedeuten, wenn er den ganzen Menschen trifft und betrifft und nicht nur den Kopf und nicht nur das Gefühl.
»Die Leiblichkeit ist das Ziel aller Wege Gottes« - so hat ein Christ des letzten Jahrhunderts es ausgedrückt. Gott ist ans Ziel gekommen im Stall von Bethlehem und doch bleibt er unruhig und unterwegs, bis er auch uns erreicht hat. Deswegen feiert er mit uns Weihnachten, feiert Gottesdienst mit uns und dient uns und unserem Leben. Heute und jetzt tut er das hier in Sündersbühl. Denn, liebe Gemeinde: Gott, der Glaube, unser Christsein gehört nicht in irgendwelche Winkel der Seele, in Grenzsituationen, an das Lebensende oder in ein Stoßgebet in Not. Da wird er auch seinen Ort haben, aber nicht nur.
Gott ist nicht gestaltlose Kraft, unsichtbare Macht, ein blindes Prinzip oder gefüllte Leere. Weihnachten heißt: das Gott Gestalt annimmt, - begreifbar, sichtbar, hörbar wird und alles umfaßt, was unser Menschsein ausmacht. Mit einem Wort: Daß Gott ein Gesicht hat.

Dieser Stall in Bethlehem ist das Ziel unseres Sehnens, der Ort der Ankunft und des Dabeiseins, das Haus des Brotes, wo unser Hunger gestillt wird. Hier treffen sich Gott und Mensch. Hier können wir ankommen.
Gott ist angekommen und wir? Wir werden in den Stall so kommen müssen, wie wir sind mit unserer Not, unserer Unvollkommenheit und dem ganzen Kram, der uns auch an Weihnachten das Leben nicht leichter macht.
Und das ist gut so, daß wir so kommen können. Vielleicht werden wir ja diesmal manches hinter uns lassen. Weihnachten ist dann keine kitschige Idylle, wie es uns immer wieder dargestellt wird, keine Budenstraße, die morgen abgebaut ist. Es ist nicht das Fest von Micky Maus und Donald Duck.
Es ist das Fest eines Kindes und doch unser aller Fest. Ein Fest für die Kleinen *und* die Großen wohlgemerkt. Für viele ist es ein ganz schlimmes Fest. Lassen Sie mich auch das sagen. Die ärgsten Konflikte, Ehekrisen, die höchsten Selbstmordzahlen, die tiefsten Depressionen sind mit dem Fest verbunden.
Die eigenen Defizite, die Fehler und Verfehlungen werden vielen Menschen erst hier besonders deutlich. Ich will damit nicht die Feststimmung trüben, liebe Gemeinde. Ich möchte ernst damit machen, daß uns heute der Heiland geboren ist, der auch in die verwirrten Beziehungen, in das Dunkel, in die Not eingehen kann und eingreifen, eben Heil bringen.
Gott ist in diesem Kind zwar ohnmächtig geworden, aber er kennt in ihm auch alles, was uns bedrückt und kann uns aufhelfen, dort, wo wir zu ihm kommen und ihn einlassen. Vielleicht möchte Gott gerade in der armseligen Hütte, in dem baufälligen Stall unserer Seele wohnen und fühlt sich gerade da wohl. Dann, liebe Gemeinde, sind wir angekommen.
Wir werden dann nicht nur zur Krippe hingehen mit dem Sehnen all unserer Sonne, sondern, was wir erfahren haben, wird uns auch begleiten auf dem Weg vom Fest in den Alltag. Alle Sinne werden versuchen zu begreifen, was das heißt: Gott wird Mensch und wir werden versuchen, das andern hörbar und fühlbar, begreifbar und sichtbar zu machen. Weihnachten wird mit uns, die wir an der Krippe waren, auf Reisen gehen und dort die Not lindern, wo Gott unser Wort, unsere Hilfe, unseren Glauben haben möchte.
Uns allen, liebe Gemeinde, wünsche ich, daß wir angekommen sind an der Krippe und auch wieder den Weg finden zu uns und zu den anderen. Dazu verleihe Gott uns seinen weihnachtlichen Segen. Amen

Lied: Wir kommen von der Krippe her (Mel.: Vom Himmel hoch; Text: F. Hartmann 1951)

Wir kommen von der Krippe her
Wie ist das Herz und ohn' Beschwer
Obwohl wir wieder in die Nacht
Hinausziehn auf die kalte Wacht

Voll Dunkel drückt auf uns herein
Der Himmel ohne jeden Schein
Und wo erklang der Engel Sang
Braust jetzt der Wind das Feld entlang

Doch in uns ist die große Freud
Die uns der Herr verkündet heut
Das Gotteskind, es ist gebor'n
Wir sind in keiner Nacht verlor'n

Wir schauten's in dem engen Stall
Nun wissen wir uns überall
Wo wir auch sind, von Gott geliebt
Der seinen Sohn der Armut gibt

Wie reich sind wir durch ihn gemacht
Wir ziehen jubelnd durch die Nacht
Was in ihr noch wird geschehn -
Wir haben Gottes Kind gesehn

Gebet
In dieser Heiligen Nacht bitte ich Sie, das folgende Gebet mit jeweils einer Strophe des Liedes aus dem Liedblatt zu unterbrechen. (EG 487)
Wir singen zunächst den ersten Vers:
1. Abend war, bald kommt die Nacht
schlafen geht die Welt
denn sie weiß, es ist die Nacht
über ihr bestellt

1. Sprecher
Die Heilige Nacht ist gekommen. Wir danken dir, Gott, für deine Ankunft in unserer Welt und vertrauen uns deinen Schutz an. Du bist ohnmächtig geworden, damit du uns kennst und uns verstehst.
2. Einer wacht und trägt allein
unsre Müh und Plag
der läßt keinen einsam sein,
weder Nacht noch Tag

2. Sprecher
Herr, wir bitten dich heute besonders für die Menschen, die nicht unter uns sein können, die Einsamen und die Kranken, die Lebensmüden und die Verzweifelten, - die, die dich nicht kennen - nicht mehr oder noch nicht. Laß in dieser Nacht dein Licht auch für sie scheinen. Vor allen denken wir vor dir an die Millionen Menschen auf der Welt, die dieses Weihnachtsfest in Hunger und Angst, Todesnot und Kälte erleben müssen.
3. Bleib und mach die Herzen still
der die Herzen schaut
weiß kein Herz doch was es will
eh sich's dir vertraut

1. Sprecher
Wir bitten dich für alle, die jetzt noch unterwegs sein müssen und arbeiten, damit wir Weihnachten feiern können, die Ärzte und Krankenschwestern, Polizisten und Busfahrer und alle anderen Menschen, die unser Leben sichern. Sei bei ihnen mit deinem weihnachtlichen Segen.

4. Wenn dein Aug ob meinem wacht
wenn dein Trost mir frommt
weiß ich, daß auf gute Nacht
guter Morgen kommt.

2. Sprecher
Herr, wir bitten dich, daß du in dieser Nacht auch in unseren Herzen Einzug hältst und wir zu uns kommen, weil wir deine Nähe erfahren haben mit allen unseren Sinnen, die sehen und schmecken, hören und begreifen können.

Pfarrer
In der weihnachtlichen Stille schütten wir nun unsere Sorgen und Freuden vor deiner Krippe aus uns beten dann, wie dein Sohn uns gelehrt hat

Stille

Vaterunser

Ihnen allen wünsche ich einen gesegneten Heimweg, möge der weihnachtliche Frieden Sie in Ihre Häuser begleiten, der Segen des Vaters und des Sohnes und des Heiligen Geistes. Amen
Räucherstäbchen am Ausgang verteilen.

Von Tür zu Tür

Christvesper mit einem Pantomimespiel *Arno Schmitt*

Familienvesper am Heiligen Abend für Kleine und Große, mit Spielen, Zeichenhandlungen, Liedern und Gerüchen (mitgestaltet von Kinderkirchen-Kindern, ViertkläßlerInnen, einigen KonfirmandInnen und dem Hausmeister, der einen echten Stall mit Krippe und Vogelhäuschen gebaut hat).

Einstimmung
»Die Sterne, die Hirten, die Füchse, die Rosen«
Die Glocken läuten. Die Großen und Kleinen kommen an im Gottesdienstraum, der etwas von einem Stall, einer Herberge, einem Hirtenfeld an sich hat. Eng geht es zu, und leise ist es auch noch nicht, aber die Unruhe der vergangenen Tage und Wochen war groß, da braucht es Zeit, sich einzufinden, auszuatmen, Körper und

Seele zusammenzubekommen. Vielleicht kann die Vesper zur Geburt der Hoffnung eine Hilfe sein ...
Die Orgel spielt in sachten Tönen.

Liturg/in: In dieser Nacht (Prolog)

In dieser Nacht
Verließen die Sterne ihre angestammten Plätze
Und zündeten Lärmfeuer an
Heller denn je.

In dieser Nacht
Verließen die Hirten ihre Dienststellen
Und schrien sich die Parolen
In die verkrusteten Gemüter.

In dieser Nacht
Verließen die Füchse die wärmenden Höhlen
Und der Löwe wiegte den Kopf:
»Revolution?«

In dieser Nacht
Liefen auch die Rosen der Erde davon
Und fingen zu blühen an
Mitten im Schnee.

(»Wie soll ich dich empfangen ...!?«

Gemeinde: Gemeinsames Lied: »Wie soll ich dich empfangen?« (EG 11)

Weissagung
»Dann wird der Berg feststehen ...«

Liturg/in: Propheten haben das Wunder vorausgesehen. »Mein Gott, du träumst ja ...« spotteten die Leute, als sie sie sprechen hörten. »Du bist ja nicht bei Sinnen ...«
Ja, so ihre Erwiderung: Wie im Traum wird es sein! Unsere Sinne werden sich daran gewöhnen müssen!
Einer von ihnen, lange vor der Geburt des Kindes im Stall, der Prophet Micha:
»Dann«, so seine Weissagung ... »Dann wird der Berg, darauf das Haus des Herrn ist, feststehen, erhaben über alle Berge und Hügel. Und die Völker werden zu ihm kommen und alle werden sagen: Kommt, laß uns hingehen zum Berg, zum Berg des Herrn, zum Haus des Gottes Jakobs ... auf daß er uns seine Wege zeige und wir auf seinen Pfaden wandeln! Weisung wird ausgehen vom Zion. Und von Jerusalem des Herrn Wort. Recht wird er sprechen unter den Völkern. Ihre Schwerter werden sie zu Pflugscharen umschmieden und ihre Spieße zu Rebmesser machen. Und kein

Volk wird mehr gegen ein anderes das Schwert erheben. Und jeder wird leben können, endlich, unter seinem Weinstock und unter seinem Feigenbaum. Und keiner mehr wird dem anderen Angst machen!« (Micha 4,1-4)
Ja, wie ein Traum wird es sein! Und unsere Sinne werden sich daran gewöhnen müssen! »Das Volk, das im Finstern wandelt, sieht ein großes Licht. Und über denen, die da wohnen im finsteren Land, scheint es hell!«
Im Hirtenfeld auf den Altarraumstufen beginnt es aus einer alten Wurzel zu blühen und eine Kerze wird entfacht. Liturg/in sagt an: »Tochter Zion, freue dich ...!«

Gemeinde: Gemeinsames Lied: »Tochter Zion, freue dich ...« (EG 13)

Botschaft
»Heut' schließt er wieder auf die Tür ...«
Die Kurrendekinder kommen durch die Gänge zum Hirtenfeld und wenden sich im Halbkreis den Feiernden zu.
Die Flöte spielt Hirtentöne.

Liturg/in: Und als die Zeit »erfüllt« war, geschah, was von den Propheten, lange schon, gesehen wurde:
»Es begab sich nämlich, daß ein Gebot vom Kaiser Augustus ausging, daß alle Welt geschätzt würde. Und diese Schätzung war die allererste und geschah zu der Zeit, als Quirinius Statthalter in Syrien war. Und jedermann ging, daß er sich schätzen ließe. Ein jeder in seine Stadt.
Da machte sich auf auch Joseph aus Galiläa, aus der Stadt Nazareth, in das jüdische Land zur Stadt Davids, die da heißt Bethlehem (weil er aus dem Hause und dem Geschlechte Davids war), damit er sich schätzen ließe mit Maria, seinem vertrauten Weibe; die war schwanger.
Und als sie daselbst waren, kam die Zeit, da sie gebären sollte. Und sie gebar ihren ersten Sohn und wickelte ihn in Windeln und legte ihn in eine Krippe, denn sie hatten sonst keinen Raum in der Herberge ...«. (Lukas 2,1-7)
Die Kurrendekinder singen.

Liturg/in: »Und es waren Hirten in derselben Gegend auf dem Feld bei den Herden. Die hüteten des Nachts ihre Herden. Und der Engel des Herrn trat zu ihnen, und die Klarheit des Herrn umleuchtete sie. Und sie fürchteten sich sehr. Und der Engel sprach zu ihnen: Fürchtet euch nicht! Denn euch ist heute der Heiland geboren, welcher ist Christus, der Herr, in der Stadt Davids! Und das habt zum Zeichen: Ihr werdet finden das Kind, in Windeln gewickelt und in einer Krippe liegen!
Und alsbald war da bei dem Engel eine Menge der himmlischen Heerscharen. Die lobten Gott und sprachen: Ehre sei Gott in der Höhe und Frieden auf Erden bei den Menschen seines Wohlgefallens!« (Lukas 2,8–14)
Die Kurrendekinder singen.

Liturg/in: »Und als die Engel von ihnen gen Himmel fuhren, sprachen die Hirten untereinander: Laßt uns geh'n nach Bethlehem und die Geschichte seh'n, die da geschehen ist und die uns der Herr kundgetan hat!
Und sie gingen eilend und fanden beide, Maria und Joseph, dazu das Kind ... in der Krippe liegen.
Und als sie es gesehen hatten, breiteten sie die Kunde aus, die ihnen gesagt war von diesem Kind. Und alle, vor die es kam, wunderten sich über das, was ihnen die Hirten da sagen.
Maria aber behielt alle diese Worte ... und bewegte sie in ihrem Herzen ...«. (Lukas 2,15–19)

Gemeinde: Gemeinsames Lied: »Lobt Gott, ihr Christen« (EG 27)

Liturg/in: Betrachtung: »Bethlehem«

Bethlehem –
Ein Ort in allen vier Winden.
Ein Ort mit Tauben und Blinden.

Ein Ort, so ärmlich, so verloren.
Mit verschlossenen Herzen, verschloß'nen Toren.

Ein Ort mit Gassen, Märkten, Straßen.
In denen Fremde und Flüchtlinge saßen.

Ein Ort mit Scheinheiligen und Frommen.
Ein Ort, wo wir alle herkommen.

Ein Ort, wo wir alle hingehen.
Das Kind in der Krippe zu sehen.

Der Ort, wo wir's hör'n auf Erden:
Gott ... du läßt es Frieden werden!

Zwischenmelodie auf der Kleinorgel

Pantomime-Spiel der ViertkläßlerInnen (siehe unten)

Zwischenmelodie auf der Kleinorgel

Liturg/in: (gesprochen aus dem hinteren Teil des Gottesdienstraumes):
Was sagte der Engel: Fürchte dich nicht!?
Stell dir vor:
Du kannst noch 'mal beginnen. Wie Noah einst neues Land betreten. Kein Erinnern mehr an dunkle Nächte. Die Angst nicht mehr dein ständiger Begleiter. Und Grübeln und Sorgen: sie haben ihren Schrecken verloren. Stell' dir vor: Gott hat dich ins Bündnis genommen, seinen Segen über dich

gegossen. Und es droht kein Dunkel, kein Gericht! Laß dir sagen: Fürchte dich nicht!
Stell dir vor:
Du kannst noch 'mal beginnen. Voll Vertrauen dann dein Schiff besteigen. Zuversichtlich neu das Ruder fassen. Und du spürst: Die dunklen Fluten ... abgeflossen. Über dir ... der Segen ausgegossen.
Schau' empor und wende dein Gesicht! Laß dir sagen: Fürchte dich nicht!
Stell dir vor:
Du kannst noch 'mal beginnen. Und du spürst: Verlassen, nein, verlassen bist du nicht. Und du spürst: Mein Gott, endlich frei ... losgebunden ... wie Noah sich'res Land gefunden.
In das Dunkel strahlt dir helles Licht! Laß dir sagen: (vom Kind): Fürchte dich nicht!

Gemeinde: Gemeinsames Lied: »Herbei, o ihr Gläubigen ...« (EG 45)

Ausklang
»Komm', laß diese Nacht nicht enden ...«
Kurze Einführung in die Zeichenhandlung des Großen Lichtkreises um die Krippe: Nach dem Gebet, d. h. wenn im Schweigen still und sehr persönlich weitergebetet wird ... ist Zeit, die Kerzen zu entfachen ... am Platz ... oder wer sein Licht an der Krippe holen möchte, der komme nach vorn ... und stelle sich im Rund dieses Raumes irgendwo auf, daß ein Lichterkreis entsteht! (Die Orgel wird dazu spielen.)

Liturg/in: Mein Gott, deinen Frieden ... deinen Shalom ... von den Propheten erhofft, ich seh' ihn, seh' dich ... bist durch, bist da ... hast Wort gehalten ... wie gut das tut, aus Träumen wird Wirklichkeit ... aus Bildern Faßbarkeit ... allererster Schritt ... Ermutigung ... und die im Dunkeln siehst du dich! Tu's nun, Geborener ... tu' dein Friedenswerk ... zögere nicht ... es geht ein Klagen durch die Welt ... ich will sie dir ans Herz legen, die Wunden dieser Welt:
Shalom, die Wärme deines Friedens ... wo Menschen alleine sind in diesen Tagen, der liebe Mensch in der Nähe nicht mehr da, die Wunden noch ganz frisch, die Einsamkeit groß!
Shalom, das Licht deines Friedens ... wo Menschen im Streit leben in diesen Tagen, Beziehungen gebrochen sind, Verständigung ohne Aussicht!
Shalom, die Tröstung deines Friedens ... wo Menschen unter Krankheit leiden und der Hoffnung vielleicht schon bald die Enttäuschung und böse Ahnung folgt!
Shalom, die Kraft deines Friedens ... wo Menschen sich an Fremden auslassen ... in Fremden nicht mehr Menschen sehen, die um unsere Hilfe bitten und unserem Inneren, unserem Gewissen, unserer Menschenfreundlichkeit, unserer Achtung vor anderen etwas zutrauen, vielleicht

auch nur unserer Fairneß und unserem Verstand, sondern in ihnen Eindringlinge und »Feinde« sehen, gegen die man sich zur Wehr zu setzen habe und gegen die so gut wie alle Mittel recht sind ... einem Mädchen aus Griechenland haben sie dieser Tage ein Hakenkreuz auf die Stirn geritzt, Menschen aus Deutschland!
Shalom, die Hoffnung deines Friedens ... wo es der Hunger ist, der herrscht ... das nackte Elend ... das schiere Vergessenwerden unter den Millionen ungezählter Armen in dieser Welt ... wo jetzt schon wieder ein Kind gestorben ist ... und jetzt schon wieder eines ... und jede Sekunde ein neues ... und jetzt schon wieder eines ... weil es am Nötigsten fehlt.
Kindgeborener Shalom ... Gott im Stroh ... Gott endlich angekommen im Dunkeln ... beginn' das Werk deines Friedens!
Kinder nehmen sich ein Licht aus dem Stall und beginnen den Gottesdienstraum zu einem Großen Lichtkreis zu machen ... Erwachsene kommen dazu und machen mit ... Dann:

Gemeinde: Gemeinsames Lied: »Stille Nacht ...« (EG 46) *(Licht geht aus!)*

Gemeinde: Gemeinsames Vater Unser (Licht bleibt aus!)

Liturg/in: Erinnerung an die Hungerkollekte

Schlußsegen
Mit euch auf euren Wegen ... *mit* euch in eurem Beginnen ... *mit* euch in eurem Straucheln und eurer manchmal nur sehr kleinen Kraft ... *Gott,* der Anfänger, Erneuerer, Vollender ... der Vater ... der Sohn ... der Heilige/ Heilende Geist!

Statt »Amen«:
Gemeinde: Gemeinsames Lied: »O du fröhliche ...« (EG 44)

Pantomimespiel
Zwei Menschen gehn von Tür zu Tür
Im Mittelpunkt der Familienvesper an Heiligabend steht das Pantomimische Szenenspiel »Zwei Menschen gehn von Tür zu Tür« der Kinderkirchen- und Viertklässlerkinder. Sein Text geht auf Rolf Krenzer zurück, die Melodie auf Paul Walter. Aufbau und Verlauf sind einfach.

1. Das Spiel beginnt mit der Melodie des Liedchens. Kleinorgel und Instrumente führen in sie hinein. Die Kinder beginnen mit dem ersten Vers, die Großen lassen sich von den Kindern anstecken. Irgendwann klingt es schon ganz gut.
2. Spielfläche ist der Altarraum. Auf dessen rechter Seite ist ein alter Holzstall zu sehen. Kinder decken dessen Dach mit Zweigen und Stroh. Eine

Holzkrippe wird in den Stall getragen, Feldgeräte an die Wände gelehnt. Alles dies darf einige Zeit dauern. Ein Scheinwerfer leuchtet die Szene aus, derweil alle anderen Lichter im Gottesdienstraum verlöschen (mit Ausnahme der Kerzen der beiden Christbäume im Hintergrund des Altarraums). Alles dies geschieht während des Ansingens des Spielliedes.

3. Jetzt geht der Sprecher/die Sprecherin an seinen/ihren Platz, seitlich der Spielfläche, dem Stall gegenüber, am besten auf einem Bühnenelement, damit man ihn/sie von allen Seiten gut sieht/hört. Was der Sprecher/die Sprecherin spricht, inszenieren die Spieler/Spielerinnen ohne Worte, in Gesten und in Bewegungen. (Nur einer der Spieler, der »Verkündigungsengel«, macht Worte im Spiel.)

4. Mitspielen können alle Kinder. Beim Ansingen schon sitzen sie im Halbkreis (auf Teppichen) um den Altarraum. An Rollen hat es keinen Mangel. In den »Hauptrollen«: Maria und Josef, Gastwirte, Sternträger (die über der Geburt des Kindes im Stall den Stern aufgehen lassen), Engel (dazu der »Verkündigungsengel«), Hirten, Könige. In der Schlußszene gesellen sich zu den Menschen »damals« die Menschen »heute«: »Das Volk«. Die Akteure wünschten sich Verkleidungen aus der Kinderkirchenrequisite – nun ja, kann sein, muß aber nicht.

5. Die Spielszenenfolge orientiert sich an den Liedstrophen; die eine und die andere können dabei zusammengezogen werden:

- Zwei Menschen gehen von Tür zu Tür und suchen nach einer Bleibe. Sie finden sie endlich in einem Stall (Strophen 1 und 2).
- In diesem Stall kommt ein Kind zur Welt, von dem ein Großes Licht ausgeht (Strophen 3 und 4).
- Von dem Licht, weit draußen, werden Hirten wach. Sie fürchten sich, lassen sich dann aber doch ein auf die Stimme, gehen und kommen an (Strophen 5 bis 8).
- Auch die Großen dieser Welt wollen wissen, was es zu bedeuten hat mit diesem sonderbaren Stern am Himmel und schicken Inspekteure (Strophe 9).
- Noch einmal der Verkündigungsengel, noch einmal das Helle Licht: Alle sollen es hören ... alle es sehen ... alle Mut wachsen, das Wunder der Nacht hinauszutragen in die Welt ... der Hoffnung Hände und Füße, Herz und Verstand zu geben (Strophe 10).

6. Zum Abschluß noch einmal die Melodie des Liedes – dazu (in Verstärkung des Sprechers/der Sprecherin) die Schlußstrophe, zwei- oder dreimal wiederholt in einem großen Chor der Kleinen und der Großen.

Zwei Menschen gehn von Tür zu Tür

Die Weihnachtsgeschichte im Spiellied

2. Sie finden nur den alten Stall.
Dort gehen sie hinein.
Sie finden nur den alten Stall,
so arm und so allein.

3. Doch mitten in der dunklen Nacht
im Stall dort auf dem Feld,
doch mitten in der dunklen Nacht
kommt Gottes Sohn zur Welt.

4. Am Himmel steht der Weihnachtsstern
und ist so weit zu sehn.
Am Himmel steht der Weihnachtsstern
und kündet, was geschehn.

5. Ein heller Schein hat in der Nacht
die Hirten aufgeweckt.
Ein heller Schein hat in der Nacht
die Hirten sehr erschreckt.

6. Sie hören, was der Engel spricht
und glauben jedes Wort,
Sie hören, was der Engel spricht,
und ihre Angst ist fort.

7. Da machen sie sich auf den Weg
und wollen's selber sehn,
da machten sie sich auf den Weg,
was heute nacht geschehn.

8. So finden sie im alten Stall
das Kind im Krippenstroh.
So finden sie im alten Stall
das Kind und sind so froh.

9. Da kommen auch drei Könige.
Sie folgen froh dem Stern.
Da kommen auich drei Könige
und finden hier den Herrn.

10. Wie Hirten und wie Könige
und all die vielen Leut',
wie Hirten und wie Könige,
so freuen wir uns heut.

Text: Rolf Krenzer / Melodie: Paul G. Walter, © Musikbär Verlag Schriesheim, aus: MC + Spielliederbuch PGW 033, »Jesus lädt die Kinder ein«

Rosen im Winter

Zwei Gottesdienste im Weihnachtsfestkreis
zu dem Lied »Es ist ein Ros entsprungen« *Gottfried Brezger*

Die Blüte erwarten

Text: Jeremia 29,11–14: »Denn ich weiß wohl, was ich für Gedanken über euch habe ...«
Symbol: große, gut sichtbare Rosenknospe mit Stiel (aus Krepp-Papier vorbereitet)
Aktion: Beschriftung von Papier-Rosenblättern (Erwartungen) und Papier-Dornen (Enttäuschungen)

Liturgische Bausteine

Begrüßung und Eingangswort
Wir feiern diesen Gottesdienst im Namen Gottes, des Vaters und des Sohnes und des Heiligen Geists. In seinem Namen warten wir auf einen neuen Himmel und eine neue Erde nach seiner Verheißung, in denen Gerechtigkeit wohnt. (2. Petr 3,13)

Psalm
Psalm 37,1–7 a »... sei stille dem Herrn und warte auf ihn.«

Lesung und Meditation
zu Jeremia 29,11–14
1. Was hält uns gefangen? Worauf warten wir?
2. Gottes Gedanken des Friedens über sein Volk
3. Gott will sich von uns finden lassen

Lieder (zur Auswahl, alle Evangelisches Gesangbuch)
1 Macht hoch die Tür
10 Mit Ernst, o Menschenkinder
11 Wie soll ich dich empfangen
15 »Tröstet, tröstet«, spricht der Herr
18 Seht, die gute Zeit ist da

Die Aktion wird eingeleitet mit einer Gebets-Meditation
zum Symbol der Rosenknospe:
Wie die Blätter und Dornen zur Rosenknospe,
so gehören auch unsere Erwartungen und Enttäuschungen
untrennbar zu unserem Leben und Zusammenleben.

Wie wenn wir uns an Dornen stechen, ist es,
wenn wir enttäuscht sind über andere,
die uns verletzt haben, und über uns selbst,
wenn wir andern Unrecht angetan haben.
Und wenn unsere Erwartungen grünen,
ist es wie mit den Blättern, die das Licht einfangen.
Bring uns zurecht, wo wir unrecht handeln,
gütiger Gott, und enttäusche nicht die Erwartungen
aller, die hungern und dürsten nach deine Gerechtigkeit.

Aktion
Die Blätter und Dornen werden ausgegeben zum Beschriften und wieder eingesammelt und am Stiel der Rosenknospe angeheftet.

Fürbittengebet
Um deinen Frieden bitten wir, Gott des Friedens,
für Menschen, die warten auf ein Ende ihres Leides,
auf ein freundliches Wort, eine hilfreiche Hand, eine befreiende Tat.
Um deine Hoffnung bitten wir, Gott der Hoffnung,
für Menschen, die zu warten verlernt haben,
deren Erwartungen abgrundtief enttäuscht worden sind,
die im täglichen Mühen versinken ohne einen Gedanken der Hoffnung.
Um deine Zukunft bitten wir, Gott der Zukunft,
daß du uns findest mitten in unserer Welt
und dich von uns finden läßt,
daß dein Reich komme zu uns
und wir zur Ruhe kommen bei dir.

Die Erfüllung

Liturgische Bausteine

Begrüßung und Eingangswort
Wir feiern diesen Gottesdienst im Namen Gottes: »Wohl mitten in der Nacht« ist sein Licht den Menschen in Bethlehem erschienen und hat sie und ihre Welt erhellt. Er will auch uns zu Kindern seines Lichtes machen.

Lieder
(zur Auswahl, alle Evangelisches Gesangbuch)
23 Gelobet seist du, Jesu Christ (besonders Vers 4: Das ewig Licht geht da herein …)
30 Es ist ein Ros entsprungen
56 Weil Gott in tiefster Nacht erschienen

Gebet
Mit all' unseren Erwartungen und Enttäuschungen kommen wir zu dir, Gott. In deinem Sohn Jesus Christus bist du in die Welt gekommen, um uns nahe zu sein. Dafür danken wir dir und loben dich mit der ganzen Christenheit auf Erden: Ehre sei Gott in der Höhe und Friede auf Erden bei den Menschen seines Wohlgefallens!

Lesung
Jeremia 29,11-14

Rosenstrauch-Meditation
Erwartungen und Enttäuschungen - Blätter und Dornen

In heißer Erwartung haben die Propheten Israels die Zeit des Heils beschrieben, und so haben sie einen Weg gefunden aus ihrer maßlosen Enttäuschung über das Unheil im Volk Gottes. Erwartungen und Enttäuschungen gehören untrennbar zusammen, wie die Blätter und Dornen zusammen am Rosenstrauch wachsen.

Viele haben beim Gottesdienst »Die Blüte erwarten« und danach bei der Gestaltung des Rosenstrauchs mitgewirkt. Schon beim ersten Blick fällt auf, daß viel mehr Blätter als Dornen zu sehen sind. Es ist wohl schwieriger, gerade im Gottesdienst, wo wir erwarten, daß es heller in und um uns wird, uns der dunklen Seiten in und um uns bewußt zu werden. Zu den *Enttäuschungen,* den Dornen, die wir hier sehen, gehört z. B.:
»ein abgesagter Besuch«,
»Trauer, wenn das Gespräch mit Menschen, an denen mir liegt, nicht gelingt«,
»Hilflosigkeit angesichts des Todes« und des Zerbrechens von Beziehungen.
So ist gerade dieser Festtag für manche Menschen ein besonders schmerzlicher Tag.
Nun steht hier auch:
»Schmerz und Enttäuschung sind für mich auch wichtige Erfahrungen« - vielleicht ein erster Schritt auf dem Weg zur Wahrnehmung meiner Wirklichkeit.
»Ich finde kein Gefäß, um Zeit festzuhalten, finde keins, um Gelassenheit zu sammeln«,
ist da zu lesen, und daneben:
»Warten ist Vorbereitung«.

Die *Erwartungen* auf den Blättern beziehen sich einerseits auf ganz persönliche Wünsche, z. B.
»ich warte auf ein Wiedersehen mit den Kindern«.

Andererseits ist der Strauch voll von Blättern, die den Wunsch nach Frieden, Hoffnung auf mehr soziale Gerechtigkeit, weniger Hunger in der Welt und die Erhaltung von Gottes Schöpfung in ihrer Schönheit zum Ausdruck bringen.
Eine dritte Erwartung richtet sich auf unsere Gemeinschaft in unserer Gemeinde und Kirche.
Da steht z. B. auf einem Blatt: »daß ich mich hier in der Gemeinde zuhause fühle!«
Und auf einem andern Blatt: »Ich hoffe, daß wir in der Kirche besser lernen, mit Gottes Geist zu rechnen, und das auch im Gottesdienst spürbar wird«.

»Es ist ein Ros entsprungen« - in dem schönen alten Lied ist die Knospe und Blüte der Rose ein Zeichen der Erfüllung; Im prophetischen Glauben des Volks Israel konnten Erwartungen durch alle Enttäuschungen hindurch bewahrt werden. Manche unserer Erwartungen werden am Ende ganz anders erfüllt, als wir es uns vorgestellt haben, wie damals in Bethlehem, als es nicht nach menschlichen Erwartungen, sondern nach der kreativen Phantasie Gottes zuging - »wohl zu der halben Nacht«.
(Die Rosenknospe wird geöffnet während des Lieds Es ist ein Ros entsprungen)

Lesung
Lukas 2,25-35 Lobgesang Simeons
Simeon, der Prophet, lobt Gott im Tempel, weil er in dem unscheinbaren Kind Jesus die großen Erwartungen des Volks Israel auf den Messias endlich erfüllt sieht.

Einladung zur Fürbitte zum Refrain (»Weil Gott in tiefster Nacht erschienen«) und Weitergabe des Lichts
Wir denken an Menschen, die schwere Enttäuschungen hinnehmen mußten, ...
Wir denken an die Opfer von Verfolgung und Gewalt in anderen Ländern und bei uns ...
Wir denken an Menschen im Dunkel, die auf das Licht warten, ...
...
Vaterunser, Segen

Fröhliche Weihnacht überall!

Gottesdienst mit Sprechmotette *Birgitt Johanning*

Die Idee zu dem Gottesdienst entstand auf einem Pastoralkolleg im Oktober 1994 in Haus Ortlohn.
Wir haben dann in einem kleinen Kreis diese Idee überarbeitet, Bibeltexte geändert und für unsere Verhältnisse umgeschrieben. Entstanden ist eine Sprechmotette über die einzelnen (oft unbekannten) Strophen des »Weihnachtsschlagers« ›Fröhliche Weihnacht überall‹.
Die Strophen werden zu Bibeltexten in Beziehung gesetzt, sodaß sie sich gegenseitig interpretieren. Der usprüngliche Entwurf sah vor, daß die Gemeinde erst am Schluß des Gottesdienstes informiert werden sollte, um welches Lied es sich in der Sprechmotette handelt. Da wir dies nicht für sinnvoll hielten, beginnen wir die Motette mit der Vorstellung des gesamten Liedes; außerdem ist der Liedtext im Gottesdienstblatt mit ausgedruckt.
Zusammen mit Vikar Kandler (der die »Hinführung« verfaßt hat, s. u.), KMD Falkenroth und Dorotheé Gommen wurde dann der Gottesdienst am Heiligen Abend 1994 um 23 Uhr in der Gemeinde hier in Villigst gefeiert.

Musik
Orgelvorspiel
Löschen der elektrischen Beleuchtung außer der des Weihnachtsbaumes
Chor: »Weihnacht, wie bist du schön«

Hinführung
Wir sind aufgebrochen in die Nacht, heraus aus unseren Wohnungen und Häusern. Heraus aus den Turbulenzen der vergangenen Tage, haben uns auf den Weg gemacht. Heraus aus dem Trubel um Baum, Essen und Geschenke. Der Weg durch die Nacht, die uns umfängt und in ihr Dunkel einhüllt, braucht Zeit. Schritt für Schritt lösen wir uns, entfernen uns von dem Vertrauten. Der Lärm und die Hektik vergehen mit der Zeit im Dunkeln. Wir machen uns auf in die Kirche. Gehen auf das Kind zu. Um es anzutreffen, brauchen wir einen freien Kopf und ein bereites Herz. Denn wenn wir hier in der Kirche angekommen sind, auf unseren Bänken sitzen, geht der Weg zur Begegnung mit Gott in der Gestalt eines Kindes weiter. Noch ist unser Geist unruhig, sind unsere Herzen erregt. Bilder, Gedanken, Gefühle und Erlebnisse halten uns fest, geben den Blick und das Ohr für die Begenung mit dem göttlichen Kind nicht frei.
Der Weg geht weiter. In der Ruhe dieser Stunde führt uns eine Bewegung voran. Eine Bewegung auf die Krippe zu, die dort im Stall hell und klar steht. Es ist die Bewegung des Herzens hin zu dem Kind in der Krippe. Es liegt dort nackt und bloß und ist doch der Zielpunkt dieser Nacht. Es liegt dort in der harten Krippe, und in der Begegnung mit ihm werden wir verwandelt.

In den Liedern dieser Christnacht mischt sich die Vergangenheit ferner Kindertage mit dem Erlebnis der Gottesbegegnung hier und jetzt. Eine Reise in die Vergangenheit ferner Kindertage mit dem Erlebnis der Gottesbegegnung hier und jetzt. Eine Reise in die Vergangenheit so vieler Weihnachtsfeste ereignet sich in den Tönen der vertrauten und geliebten Lieder, die das Herz aufschließen. Dort führen die Lieder ebenso ins Licht der Weihnacht. Durch die Lichter der Kerzen hindurch wird dann das eine Licht hell. Führen sie zur Heimat, wie sie Gott für uns gedacht hat. Gott ist uns ähnlich geworden, er ist Mensch geworden. In diesem Geschehen wird der Ort sichbar, an dem wir in Ruhe leben können: Eben die Geborgenheit von Heimat. Für jeden und jede kann das ein anderes Lied, ein anderer Text sein, der eine solche Erfahrung ermöglicht. Dann vermischen sich die Zeiten so vieler Weihnachtsfeste mit dem großartigen Ereignis der Menschwerdung Gottes. In den Liedern kommen wir uns selbst und unserer Erinnerung nahe wie auch Gott in dem Kind. So können wir Weihnachten erleben. Ein weiterer Schritt auf dem Weg, den wir beschritten haben!
Die vertrauten Worte der Weihnachtsgeschichte nehmen uns mit auf den Weg zur Krippe. Wir erleben mit, wie es zuging damals in Bethlehem, erleben das Wunder der Geburt in ärmlichen Verhältnissen, sind dabei, wenn die Hirten von den Engeln aufgeschreckt werden, hören wieder und wieder neu den Gesang der Engel. Stehen mit den Hirten an der Krippe vor dem Kind. Die alte Geschichte wird neu und aktuell, läßt uns Gottes Nähe im Kind neu spüren. Und damit kommen wir an das Ziel unseres Weges.
So wird dieser Gottesdienst ein Weg vom Menschlichen zum Göttlichen. Gehen wir los aus den unterschiedlichen Verhältnissen und Erlebnissen, um uns vor der Krippe beim göttlichen Kind zu versammeln. Wir gehen mit allen Sinnen und unserem Verstand auf das Wunder der Weihnacht zu, um wieder zu staunen, was Gott für uns getan hat, der Gott, in dessen Namen wir jetzt gemeinsam Gottesdienst feiern.

Gemeindelied: »Herbei, o ihr Gläub'gen« (EG 45)
Zu Beginn des Liedes zünden zwei Chormitglieder ihre Kerzen an den Altarkerzen an, um das Licht dann jeweils dem ersten Menschen in einer Bankreihe weiterzugeben. Dieser zündet die Kerze am Anfang seiner Bank an und gibt das Licht dem hinter ihm Sitzenden weiter, sodaß schließlich der gesamte Mittelgang von brennenden Kerzen geschmückt wird.

Vortrag
Weihnachtsgedicht
(nach Christian Daniel Schubart, 1814)

»Fröhliche Weihnacht überall!«
tönet durch die Lüfte froher Schall.
Weihnachtston, Weihnachtsbaum,

Weihnachtsduft in jedem Raum.
»Fröhliche Weihnacht überall!«
tönet durch die Lüfte froher Schall.

1. Kommt und stimmet alle ein
in den Jubelton,
heute kommt das Licht der Welt
von des Vaters Thron.

2. Licht auf dunklem Wege,
unser Licht bist du,
denn du führst, die dir vertraun,
ein zu sel'ger Ruh'.

3. Was ich andern tue,
sei getan für dich,
laß es mich erkennen:
heut' kommst du für mich.

Gemeindelied: »Tochter Zion« (EG 13, Strophe 1)

Eingangsgebet

Gemeindelied: »Tochter Zion« (EG 13, Strophe 2 + 3)

Sprechmotette
für drei Sprecher/innen und Orgel

Ein Lied vom Jubel und vom Licht
von Gott und von dem Kind
von dir und von mir
für dich und für mich

Die SprecherInnen stehen vor der Gemeinde: Sprecher 2 in der Mitte, Sprecherin 1 bzw. 3 in entsprechendem Abstand jeweils links und rechts von ihm.

3: Fürchtet euch nicht! Siehe, ich verkündige euch große Freude, die allem Volk widerfahren wird; denn euch ist heute der Heiland geboren, welcher ist Christus, der Herr, in der Stadt Davids. (Lukas 2,10 f.)

Orgel
Refrain (»Fröhliche Weihnacht überall»)
3 Strophen, in die Sprecher 1 die entsprechenden Texte hineinspricht
Refrain

1: Kommt und stimmet alle ein in den Jubelton, heute kommt das Licht der Welt von des Vaters Thron.

2: Durch die herzliche Barmherzigkeit unseres Gottes wird uns besuchen das aufgehende Licht aus der Höhe, damit es denen erscheine, die sitzen in Finsternis und Schatten des Todes. (Lukas 1,78 f.)

3: Und das Wort ward Fleisch und wohnte unter uns, und wir sahen seine Herrlichkeit, eine Herrlichkeit als des eingeborenen Sohnes vom Vater voller Gnade und Wahrheit. (Johannes 1,14)

1: Kommt und stimmet alle ein in den Jubelton!

2: Und alsbald war da bei dem Engel die Menge der himmlischen Heerscharen, die lobten Gott und sprachen: Ehre sei Gott in der Höhe und Friede auf Erden den Menschen seines Wohlgefallens. (Lukas 2,13 f.)

3: Als sie es aber gesehen hatten, breiteten sie das Wort aus, das ihnen von diesem Kinde gesagt war. (Lukas 2,17)

1: ... heute kommt das Licht der Welt von des Vaters Thron.

2: Und du, Bethlehem im jüdischen Lande, bist die kleinste unter den Städten in Juda; denn aus dir wird kommen der Fürst, der mein Volk Israel weiden soll. (Micha 5,1)

3: Und sie gebar ihren ersten Sohn und wickelte ihn in Windeln und legte ihn in eine Krippe; denn sie hatten sonst keinen Raum in der Herberge. (Lukas 2,7)

1: Kommt und stimmet alle ein in den Jubelton, heute kommt das Licht der Welt von des Vaters Thron.

Orgelimprovisation: »Fröhliche Weihnacht ...«

1: Licht auf dunklem Wege, unser Licht bist du, denn du führst, die dir vertraun, ein zu sel'ger Ruh'.

2: Als sie den Stern sahen, wurden sie hocherfreut und gingen in das Haus und fanden das Kind mit Maria, seiner Mutter, und fielen nieder und beteten es an und taten ihre Schätze auf und schenkten ihm Gold, Weihrauch und Myrrhe. (Matthäus 2,10 f.)

3: Der Geist Gottes des Herrn ist auf mir, weil der Herr mich gesandt hat, den Elenden gute Botschaft zu bringen, die zerbrochenen Herzens zu verbinden, zu verkündigen den Gefangenen die Freiheit, den Gebundenen, daß sie frei und ledig sein sollen; zu verkündigen ein gnädiges Jahr des Herrn und einen Tag der Vergeltung unseres Gottes, zu trösten alle Trauernden. (Jesaja 60,1f.)

1: Licht auf dunklem Wege, unser Licht bist du.

2: Durch die herzliche Barmherzigkeit unseres Gottes wird uns besuchen das aufgehende Licht aus der Höhe, damit es denen erscheine, die sitzen in Finsternis und Schatten des Todes. (Lukas 1,78f.)

3: Siehe, eine junge Frau wird schwanger sein und einen Sohn gebären, und sie werden ihm den Namen Immanuel geben, das heißt übersetzt: Gott mit uns. (Matthäus 1,23)

1: ... denn du führst, die dir vertrauen, ein zu sel'ger Ruh'.

2: Tröstet, tröstet mein Volk!, spricht euer Gott. Redet mit Jerusalem freundlich und predigt ihr, daß ihre Knechtschaft ein Ende hat. (Jesaja 40,1f.)

3: Mache dich auf, werde Licht; denn dein Licht kommt, und die Herrlichkeit des Herrn geht auf über dir! Denn siehe, Finsternis bedeckt das Erdreich und Dunkel die Völker; aber über dir geht auf der Herr und seine Herrlichkeit erscheint über dir. (Jesaja 60,1f.)

1: Licht auf dunklem Wege, unser Licht bist du; denn du führst, die dir vertraun, ein zu sel'ger Ruh'.

Orgelimprovisation: »Fröhliche Weihnacht ...«

1: Was ich andern tue, sei getan für dich: Laß es mich erkennen: heut kommst du für mich.

2: Also hat Gott die Welt geliebt, daß er seinen eingeborenen Sohn gab, damit alle, die an ihn glauben, nicht verloren werden, sondern das ewige Leben haben. (Johannes 3,16)

3: Herr, nun läßt du deinen Diener in Frieden fahren, wie du gesagt hast; denn meine Augen haben deinen Heiland gesehen, den du bereitest hast vor allen Völkern, ein Licht zu erleuchten die Heiden und zum Preis deines Volkes Israel. (Lukas 2,29ff.)

1: Was ich andern tue, sei getan für dich ...

2: Was ihr getan habt einem unter diesen meinen geringsten Brüdern, das habt ihr mir getan. (Matthäus 25,40 b)

3: Liebet eure Feinde; tut wohl denen, die euch hassen; segnet, die euch fluchen; bittet für die, so euch beleidigen. (Lukas 6,27 b.28)

1: Laß es mich erkennen: heut kommst du für mich.

2: Der Herr ist mein Licht und mein Heil; vor wem soll ich mich fürchten? Der Herr ist meines Lebens Kraft; vor wem sollte mir grauen? (Psalm 27,1)

1: Denn uns ist ein Kind geboren, ein Sohn ist uns gegeben, und die Herrschaft ruht auf seiner Schulter; und der heißt Wunder-Rat, Gott-Held, Ewig-Vater, Friede-Fürst; auf daß seine Herrschaft groß werde und des Friedens kein Ende. (Jesaja 9,5.6 a)

1: Was ich andern tue, sei getan für dich: Laß es mich erkennen, heut kommst du für mich.

Gemeindelied: »Fröhliche Weihnacht überall …«

Die Weihnachtsgeschichte: Lukas 2,1–7

Chor: »Es ist ein Ros entsprungen«

Die Weihnachtsgeschichte: Lukas 2,8–14

Gemeindelied: »Hört der Engel helle Lieder …« (EG 54)

Die Weihnachtsgeschichte: Lukas 2,15–20

Chor: »Wißt ihr noch, wie es geschehen …«

Gebet, Unser Vater, Segen

Gemeindelied: »O du fröhliche …« (EG 44)

Orgelnachspiel

Der Gruß des Paradieses

Christmette

Gert Hartmann

Votum
Es waren Hirten auf dem Felde in der Gegend um Bethlehem, die hüteten des Nachts ihre Herde. Da trat der Engel des Herrn zu ihnen, und der Glanz des Herrn umstrahlte sie. Sie fürchteten sich sehr. Und der Engel sprach zu ihnen: Fürchtet euch nicht! Siehe, ich verkündige euch große Freude; ... denn euch ist heute der Heiland geboren, Christus, der Herr, in der Stadt Davids. ... Da werdet ihr das Kind finden, in Windeln gewickelt und in einer Krippe liegen. Und plötzlich war bei dem Engel ein himmlisches Heer. Die lobten Gott und sprachen: Ehre sei Gott in der Höhe und Friede auf Erden bei den Menschen seines Wohlgefallens:

Chor und Gemeinde
Vom Himmel hoch, da komm ich her (EG 16)
Chorsänger von der Chorempore: V. 1-5
Gemeinde: V. 6-8,15

Lesung
Euch ist heute der Heiland geboren, hatte der Engel den Hirten gesagt, ihr werdet das Kind in einer Krippe finden. Und die machten sich auf: Laßt uns nach Bethlehem gehen, und die Geschichte sehen, die da geschehen sein soll, wie der Herr uns sagen ließ.

Einstimmung
Ich stelle mir vor:
Einer rannte gleich ungeduldig los. Ein anderer dachte vielleicht: Nun mal langsam, das Kind läuft ja nicht weg. Ein dritter war zögerlich: Das mit dem Heiland und dem Frieden klingt ja gut, wenn es nur wahr wäre. Ein vierter freute sich wie ein Kind: Ein Engel erscheint schließlich nicht jeden Tag.
Ich denke mir also, den Hirten ging es so ähnlich wie uns, nämlich unterschiedlich. Sie hatten einen Engel gesehen und himmlischen Glanz. Und dann wollten sie nachsehen, was es mit dieser Geschichte auf sich hat.
Ähnlich wie wir, wenn es Weihnachten wird, und wenn wir zum Weihnachtsgottesdienst gehen, die Geschichte wieder zu hören: Irgendwie sind es ja besondere Tage. Irgendwie spüren die meisten: Gott ist uns näher als sonst. Und das hat etwas zu tun mit dem Kind in der Krippe, mit dem Licht in der Nacht und mit dem Frieden, von dem der Engel gesprochen hat. So kommen wir zusammen. Und kommen doch aus unterschiedlichen

Lebensumständen, mehr oder weniger glücklich, mehr oder weniger besorgt. Festlich gestimmt die einen, andere eher mit der Sehnsucht, es möchte doch irgend etwas dran sein und wahr werden.

Gebet
Lassen Sie uns beten. Ich habe ein Gebet formuliert sozusagen für Menschen auf dem Weg zu dem Kind nach Bethlehem. Ein Gebet aus verschiedenen Stimmungen und mit unterschiedlichen Weihnachtswünschen. Wahrscheinlich können Sie nicht in jeden Satz einstimmen. Zu einigen Sätzen mögen Sie ›ja‹ und ›Amen‹ sagen. Bei anderen: ›Nein, so geht es mir nicht, Gott sei Dank‹ oder ›Gott sei's geklagt.‹
Gott, unser Vater und unser Erlöser, wir kommen mit guten und schweren Erfahrungen und suchen dich.

- Die Tage sind dunkel, und manche Lichter leuchten. - Laß dein Licht in die Finsternis scheinen.
- Es war schön, mit der Familie beim Weihnachtsbaum. - Nun will ich mich freuen am Glanz der Familie in Bethlehem.
- Ich bin oft allein. Wenige Menschen sind bei mir und noch weniger verstehen mich. - Zeige mir, daß Du mir so nahe bist wie dem Kind, und wecke in mir kindliches Zutrauen.
- Zu viele Leute beanspruchen mich, Anspannung und Arbeit nehmen kein Ende. - Laß mich zur Ruhe kommen bei dem Kind.
- Ich habe schöne Geschenke bekommen und meine Geschenke haben Freude gemacht. - Nun wünsche ich mir deinen Heiligen Geist zum Geschenk.
- Wir haben reichlich zu essen, und auch Zutaten zum Festessen sind da. - Zeig uns in Bethlehem, warum wir feiern.
- Ich habe Angst, daß Fremdenfeindlichkeit wie ein Krebsgeschwür im öffentlichen Leben wuchert oder gar mich selbst befällt. - Erleuchte die Finsternis mit Licht und Klarheit.
- Fanatische Wut zwischen Völkern und Religionen erschrecken uns, Kriege machen uns ratlos. - Gib uns Frieden und laß uns dir die Ehre geben.
- Ich habe Angst um Verdienst und Arbeit. - Und der Engel sagt, du seist in ärmlichen Verhältnissen im Stall zu finden.
- Ich denke an Freunde und Verwandte in der Ferne. - Laß es auch bei ihnen Weihnachten sein.
- Menschen, die ich schätze, sind mir fremd geworden, und ich finde keine Worte, die Wand zu durchbrechen. - Laß mich bei dem Kind in der Krippe selber kindlich unbefangen werden.
- Ich weiß von vielen Menschen in Not, einigen hätte ich vielleicht doch helfen können. - Das Kind soll ein Heiland sein für Gerechte und Ungerechte.
- Es gibt noch andere Weihnachtswünsche, die uns persönlich bewegen. Wir sagen sie dir, jeder für sich, in der Stille.

  ...

- Gott, unser Vater und unser Erlöser: Wir komen mit soviel guten und bösen Erfahrungen eines langen Lebens und suchen dich in Bethlehem. - Mit der Geburt dieses Kindes willst du noch einmal von vorne anfangen und versprichst auch uns eine neue Geburt.

Chor
Amen, das ist, es werde wahr (EG 241,9, Satz von J. S. Bach)

Lesung
Hören wir nun die Weihnachtsgeschichte (Lukas 2)

Gemeindelied: Ich steh an deiner Krippen hier (EG 28,1-4)

Gedanken zur Bibel
Weihnachtswünsche und die Sehnsucht nach dem Paradies
Sie kamen eilend und fanden beide, Maria und Joseph, dazu das Kind in der Krippe liegen. Und sie hatten die himmlische Botschaft im Ohr, daß mit diesem Kind eine neue Geschichte Gottes mit den Menschen anfangen wird.
Mit der Geburt jedes Kindes fängt etwas Neues an, ein neues Leben und eine neue Geschichte. Und wir ahnen, daß die Geschichte Gottes mit einem Menschen anfängt. Von der Weihnachtsgeschichte fällt ein Licht auf die Geburt jedes Kindes, und jede Geburt ist ein bißchen wie Weihnachten.
Als Eltern und Angehörige erleben wir zweierlei: Wir fühlen uns herausgefordert, für unser Kind zu sorgen und wissen, daß das Freude machen und auch eine Last sein wird. Aber nicht immer sind wir beschäftigt, ein Kind zu versorgen. Wir können es auch betrachten und mit ihm spielen. Und wenn wir ein Kind betrachten, geht etwas von ihm auf uns über. Es spricht in uns an, was kindlich in uns geblieben ist. Und es erinnert an unsere Kinderzeit und an den Ursprung des Lebens. Wir wissen natürlich, daß unsere eigene Kindheit nicht nur schön und glücklich gewesen ist; wir haben oft geweint. Aber in der Erinnerung erscheint sie meistens schön, fast wie ein Paradies.
Die Weihnachtsgeschichte von der Geburt des göttlichen Kindes weckt in uns ähnliche Gedanken und Gefühle. Nicht nur, daß oft Erinnerungen auftauchen an Weihnachtsfeste in der Kinderzeit. Die sind in der Erinnerung meistens besonders schön, als Tage sorglosen Glücks oder weil in Zeiten von Krieg und Mangel ein Glanz in das Leben kam. Das Kind von Bethlehem spricht auch das an, was in uns kindlich geblieben ist. Oder es weckt die Sehnsucht, noch einmal - wenigstens ein bißchen - wie ein Kind zu sein, arglos und sorgenfrei und zum Spielen aufgelegt: ein bißchen wie im Paradies.
Und falls die Geschichte von der weihnachtlichen Geburt in uns solche Spuren kindlichen Sinnes weckt, ist schon etwas erfüllt von dem, was der Engel sagt: Euch ist der Erlöser geboren.

Nun ist es ja nicht so, daß wir zu Weihnachten das Kind und mit dem Kind Kindliches suchen, weil das Leben der Erwachsenen nur enttäuschend und schwer wäre. Wir haben auch Gutes erlebt, und wir haben nicht alles falsch gemacht, seit wir in kindlichem Trotz den eigenen Willen ausprobiert und in der Jugendzeit eigene Wege gesucht haben. Niemand wird im Ernst hinter diese Erfahrungen zurückwollen. Aber es ist auch Trauer dabei, weil das Paradies verloren ist.

Wir sind erwachsen. Wir wissen, was Freiheit wert ist - und daß sie auch einsam macht. Wir schätzen das Recht, eine eigene Meinung zu haben und unser Leben selbständig zu gestalten - und wissen auch, wie oft wir uns dabei verirren. Wir übernehmen Verantwortung - und bleiben dabei nicht ohne Schuld. Es führt kein Weg zurück in das Paradies unschuldig träumender Kindlichkeit.

Deshalb ist wie die Weihnachtsgeschichte auch die Geschichte vom verlorenen Paradies *unsere* Geschichte. Die *Weihnachtsgeschichte* kann zu unserer Geschichte werden, wenn wir uns wie die Hirten zu dem Kind in der Krippe aufmachen. Wir machen uns auf diesen Weg aus unterschiedlichen Lebensumständen, von unterschiedlichen Erfahrungen geprägt und in unterschiedlicher Stimmung. Die *Geschichte vom verlorenen Paradies* ist unsere Geschichte als Sinnbild des gemeinsamen Ursprungs, an den wir uns irgendwie erinnern in unserer Sehnsucht nach Frieden.

Lesung

Ich lese einen Auszug aus dem 2. u. 3. Kapitel der Bibel (1. Mose 2+3 in Auswahl).

Orgelmusik

Gedanken zur Bibel

Freiheit und Mühsal jenseits von Eden

Wir haben vom Baum der Erkenntnis gegessen. Damit hat sich der Mensch aus dem Tierreich gelöst. Damit löst sich ein Kind aus der totalen Abhängigkeit von der Mutter.

Und das soll man nicht ›Sündenfall‹ nennen. Von Sünde ist hier keine Rede, jedenfalls nicht im Sinne von vermeidbarer Schuld. Man nennt es doch auch nicht Sünde, wenn Kinder trotzig den eigenen Willen erproben und Jugendliche um Selbständigkeit streiten.

Die Schlange ist hier auch nicht Sinnbild des Bösen, schon gar nicht der Teufel. Eher wie eine pfiffige Lehrerin, weist sie die Menschen auf den Baum der Erkenntnis hin und weckt Lust, die Welt zu verstehen und das Leben zu gestalten. Ihr werdet sein wie Gott, sagt sie, und wissen, was gut und böse ist.

Und die Schlange behält Recht. Die Menschen essen - und sterben nicht, wie Gott gewarnt hatte. Die Augen gehen ihnen auf. Und sie entdecken, daß sie nackt sind. Davon hatte die Schlange freilich nichts gesagt, daß die Sache zwei Seiten hat: Erkenntnis ist gut, besonders Selbsterkenntnis. Aber die läßt auch sehen, daß wir nicht makellos sind. Frei sein ist gut. Aber wer ein freies Leben führt, den kann jeder sehen, und manchmal zeigt sich, wie er sich übernommen hatte. Eigenverantwortlichkeit ist gut. Aber wo selbständige Menschen zusammenleben, werden sie auch Konkurrenten und aneinander schuldig, wie Kain und Abel. So kam mit der Freiheit die Scham in die Welt und mit der Verantwortlichkeit die Schuld.

Gott wußte, daß es gefährlich werden würde. Deshalb wollte er die Menschen vom Baum der Erkenntnis fernhalten. Zu ihrem und vielleicht auch zu seinem Schutz, wie auch Eltern nicht gerne sehen, wenn die Kinder anfangen, mit Feuer zu spielen. Aber nachdem es nun einmal geschehen war, erkennt Gott es an: Nun ist der Mensch geworden, wie unsereiner, sagt er, er weiß, was gut und böse ist. In der Gestaltung unseres Lebens und in der Verwaltung der Erde sind wir zu seinen ebenbürtigen Partnern geworden. Das ist ein Risiko für uns und für ihn. Und damit dieses Risiko kalkulierbar bleibt, verstellt Gott den Weg zum Baum des Lebens. Denn wenn wir auch den Tod abschafften, wären wir nicht nur selbständig, sondern allmächtig. Wer könnte das noch verantworten? Deshalb wird das Paradies verschlossen.

Außerhalb Edens trägt der Acker mit Gottes Segen immer noch Frucht, und Arbeit macht Freude. Aber es wachsen eben auch Dornen und Disteln, und die Arbeit wird schwer, zuweilen vergebliche Mühe. Außerhalb Edens werden mit Gottes Segen immer noch Kinder geboren, zum Glück für die Eltern, aber auch verbunden mit Schmerzen und Sorgen. Auch jenseits von Eden gelingt im Zusammenleben vieles nach Gottes Geboten. Aber wir werden ihnen niemals gerecht und bleiben nicht ohne Schuld.

Deshalb erwacht immer wieder, besonders zu Weihnachten, die Sehnsucht nach dem verlorenen Paradies; die Sehnsucht, erlöst zu werden aus Mühsal und Vergeblichkeit, aus Verletzungen und Schuld.

Und genau deshalb, so erzählt die Weihnachtsgeschichte, will Gott von neuem anfangen – und es besser machen als beim ersten Mal. Mit diesem Kind, zum Heiland geboren, soll eine Geschichte anfangen zu Gottes Ehre und zum Frieden für die Menschen.

Deshalb ist es, als ginge in Bethlehem in dieser Nacht das Tor zum Paradies wieder auf: Ein Kind, das nicht Freiheit erringen muß, sondern Freiheit bringt. Ein Kind, für das nicht wir wie Eltern sorgen müssen, sondern das uns zu neuem Leben in kindlichem Geist verhilft.

Der Baum der Erkenntnis hatte uns gezeigt, was gut und böse ist. Das Kind zeigt uns, daß kindliche Sorglosigkeit stärker sein kann als die Angst, zu kurz zu kommen; daß kindliche Arglosigkeit weiter reicht als Mißtrauen und Mißgunst, und daß Gott dafür einsteht.

Wenn das in Bethlehem geschieht, ist es, als kehrten wir erwachsen zum Paradies zurück. So ähnlich wie erwachsene Kinder, die nach den Kämpfen der Jugendzeit reif geworden sind und zu den Eltern eine neue Beziehung finden, so kann auch zwischen uns und Gott eine neue Geschichte anfangen. Vielleicht läßt er uns jetzt auch an den Baum des Lebens ran.

Gemeinde und Chor im Wechsel
Lobt Gott, ihr Christen (EG 21), beginnend und endend mit V. 6: Heut schleußt er wieder auf die Tür.

Die Hirten fanden das Kind, und ihre Hoffnung wurde zur Freude. Im Morgenland sahe drei Weise den Stern über Bethlehem. Sie zogen ihm nach, und ihre Ahnung wurde zur Gewißheit. Aber einer freute sich nicht: Herodes, der König im nahen Jerusalem. Er sah in dem göttlichen Kind keinen Erlöser, sondern einen Konkurrenten. Oder schärfer: Er fürchtete vielleicht, da sei tatsächlich ein Erlöser geboren - und deshalb gefährlich für seine Gewaltherrschaft. Er wollte das Kind ermorden. Bethlehem war damals keine Idylle und ist es heute nicht. Weihnachten kann mehr als ein frommer Traum nur sein, wenn Gott das Kind und unseren Glauben vor allem bewahrt, was es und uns bedroht.

Lesung
Darum will ich noch eine dritte Geschichte lesen. Ein geheimnisvolles weihnachtliches Bild aus der Offenbarung des Johannes. Eine ›Himmelserscheinung‹, nennt es Johannes: Das Bild von der Frau auf der Mondsichel und vom Drachen, der ihr Kind verschlingen will. Wenn ich seine Beschreibung lese, stellen Sie sich am besten vor, über dem Stall von Bethlehem hätten sich die Engel zurückgezogen, und an ihrer Stelle erschiene nun dieses Bild. Und wie vorher die Engel, würde nun dieses Bild anzeigen, was es mit der Geburt auf sich hat.
»Siehe da! Das Zeichen / Die Himmelserscheinung! / Ein riesiges Mal tat sich auf, / und sichtbar wurde: / die Frau, / umstrahlt von der Sonne, / der Mond zu ihren Füßen, / auf ihrem Haupt / ein Kranz von zwölf Sternen. / Ihr Leib war gewölbt: / sie ist schwanger, / die Frau, / sie schreit in Kindsnot, / gequält von den Wehen / und von der Not des Gebährens.
Und da! Das andere Zeichen! / Ich sage Euch, und das ist wahr: / Ein riesiger Drache erschien / in roten Flammen, / ein Tier, das sieben Schädel hatte, / zehn Hörner und sieben Diademe auf seinen Köpfen. / Sein Schweif peitscht / ein Drittel der Sterne vom Himmel / und schleudert sie auf die Erde. / Doch schon tritt der Drache / ihr gegenüber, / auf die Frau zu, die gebären soll, / und wartet auf ihre Not, um das Kind zu verschlingen.
Die Frau aber gebar ein Kind, / einen Sohn, der einmal / mit dem eisernen

Stab in der Hand / die Erdenvölker weiden soll. / Und das Kind ist bewahrt! / Entrückt zu Gottes Thron! / Und seine Mutter: in die Wüste geflohen, an einen Ort, den Gott ihr zubereitet hat. / Behütet soll sie sein / und, für zwölfhundertundsechzig Tage, / mit Nahrung versorgt« (Offenbarung 12).
(Übersetzung von Walter Jens)

Orgelmusik

Gedanken zur Bibel
Die Rettung des Kindes und die Erlösung der Menschen
Die Frau auf der Mondsichel, der schreckliche Drache, das Kind, geboren und gerettet: Ein Kommentar zur Weihnachtsgeschichte.
Der Drache, auch Schlange genannt ein paar Sätze weiter, will das Kind verschlingen. Erfüllt sich hier der Fluch, der die Schlange im Paradies traf: Feindschaft soll sein zwischen dir und der Frau und ihren Nachkommen? Hat die Schlange sich daraufhin zum Teufel gewandelt? Im Paradies erschien sie nicht unbedingt als Feindin der Menschen, nur pfiffige Anstifterin zu Freiheit und Selbständigkeit mit zwiespältigen Folgen. Hier hat sie teuflische Gestalt angenommen, erscheint als Sinnbild einer Freiheit, die zu Größenwahn wird, einer Selbständigkeit, die sich zu Herrschsucht wandelt. Herrschsucht und Größenwahn geben uns ein Gefühl von Stärke. Das ist ihr Betrug, denn sie beherrschen *uns*. Sie verleiten zu Streitereien und Kriegen, die nicht zu beenden sind, auch wenn keiner mehr gewinnen kann. Sie treiben zu technischem und wirtschaftlichem Fortschritt, hinter den wir nicht zurückkönnen, auch wenn am Tage ist, daß er Hungernöte verursacht und unseren Hunger nicht stillt. Sie werden zum Haß, der die Seele vergiftet und den Verstand vernebelt.
Wie kann Gott das zulassen? Nun, er *hat* zugelassen, daß wir gelernt haben, die Erde zu zerstören. Wäre es anders gekommen, wenn Gott am Anfang die Schlange entweder getötet - oder ihr, wie den Menschen, mit dem Fluch auch einen Segen auf den Weg gegeben hätte? Hat die Verzweiflung sie zu teuflischer Rache getrieben? Ich würde Gott gerne fragen, wie er das inzwischen sieht. Ich weiß jedenfalls: Manche ängstlichen Christen sehen schon in der Schlange im Paradies den Teufel. Damit verteufeln sie Selbständigkeit und Erkenntnis - und sollten sich nicht wundern, wenn die dann aus der Versenkung auftauchen in Gestalt von Größenwahn und Herrschsucht, gegen die wir ohnmächtig sind. Hat nun auch Gott Angst davor? Kann er uns davor bewahren? Er muß uns vor uns selbst schützen, wenn es in unseren Herzen und in unserer Umwelt Weihnachten werden soll.
Daß er das will und kann, erzählt dieses Bild von der Bewahrung der Frau und der Rettung des Kindes.
Dem Drachen gegenüber erscheint die Frau. Schön wie eine Königin, eine Mutter, die ein Kind gebiert und es nicht schützen kann. Ein Bild der Maria.

Die erste Frau heißt Eva, d.h. Mutter allen Lebens. Maria wird Gottesmutter genannt. So erscheint sie hier: Nicht mehr die schlichte Frau, die gewürdigt wird, den Erlöser zur Welt zu bringen, wie die Weihnachtsgeschichte erzählt, hier ist sie die Himmelskönigin. Nicht, daß ihr als Gottesmutter die Schmerzen irdischer Mütter erspart blieben. Sie kann ihr Kind nicht schützen. Sie wird in die Wüste entführt zu ihrem eigenen Schutz.

So wird auch sie zum Gleichnis für irdische Mütter, und auch Väter haben ein bißchen Anteil daran, wie Joseph zu Weihnachten: Wenn eine Mutter ein Kind gebiert, bringt sie nicht nur neues Leben *in die Schöpfung,* wie Eva. Sie bringt, wie die Gottesmutter, ein Kind zur Welt, mit dem auch Gott neue Hoffnung verbindet. Mit dem Lächeln eines Kindes lächelt *Gott* uns an *als Erlöser,* mit den Anforderungen eines Kindes fordert *er* uns heraus. Und als Hoffnungsträger Gottes können wir das Kind vor dem Drachen wirklich nicht schützen. Das muß er selber tun.

Das Kind wird zu Gottes Thron entführt. Da kann der Drache nicht hin. Da kann es heranwachsen, bis es stark genug wird, dem Drachen die Macht abzunehmen. Gott muß einen gewaltigen Aufwand treiben. Damit erzählt uns dieses Bild, worum es zu Weihnachten geht und was auf dem Spiel steht: Daß nämlich Gott sein Spiel nicht verliert, und daß wir mit ihm überleben.

Wenn sich in den Weihnachtstagen kindliche Empfindungen in uns regen, ein wenig Zutrauen vielleicht, oder die Lust zu spielen, dann ist das schön, und Gott gönnt es uns. Aber es geht um mehr als nur um etwas Entspannung und Erholung. In den weihnachtlichen Empfindungen und Hoffnungen ist Gott am Werk. Er will sie - gleichsam bei seinem Thron - in Schutz nehmen, damit der kindliche Sinn wächst und stark wird. So stark wie die Mauern des himmlischen Jerusalem, die jedem Drachen standhalten.

Die Hirten liefen nach Bethlehem, als sie die Engel gehört hatten. Gehen wir mit ihnen. Wir werden ein Kind finden. Und mit dem Kind den Gruß des Paradieses, aus dem wir kommen, und den Glanz des himmlischen Jerusalem, in dem unsere Zukunft liegt.

Chor: Gloria sei dir gesungen (J. S. Bach)

Zum Schluß

»Heut schließt er wieder auf die Tür zum schönen Paradeis. Der Cherub steht nicht mehr dafür, Gott sei Lob, Ehr und Preis.«

Im Paradies steht der Baum des Lebens. Zum Sinnbild des Lebensbaumes, der nun wieder zugänglich ist, haben wir eßbare Früchte an den Weihnachtsbaum gehängt. Ich lade Sie ein, zu kommen und die Früchte zu pflücken, damit wir hier vorne miteinander essen und Weihnachten feiern.

Gemeinsames Essen

Gemeindelied: Oh du fröhliche (EG 456) (im Chorraum)

Segen

Chor: Enatus est Emanuel (Michael Praetorius)

Orgelnachspiel

Sehnsucht nach Leben

Meditationsgottesdienst zur Mitternacht

Rolf Heinrich

Vorüberlegung

Sehnsucht - nur der Mensch kennt sie. Gerade die Weihnachtszeit aktiviert die Sehnsüchte der Menschen: Menschen sehnen sich nach den Weihnachtserfahrungen ihrer Kinderzeit, nach Wärme und Geborgenheit, gerade auch dann, wenn ihre Weihnachtserinnerung schmerzlich ist, weil Kriegs- und Notzeiten waren. »Das Schönste an Weihnachten sind für mich die strahlenden Kinderaugen der Enkel«, sagt eine Großmutter. In Kindern und in der Geburt dieses Kindes ist aufbewahrt, daß Menschen sich danach sehnen, noch einmal neu anfangen zu können, so wie in jenem Kind das Leben von vorne anfängt. Sie sehnen sich nach Heimat, danach, was jedem in die Wiege scheint und worin noch niemand war. Mitten im Winter sehnen sich Menschen nach Licht und Wärme. Sie können es nicht erwarten, daß es noch so lange dauern wird, bis die ersten Krokusse sprießen. Deshalb holen sie sich Zweige ins Zimmer, die mitten im Winter blühen. Menschen sehnen sich nach Harmonie und Frieden in der Familie und in der Welt. Sie ahnen, daß das Leben ganz anders sein könnte, als es in der oft grausamen Realität des Alltags ist. In Menschen steckt eine unstillbare Sehnsucht: Sie wollen selbst ernstgenommen sein und abgeholt werden in ihren Gefühlen, Stimmungen, Erwartungen und Sehnsüchten. Sie wollen selbst ernstgenommen sein in ihren religiösen Gefühlen. Sie wollen selbst ihre Geschichte erzählen von der Flucht oder von der Ankunft, ihre Geschichten vom Glück oder von dem Leid, das sie betroffen hat. Sehnsucht lebt von der Erinnerung, die in der Weihnachtszeit besonders angeregt wird. (In vielen Familien werden Heiligabend Geschichten von früher erzählt.) Sehnsucht kommt von »sehnen«, das im Mittelhochdeutschen »schlaff, matt sein« bedeutet. Vieles spricht dafür, daß seine Grundbedeutung »bekümmert sein« ist. Auch Sehnsucht als liebendes Verlangen wird gespeist aus einem Gefühl der Differenzerfarung, aus »irdischem Mangelgefühl«. (Im Pietismus spielte das Wort in dieser Bedeutung eine tragende Rolle.) Dem Menschen muß etwas fehlen, er muß einen Mangel spüren, wenn wer sich nach etwas sehnt: Die Geburtsgeschichte Jesu verbindet Sehnsüchte nach Frieden und Geborgenheit mit der rauhen Wirklichkeit des Alltags. Mitten in der Nacht lernt der

Christ sehen. Gott wurde Mensch, ein Kind, dessen Leben gefährdet ist und geschützt werden muß. Gott hat eine Schwäche für den Menschen, den unscheinbaren und bedrohten Menschen. Das können am besten wahrscheinlich die angeblich Schwachen begreifen. Er wird Mensch im Abseits der großen Weltgeschichte, er liebt die kleinen Leute. Maria und Josef, die fremden Hirten und direkt nach der Geburt muß die Familie Jesu fliehen. Die Großen sind davon nicht ausgeschlossen, aber sie werden aus der Perspektive von unten gesehen. Diese Erfahrungen sind aufbewahrt in dem Sprichwort, daß Krippe und Kreuz aus demselben Holz sind. Sehnsucht - schmerzvolle Erfahrung der Differenz ist gerade darin hoffnungsvoller Trost: Saget den verzagten Herzen: Seid getrost, fürchtet euch nicht. Seht, da ist euer Gott (Gottessehnsucht). Angelus Silesius hat einmal gesagt: »Wär Christus tausendmal in Bethlehem geboren und nicht in dir, du bliebst doch ewiglich verloren.« Christus möchte in mir zur Welt kommen und wachsen. Er möchte Augen und Ohren, Hände und Füße, Herz und Mund bekommen. Er möchte in mir und durch mich Gestalt gewinnen auch in meiner Sehnsucht.

Begrüßung und Einstimmung

»In Jesus war das Leben und das Leben war das Licht der Menschen.«
Ich grüße Sie in dieser Nacht, die nicht wie jede Nacht ist und die wir die Heilige Nacht nennen, eine Nacht, die die Lebenskräfte stärken will.
Sie haben sich auf den Weg gemacht mit Ihren Gedanken und Gefühlen, mit Ihren Stimmungen, mit Ihren Ängsten und Ihren Hoffnungen und Ihrer Lebensfreude.
Die Unruhe und Betriebsamkeit der letzten Wochen klingt noch in uns nach. Es schwingt nach, was wir in den letzten Tagen und Stunden erlebt haben.
Lassen wir gehen, was wir vergessen dürfen und behalten wir im Herzen, was bleiben soll.
Jetzt sind wir hier. Was hat uns hierher geführt? Wonach sehnen wir uns? Worauf warten wir? Was wird kommen? Was verbindet uns, so verschieden unsere Sehnsüchte auch sind?
Jesus, sind wir in dieser Nacht auf dem Weg zu dir, zu dem Kind, zum Leben, das in dir war? Bist du für mich eine gute Nachricht, eine frohe Botschaft? Finde ich in dir meine Sehnsucht nach Leben, nach heilem und ganzem Leben?
Mitten in der Nacht sind wir hier mit unseren Hoffnungen und Sehnsüchten, mit unseren Träumen und unseren alten Ängsten.
Ich wünsche mir einen Menschen, der mich an die Hand nimmt, wenn ich unsicher bin und der mich wieder losläßt, wenn ich meinen Weg gefunden habe.

Hände reichen

Wir reichen uns die Hände.
Wir feiern diese Heilige Nacht im Namen der Mutter, in der das Leben wohnt,
im Namen des Sohnes, der das Leben ist
und im Namen des Geistes, der sich nach heilem, ganzen Leben sehnt.

Ich spüre das Leben in der Hand des Menschen neben mir.
Ich wünsche mir, an seinem Leben teilzunehmen, an ihn zu denken.
Ich wünsche uns, daß wir uns anrühren lassen von dem, was den anderen getroffen hat.
Ich wünsche uns, daß wir das erleben, daß wir so zusammen leben, wie wir jetzt untereinander verbunden sind.

In diesem Gottesdienst wird es mehrere *Zeiten der Stille* geben, in denen wir auf unsere innere Stimme hören können, Zeiten der Stille, in denen wir an unsere Sehnsüchte und Träume denken können.

Lied: Die Nacht ist vorgedrungen (EG 16,1,3)

Gebet
Wir beten:
Ich glaube manchmal zu vertrauen auf einen,
der sich Sohn des Menschen nennt.
Ich glaube manchmal, ich kann bauen auf den,
der meine Schwächen kennt.
Ich glaube manchmal ich kann gehen mit einem,
der mein Bruder ist.
Ich glaube manchmal zu verstehen,
daß der im Stall mich nicht vergißt.
Ich glaube manchmal, ich darf hoffen,
daß einer mit mir geht.
Ich glaube manchmal, ich bin offen
und Zukunft gibt es auch für mich.
Ich glaube manchmal, nur Sekunden,
daß mich nicht Angst und Haß verschlingen.
Ich glaube manchmal, es gibt Stunden,
die mich dem andern näher bringen.
Ich glaube manchmal, ich kann glauben,
daß aller Sinn nicht sinnlos ist.
Ich glaube manchmal mit dem Tauben,
daß ihn der Blinde nicht vergißt.

Chor

Die Geschichte der Geburt des göttlichen Kindes
Das Volk, das im Finstern wandelt, sieht ein großes Licht, für die, die da wohnen im finstern Lande, scheint es hell. Denn uns ist ein Kind geboren. Das wußte der alte Jesaja, siebenhundertvierunddreißig Jahre bevor es dann endlich so weit war. Es waren schwere Zeiten, ähnlich den Tagen, in denen Maria und Joseph unterwegs waren. Fremde Mächte regierten im Land. Soldaten beherrschten das Straßenbild. Die Rüstungsausgaben

wuchsen von Jahr zu Jahr, und die Steuern wuchsen ebenso. Die Menschen kamen nicht mehr mit, sie verloren ihren Arbeitsplatz, sie hatten Hunger, wurden krank und fanden keine Hoffnung mehr. In den Händen von wenigen herrschte das große Geld. In so einer Zeit wurde Jesus erwartet, in so einer Zeit wurde Jesus geboren. Lukas erzählt die Geschichte seiner Geburt so: Lk 2,1-7.
Schon bald darauf folgt dem schweren Weg nach Bethlehem die schutzlose Flucht nach Ägypten: Siehe da erscheint ein Engel des Herrn dem Joseph im Traum und sagt: Steh auf, nimm das Kindlein und seine Mutter mit dir und fliehe nach Ägypten und bleibe dort, bis ich es dir sage, denn Herodes will das Kindlein aufsuchen, um es umzubringen.

Lied: Die Nacht ist vorgedrungen (EG 16,4)

Besinnung
Sehnsucht nach dem Kind …
Ich fühle mich angesprochen von diesem Kind, geboren in Bethlehem, von dieser uralten Geschichte.
Sie rührt etwas in mir an, etwas, das tief in mir verschüttet ist, das Kind in mir.
Ich selbst war einmal ein Kind, da steckte noch alles in mir, was die Schöpfung in mich hineingelegt hatte.
Ich war warm und weich. Ich war stark und zärtlich. Ich war geborgen und ahnte nichts von den Gefahren des Lebens. Ich fühlte, was es heißt, Zeit zu haben: Ich war ich selbst.
Ich war ein voller, entfaltungshungriger Mensch.
Ich wurde nicht gefragt bei meiner Geburt und die, die mich gebar, wurde auch nicht gefragt bei ihrer Geburt.
Niemand wurde gefragt - außer dem Leben. Es war da und sagte Ja zu mir.
Dieses Kind, geboren zu Bethlehem, im Haus des Brotes, das die Sehnsucht stillt,
weckt in mir eine tiefe Sehnsucht: Die Sehnsucht danach, geborgen zu sein, Wärme zu spüren; die Sehnsucht danach, das Leben wieder als Geheimnis zu erfahren, wunderbar und rätselhaft.
Dieses Kind, geboren in einem Stall weckt in mir eine Sehnsucht:
Meine eigene Mitte wieder zu finden und aus ihr zu leben,
die Sehnsucht nach einem neuen Anfang, nach einem Richtungswechsel in meinem Leben, es ist der Wunsch, neu geboren zu sein.
Nichts steht für mich in dieser Nacht so im Vordergrund wie das Bedürfnis nach diesen Erfahrungen:
Mitte finden / neu anfangen können / das Leben, meinen Atem spüren / meine Quellen,
aus denen ich zu schöpfen ahne.
Ich selbst war einmal ein Kind. Wo ist das Kind in mir?
In jedem Kind wird der Messias neu geboren, sagt ein jüdisches Sprichwort.

Das Geheimnis des Lebens beginnt von vorne.
Dieses Kind Jesus sagt zu mir: Erinnere dich. Erinnere dich an das, was du empfangen hast und schütze es: Ich sehe ein kleines Kind, ein spielendes Kind.
Es fragt nicht: Was ist nützlich? Was bringt mich weiter? Aber es weiß, was ihm gut tut.
Wenn es fröhlich ist, lacht es und weint, wenn es traurig ist.
Es möchte nicht stillsitzen und zuhören. Es möchte dazwischenreden, wenn ihm etwas Wichtiges einfällt. Es sieht die Welt so, wie Erwachsene sie nur schwer mehr sehen können:
Es sieht das Geheimnis.
In der Stille denken wir an uns selbst, an diese tiefe Sehnsucht, an das Kind in uns, neu anfangen zu können. Wer bin ich? Bin ich nur, was ich selbst über mich weiß oder was andere über mich sagen? Ist nicht tief in mir verborgen ein Bild vom Leben so schön - daß es fast schmerzt?
Und strahlt es nicht manchmal auf wie in einem magischen Licht?

Zeit der Stille (Dauer nach eigenem Gefühl und Empfinden)

Lied: Lob Gott, ihr Christen alle gleich (EKG 21,2,3

Besinnung
Sehnsucht nach Gott im Kind
Gott begegnet mir im Kind und er erinnert mich, daß das Leben kostbar ist, und daß niemandem die Zukunft versperrt sein soll.
Mein Bild von Gott, sah es nicht anders aus? Glaubte ich nicht an einen allmächtigen, allwissenden und fernen Gott und jetzt vor mir ein kleines Kind, mir nah und nicht fern, in mir, hilflos und schutzbedürftig. Es wird geboren auf der Schattenseite des Lebens - unterwegs. Die Eltern voller Sorge, arm, ohne Obdach, auf der Flucht.
Sieht so mein Bild von Gott aus? Erwarte ich nicht viel eher einen starken Menschen, der alles von mir nimmt, was mich belastet, der mich teilhaben läßt an seinem Glanz und seiner Macht?
Dieser Mensch, der Gott in Jesus wird, der klammert in seinem Leben nichts aus: Weder Angst noch Anfechtung, noch Gefahr. Ihm bleibt auch nichts erspart, worunter Menschen in die Kniee gehen, nicht Verspottung, nicht Schmerzen.
Vor meinen Augen habe ich Bilder der Geburt Jesu, so wie Künstler sie heute sehen:
Vier Raketen richten sich drohend in den Himmel. Ihre Spitzen werden zusammengehalten von einer Dornenkrone, und mitten unter der Dornenkrone, mitten zweischen den mörderischen Raketen: Maria, Joseph und das Kind.

Ein anderes Bild: Der Schmerzensmann Jesus mit der Dornenkrone auf dem Kopf und in der Dornenkrone das Jesuskind. Die Dornenkrone ist seine Krippe.
Sieht so mein Bild vom Heiligen Abend aus, von Gott im Kind? Krippe und Kreuz sind aus demselben Holz, sagt ein altes Sprichwort.
Gott im Kind, im Menschen, gefährdet von Anfang an. Immer gibt es Versuche, das Leben im Keim zu ersticken, damals und heute.
Ich entdecke in diesem Kind: Rettung heißt nicht, alles worunter du jetzt leidest, das wird es hinfort nicht geben. Vielmehr heißt es: Dein Leben es wird heil und ganz, weil das alles zu deinem Leben gehört. Dein Leben ist das Helle und das Dunkle, die Freude und der Schmerz, das Lachen und das Weinen. Und zugleich sehne ich mich danach, daß mitten in der Nacht, mitten in den Schattenseiten des Lebens der Anfang eines neuen Tages liegt, an dem Frieden und Gerechtigkeit sich küssen.
Wir sind tief unten angelangt. Wer in den Stall von Bethlehem eintritt, der muß sich tief bücken - und doch, wo anders als dort, tief unten in den Niederungen, Nöten und Nächten soll denn das Heil seinen Anfang nehmen?
In der Stille denken wir an uns selbst, an Gott in uns, an die Niederungen und Nächte:
Nur wer Dunkel kennt, der kennt Licht
Nur wer unten war, kennt oben.
Gerade wer verletzlich bleibt und wer Angst und Hoffnung kennt,
wer sich an sich selber reibt ist -
was man den Menschen nennt.

Zeit der Stille

Chor

Besinnung
Sehnsucht nach Rettung
Das Leben eines Kindes beginnt mit einem Schrei. Tagtäglich dringen die Schreie von Menschen an unsere Ohren und auch in dieser Nacht, die wir die heilige nennen, hören diese Schreie nicht auf. Menschen bangen und hoffen, Menschen zweifeln und vertrauen, Menschen können manchmal lächeln unter Tränen.
Gott kommt im Kind, arm, gefährdet, im Dunkel zur Welt. Er weint mit den Traurigen, sucht Freunde mit den Einsamen, Freiheit mit den Gefangenen, Frieden mit denen, die im Krieg leiden. Er hungert mit den Hungernden. Er fängt ganz unten an, bei denen, die im finsteren Land wohnen. Nicht weil er den Menschen, die zufrieden, glücklich und fröhlich sind, das nicht gönnt, sondern weil gerade die, die im Finstern leben, Lebensmut und Hoffnung brauchen, einen Lichtschein im dunklen Gestrüpp, eine Hand, die leise sagt: Fürchte dich nicht.

Gott will im Dunkel wohnen und hat es doch erhellt - nicht damit alles so bleibt wie es ist, sondern damit in Erfüllung geht - auch durch uns, was der erwachsene Jesus sagt: »Ich war hungrig, und ihr habt mir zu essen gegeben. Ich war durstig, und ihr habt mich getränkt. Ich war fremd, und ihr habt mich aufgenommen. Ich war nackt, und ihr habt mich gekleidet. Ich war krank, und ihr habt mich besucht. Ihr war gefangen, und ihr seid zu mir gekommen.« Das ist das Wunder der Heiligen Nacht, das Wunder, das uns menschlich macht.
Und doch wissen wir tief in uns: Es wird weiterhin Nacht und Finsternis, Tränen und Leid, Schuld und Krankheit geben, auch wenn es heißt: »Über denen, die da wohnen im finsteren Land scheint es hell.« Auch in dieser Nacht bleiben Finsternis und Rätsel, Leiden und Verzweiflung. Die Sehnsucht nach Rettung und das Vertrauen auf Gott beseitigen das alles nicht, aber sie bringen etwas Zusätzliches ins Spiel, daß wir mit dem leben können, was wir nicht ändern und verhindern können.
Das Leben eines Kindes beginnt mit einem Schrei. *In der Stille* denken wir an Menschen, die uns nahe stehen und fern sind, an uns selbst. In der Stille denken wir daran, wie sehr wir Menschen brauchen, die uns nichts vormachen, die aber auch leise sagen und leben: Fürchte dich nicht, denn ich bin bei dir.

Zeit der Stille

Lied: Ich steh an deiner Krippen hier (EG 37,1,2)

Besinnung
Sehnsucht nach heilem Leben
Gott, du bist nicht das Licht von oben, sondern die Macht von unten. Du hast in einem Kind Wohnung genommen, du hast dich verletzlich und angreifbar gemacht und so gezeigt, daß du den Menschen brauchst.
Die Hirten gehen nach Bethlehem. Sie hoffen, daß dort jemand geboren wird, der ihr unmenschliches Leben mit geringem Lohn und harter Arbeit beendet, daß dort jemand das Licht der Welt erblickt, der sie befreit. Sie entdecken nicht den mächtigen Befreier und Retter der Welt, sondern ein kleines, schutzbedürftiges Kind, das ihre Hilfe braucht.
Wer kennt nicht den Wunsch zu erleben, da ist jemand, der mir etwas zutraut, der mich braucht. Diesem Kind kann man nicht imponieren mit Reichtum oder Erfolg. Es läßt sich davon nicht beeindrucken. Es nimmt den Menschen so, wie er ist. Dort im Stall mußt du dich nicht anstrengen, du kannst dich fallen lassen. Wer kennt nicht die Sehnsucht, so geliebt zu werden, wie er ist.
In der Stille denken wir an uns, an unsere Sehnsucht nach heilem, ganzen Leben. Denken wir daran, daß uns jemand braucht, unsere Zuneigung und Liebe, unsere Aufmerksamkeit und Unterstützung. Ist nicht tief in

mir verborgen ein Bild vom Leben - so schön, daß es fast schmerzt? Und strahlt es nicht manchmal auf wie in einem magischen Licht?

Zeit der Stille

Lied: Fröhlich soll mein Herze springen (EG 36,1,2)

Lichtfeier
Am Eingang der Kirche haben vor Beginn des Gottesdienstes alle eine kleine Kerze erhalten
Wir zünden unsere Kerzen an. Holen uns Licht vom Weihnachtsbaum und reichen das Licht weiter.

In dir, Jesus, ist das Leben und du bist das Licht der Menschen. Das Licht scheint in der Finsternis. Tragen wir dieses Licht in die Finsternis und Kälte unserer Welt, damit es überall hell werde und Menschen die Wärme und das Licht spüren.
Unsere Kerzen werden verlöschen, aber jeder von uns kann für einen anderen Menschen ein Licht sein.

Vaterunser

Segen
Gott segne die Jahre deines Lebens
Gott schaue auf die Jahre der Fülle
Gott tanze mit der Freude deiner Jugend
Gott lache über die Blüten deines Humors
Gott weine mit dir in deiner Trauer und Verlassenheit
Gott hebe und bewahre deine Träume und Hoffnungen
Gott streichle sanft über deine Wangen
Gott höre deinen Phantasien leise zu
Gott heile deine tiefen Verwundungen
Gott nehme dich liebevoll in die Arme
Gott führe dich in das Reich der Liebe

Lied: O du fröhliche (EG 44,1-3)

Die Welt diesseits und jenseits der Mauer

Christmette mit Bildbetrachtung

Wolfgang Herrmann

Kupferstich
von Martin Schongauer
(gest. 2.2.1491)

Liturgischer Verlauf

Vorspiel: Orgel und Flöten

Begrüßung: Zur Ruhe kommen

Gesang: Adoramus te, Domine

Zuspruch: Fürchtet euch nicht!

Lied: Fröhlich soll mein Herze springen

Flöten: Maria durch ein Dornwald ging

Lesung: Die Weihnachtsgeschichte nach Lukas (1)

Flöten: Wiegenlied

Lesung: Die Weihnachtsgeschichte nach Lukas (2)

Flöten: Es ist ein Ros entsprungen

Lesung: Die Weihnachtsgeschichte nach Lukas (3)

Lied: Lobt Gott, ihr Christen alle gleich

Die Weihnachtsbotschaft:
Ehre sei Gott in der Höhe
und Frieden auf Erden
und den Menschen ein Wohlgefallen.
Dazu *Gesang:* Gloria in excelsis

Gebet
Dazu *Gesang:* Ubi Caritas

Vaterunser

Lied: O du fröhliche

Segen

Stille

Bildbetrachtung

»In unser armes Fleisch und Blut
verkleidet sich das ewig Gut. Kyrieleis.«
Das Bild haben alle als erste Seite eines Liedblattes in der Hand

Vor über 500 Jahren hat Martin Schongauer diesen Kupferstich geschaffen. Bekannt ist sein Bild in Colmar »Maria im Rosenhag«. Hier aber ist von Rosen nichts zu sehen. Maria sitzt mit dem Kind - ja, wo eigentlich? Sitzt sie draußen, vor der Stadt? Oder befindet sie sich in einem winterlichen Garten, einem Garten, in dem alles noch werden wird?

Der Garten

Immer wieder schildern die spätmittelalterlichen Meister diese Szene: Maria sitzt mit dem Jesuskind in einem umfriedeten Garten, dem Hortus conclusus, geschützt und umhegt, hingegeben an das Glück, das sie beide verbindet. Vor allem in Frauenklöstern war das ein beliebtes Andachtsbild. Die Blumen blühen, bilden einen bunten Teppich zu ihren Füßen, während in den Bäumen mannigfache Vögel sitzen und ihre Lieder singen. Und Engel umschweben Mutter und Kind, krönen ihr Glück und musizieren auf Instrumenten.

Doch auf unserem Bild: nichts von Blumen, Vögeln, Engeln. Eine große Stille umgibt die beiden. Ich stelle mir vor: Als Martin Schongauer die Blumen, die Engel zeichnen wollte, hielt er inne, ließ den Raum frei ... Nur den Baum hat er gezeichnet. Mit seinen zarten Knospen wird er zum Sinnbild der kommenden Blüte, für einen Frühling der Welt, der jetzt beginnt, »mitten im kalten Winter«.

Der Baum

Der Baum des Lebens im Paradies, zu dem das Kind der Maria den Weg wieder erschlossen hat. Der Baum wird blühen. Doch wird er nicht auch das Holz für den Kreuzesstamm liefern? In einem ungarischen Lied wird Jesus selber zum Lebensbaum:

»Du schöner Lebensbaum des Paradieses,
gütiger Jesus, Gotteslamm auf Erden.
Du bist der wahre Retter unsres Lebens,
unser Befreier.« (EG 96,1)

Im letzten Buch der Bibel ist von den zwölf Bäumen im himmlischen Jerusalem die Rede. Sie stehen am Strom des lebendigen Wassers, der am Thron des Lammes entspringt. Diese Bäume des Lebens tragen zwölfmal im Jahr Früchte, und ihre Blätter dienen zur Heilung der Völker. Sie stehen im ewigen Licht. - Die Bibel endet mit dieser weihnachtlichen Vision, einer Vision vom Frieden und vom Glück ohne Ende. »Eia, wär'n wir da.«

Die Mauer und das Tor

Die schlichte Szene ist umgeben von der Mauer mit dem Torturm. Wer hier eingetreten ist, hat die Stille gefunden, den Frieden. Doch es ist ein zerbrechliches Glück. Nur für kurze Zeit werden Mutter und Kind im Garten des Glücks, im weihnachtlichen Paradies bleiben können. Sie werden, wie wir alle, hinausgetrieben auf die ungewissen, gefährlichen Straßen des Lebens, - werden als Flüchtlinge fortgetrieben nach Ägypten, werden die staubigen Wege Galiläas, Judäas und Samarias durchwandern, zuletzt den Kreuzweg gehen ...

Mauern schützen immer nur für kurze Zeit. Die Türen und Tore, durch die wir in den Garten und seinen Frieden eintreten, führen auch wieder hinaus. Wie schön, wenn sie uns offenstehen und wir immer wieder einkehren können. Das ist die Weihnachtsbotschaft:

»Heut schleust er wieder auf die Tür zum schönen Paradeis;
der Cherub steht nicht mehr dafür. Gott sei Lob, Ehr und Preis.«

Die neue Eva
Jetzt also sitzen sie da, ruhen in einem ungetrübten Frieden, - Mutter und Kind in einem Garten: Das ist das Leben selbst. Unsere erste und ursprüngliche Heimat, das ist der Baumgarten des Paradieses, und Maria wird ja als »neue Eva« verstanden. Eva aber, - das ist die »Mutter allen Lebens«, wie die Schöpfungsgeschichte erzählt. Maria wiederholt diese Geschichte: Mit ihrem Kind fängt eine neue Schöpfung an. Mutter und Kind, so beginnt das Leben. Alles andere kommt später.

Die Nimben
Marias Haupt wird von einem kreisrunden Nimbus umgeben, Zeichen der Vollkommenheit und der Gnade. Beim Betrachten scheint es, als leuchte dieser Nimbus heller noch als die doch ebenso weiße Mauer und der leere Himmel. Der Kopf des Kindes aber wird von einem Kreuznimbus umstrahlt: Lichtstrahlen, die das Kind als »Licht der Welt« ausweisen. Doch dieses Licht bildet die Form eines Kreuzes und verweist so in die Zukunft, spricht von Tod und Auferstehung. Wenn wir diese wenigen Striche nur lange genug betrachten, erzählen sie uns die ganze Geschichte des Marienkindes. Und wir finden die Geschichten unseres eigenen Lebens darin wieder, Geschichten von Glück und Frieden, Geschichten von Elend und Not, Geschichten von Rettung und Erlösung.

Kleid und Nacktheit
Maria trägt das Kleid einer Königin. Mit besonderer Kunstfertigkeit haben die Maler immer wieder das Spiel der Falten geordnet und so gewissermaßen kleine Landschaften entworfen, in die hinein der Körper der Frau sich fortsetzt, einen Raum, in dem sie zuhause ist. Auch die Wellen des Haares umgeben sie wie ein Kleid, setzen sich in die Wellen des Gewandes fort. Das Kind auf seiner Windel aber ist nackt, paradiesisch zart und nackt und damit Herz und Gemüt anrührend, zugleich allerdings unendlich verletzbar. Ein Kind, nackt und bloß - es kann gar nicht anders sein, als daß sich die Herzen ihm zuwenden, voller Zärtlichkeit, voll von staunender Freude über das Wunder des Lebens.
Noch kann die Mutter es schützen; noch werden sie von der Umfriedung geborgen. Doch Jesus ist zeitlebens verletzbar geblieben, verletzbar wie Gott selbst. Und zugleich ist sein Körper, der dann nackt am Kreuz hängen wird, der Körper des Menschen überhaupt: hungrig nach Zärtlichkeit und Liebe, fähig zu Glück und Schmerz, Gefäß und Werkzeug des Lebens.

Wiege und Thron
Die katholische Frömmigkeit kennt verschiedene Titel für Maria. Einer lautet Gnadenthron. In der Tat, der Schoß der königlich gekleideten Frau ist wie ein Thron für das Kind, ein Thron, der freilich zugleich auch Wiege

ist. »Bist du denn ein König?« wird Pilatus später fragen. Und noch später werden die Christen den Auferstandenen als König der Welt, als Herrscher des Kosmos, in die Kuppeln ihrer Kirchen malen, in kostbaren Mosaiken auf Goldgrund. Das Weltganze ist eine Sache, doch wer unsere Herzen regiert, das ist ein Kind, zart und verletzbar, strahlend und auf unsere Liebe angewiesen. Unsere eigenen Herzen sind seine Wiege.
Stolz und demütig, schön und doch schlicht, in Armut und voller Würde, so bildet Maria mit ihrem Leib den Thron für ihren Sohn. Sie hat ihn empfangen und geboren; nun bewahrt, nährt und schützt sie ihn. Eines Tages muß sie ihn hergeben, damit alle ihn empfangen können, nähren und schützen, hüten und bewahren, ihn, der doch zugleich unser Hirte und König ist. Er braucht unsere Liebe und Hingabe. Doch diese Liebe empfängt Leidenschaft und Kraft nur von ihm, aus seiner Hingabe.

Die Welt jenseits und diesseits der Mauer

Der Weihnachtsgarten ist wie eine Oase, wie die stille Zone im Tosen des Zyklons. Denn draußen, jenseits der Mauer ist die Welt mit ihrem Getümmel. Mit Alltag und Feiertag, Schmerzen und Freuden, diese zähe Welt des Immergleichen, die wir so gut kennen, an der wir hängen mit allen Fasern unseres Verlangens und die doch so vergänglich ist. Wie wir nur allzu gut wissen. Draußen, da ist das Getöse von Handel und Wandel, von Politik und Weltgeschichte. Da wird regiert - von Augustus in Rom und Herodes in Jerusalem. Da werden Statistiken für die Steuer aufgestellt, da werden Ränke gesponnen und Intrigen vorbereitet.
Doch es gibt diese Orte und Stunden, in denen das alles verschwindet. Wo die Mauer des Gartens uns abschirmt vor dem tagtäglichen Einerlei. Wir sind eingetreten und atmen auf. Die Lasten auf unseren Schultern werden für eine Weile leicht; wir legen sie einstweilen beiseite. Jetzt ist die Stunde des Glücks. Denn die Mauer ist für uns, die wir Maria und ihr Kind betrachten, ja offen. Sie umfängt auch uns.
Und selbst wenn die Stunde vorbei ist, - tief in unserer Seele tragen wir das Bild des Friedens und des Glücks. Denn nur dann, wenn das Bild, das wir da betrachten, ein Bild unserer eigenen Herzen geworden ist und nicht etwas Fremdes, Äußerliches bleibt, nur dann ist wirklich Weihnachten.
»Wär Christus tausendmal in Bethlehem geboren
und nicht in dir, du bliebest ewiglich verloren.« (Angelus Silesius)

Nach Hause kommen

Christmette *Wolfgang Gerlach*

Vorspiel

Eingangswort
Dem Heiligen Abend folgt die Nacht, die mehr Licht ins Dunkel dieser Welt bringen soll. Das Thema, das uns miteinander verbinden und uns mit dieser Nacht verbünden soll, lautet: »Nach Hause kommen«.
Dazu werden Kurzgedichte der ins Exil vertriebenen Jüdin, Rose Ausländer, zu Gehör kommen, die nach dem Krieg in Düsseldorf eine neue Heimat fand. Von ihr heißt es in einer Preisverleihungsurkunde: »Das Vaterland wurde Rose Ausländer genommen, sie aber lebt in ihrem ›Mutterland‹, dem weltenschaffenden Wort«.

Lied: Fröhlich soll mein Herze springen (EG 36)

Introitus
Psalm 85,8-14

Gebet
Unser Gott, wir bitten dich in dieser Heiligen Nacht um
geöffnete Herzen,
betende Gedanken,
singende Lippen,
damit das Wort des Propheten wahr werde, das er aus deinem Munde hörte: Mein Wort soll nicht leer zu mir zurückkommen (Jesaja 55,11).

Musik

Lesung
Lukas 2,1-20

Lied: Lob Gott, ihr Christen, alle gleich (EG 27)

Predigt

Teil I
Und jedermann ging ... ein jeglicher in seine Stadt. Damals soll's der Befehl von oben gewesen sein – aus Rom: daß alle Welt geschätzt würde. Schätzungen gibt es manngifaltige. Welch grandiose Idee: Du sollst nach Hause

gehen, um geschätzt zu werden. Zuhause sind die Menschen am besten einzuschätzen: Gut zu wissen, woher jemand kommt und welchen Weg er bis heute zurückgelegt hat. Denn dort, zu Hause, dort ist unser urpersönlicher Schatz: dort war Geburt und Anfang, dort geschah der erste Schrei, dort schlugen wir unsere ersten Wurzeln, die in zunehmendem Alter immer stärker, immer sprechender werden.

Erwachsenwerden hieß - und wir jungen Menschen von damals wollten es manchmal nicht anders - erwachsen werden hieß: von Zuhause auf- und ausbrechen, Heimat loswerden, Trampelpfade verlassen, neue Schneisen ins Gestrüpp des Lebens schlagen.

Altwerden heißt: den Weg nach Hause suchen. Manche glauben, es gäbe nur den Weg *zurück* nach Hause - in die Vergangenheit. Andere wissen, es gibt den Weg nach Hause nur nach *vorn* - in die Zukunft. Rose Ausländer besiegt und besingt diesen Zustand der Heimatlosigkeit, indem sie zu Wort und Sprache findet:

Heimatlosigkeit
dir fremde Heimat
bleibe ich treu

Stimmen
kommen geschrieben
umarmen die Erde
halten den Himmel
schenken mir
Frühling und Schnee

Aus meiner Heimatlosigkeit
komme ich
mit meinen Worten
zu dir
fremder Freund
streue Glanzlichter
über das Dunkel
unsre gemeinsame Heimat

(Rose Ausländer: Heimat II, aus: Südlich wartet ein wärmeres Land, Pfaffenweiler Presse, Mittlere Straße 23, 79292 Pfaffenweiler, 1982 u. 1985)

Heute gehen die Menschen zur Weihnacht nicht nach Hause, weil sie *müssen* - wie zu Zeiten des Kaisers Augustus - sondern weil sie *wollen*. Manch einer mag nach Hause kommen *müssen*, ohne zu *wollen*. Es gibt kein Datum im Jahr, das die Menschen so nach Hause zieht wie der Heilige Abend. Ist es die Sehnsucht nach dem, was einmal heil war?: Die Kindheit, der kindliche Glaube, die Liebe von und zu den Eltern? Ist es die Hoffnung darauf, daß etwas heil werden möge?: Der Körper, den ein Unfall entstellt hat, eine Krankheit, die den Körper vernichten will? Ist es der Wunsch, daß die

beschädigte Seele heil werde oder sich erhole, weil sie so heimatlos geworden ist?
Es ist Mode geworden, die Sehnsucht nach »heilen Welten« zu diffamieren, nur weil irgendwo und immer wieder Kitschmaler am Werke sind, die das Wechselspiel von Heil und Unheil mit dem Pinsel der Idylle übermalen. Weil Kitsch lügt und weil Süßlichkeit die Geschichten der Weihnacht entstellt, lohnt es sich, uns ans Bethlehem der Schrift zu halten. Rauher geht's doch nimmer:
Wochenlanger Weg in die heimatliche Stadt ... Geburtswehen auf holprigen Wüstenpfaden ... Statt Kinderbettchen ein Futternapf der Tiere: Krippe oder Trog ... Angst und Flucht vor Säuglingsmord steht ins Haus oder in die Höhle. - Wer will da von Idylle faseln?
Ist uns heute nacht bei allen höchst verschiedenen Erwartungen hier nicht dies gemeinsam: Wir sind zu Hause geblieben oder nach Hause gekommen, um heute nacht Ruhe in abgelegenem Stall zu finden, eine Ruhe, die wir das ganze Jahr irgendwie nicht gefunden haben? Wir sind gekommen als Gäste vor der aufgebauten Bühne einer Krippe, die Geburt ansagt. Die Atmosphäre in diesem Hause wabert voller Gedanken und Empfindungen, voller Ängste und Hoffnungen, die Platz vor der Krippe suchen: Ach Gott im Himmel und auf Erden, wenn du doch auch in uns etwas Neues geboren werden ließest - eine erlösende Idee, um den Bruch einer Beziehung zu kitten; ein heilendes Wort, das Zuversicht schenkt; einen Brief, der neue Liebe weckt! Rose Ausländer tröstet:

Ich hab
ein Wort gefunden
das nicht weint

Die andern trauern
um den Verlust
der Heimat
(aus: Rose Ausländer, Und preise die kühlende Liebe der Luft. Gedichte 1983-1987. © 1988 S. Fischer Verlag GmbH, Frankfurt am Main)

Ein jeder ging, daß er sich schätzen ließe. Wer hierher gekommen ist, kann die Stimme aus Bethlehem vernehmen: Du wirst - trotz andersgemeintem kaiserlichen Erlaß - nach himmlischer Auskunft höchsten Ortes geschätzt. Und wer sich geschätzt weiß, kann auch unversehens Schätze bringen. Nichts Bares, dafür aber Kostbares oder Unscheinbares; auf jeden Fall ein Stück von dir. Wenn hier unter uns weder Hirte noch König ist, werden wir alle hier einen Beruf, einen Lebensstil, eine Denkweise irgendwo zwischen Hirte und König haben: nicht ganz unten, nicht ganz oben, so im Mittelfeld sozialer Ausstattung. Denn darunter und darüber gibt's nichts mehr. Es kommt also jeder vor. Frage: Wer bin ich und was bringe ich mit?

Lied: Gelobet seist du, Jesu Christ (EG 23)

Teil II
Da ist die lange Karawane derer zu sehen, die heute nacht hier Rast machen, um zu schenken und zu empfangen, um abzuladen und sich Kraft zu holen. Aber sie alle versprechen sich von diesem Besuch, daß sie nicht leer ausgehen:
Ich sehe die Älteren, die die heutige Nacht verbinden mit dem letzten Heiligabend im Krieg - vor 50 Jahren. Die Ausgebombten und die Flüchtlinge, die schon in der Fremde feierten und die, die Flucht und Vertreibung noch vor sich hatten. Für viele im Osten war da eine Ahnung, daß dies das letzte Weihnachten zu Hause sein würde. Keiner wußte, ob oder wie er überleben würde. Da gab es kaum eine Familie, die nicht Tote zu beklagen hatte. »Gefallen fürs Vaterland« nannte man das. Manch einer Frau, Mutter oder Verlobten blieb das Wort »gefallen« im Halse stecken. Das Lied der Engel über Bethlehem »Friede auf Erden und den Menschen ein Wohlgefallen« - dieses Lied endet für manch eine Frau seitdem nicht mehr mit »Wohlgefallen«, sondern bleibt im Echo hängen: »Gefallen, gefallen, gefallen ...« Es ist nicht sicher, ob das Gottesbild, das mitgefallen war, ausgewechselt werden konnte.
In der Karawane auf die Krippe zu sehe ich noch andere:
Da ist die Frau, die heute zum ersten Mal ohne ihren Mann dem Heiligen Abend entgegenzittert. Wird sie allein bleiben müssen? Sie hatte auf den Brief einer Freundin gewartet. Doch der kam nicht. Stattdessen hatten Tochter und Sohn geschrieben: Komm zu uns, wir wollen dir zu Weihnachten ein neues Zuhause schenken. Es ist nicht sicher, ob der Brief, den der Postbote abgeliefert hat, bei ihr angekommen ist.
Da ist der Unternehmer, der sich in den letzten Jahrzehnten abgestrampelt hat, den Betrieb und die Arbeitsplätze zu erhalten. Und nun schnüren sie ihm die Kehle zu. Er ist am Ende. Es ist nicht sicher, ob er im nächsten Jahr noch ein Zuhause hat und ob er Weihnachten wird nach Hause kommen können. Sein letztes »Kapitel« sind seine Frau und seine Kinder. Sie werden zu ihm halten.
Da ist die Studentin, die sich eine Krankheit wünscht, damit sie nicht nach Hause kommen muß. »Ich kann diese verlogene Atmosphäre nicht ertragen«, sagt sie. »Das ganze Jahr über können sich meine Eltern nicht riechen, und an Heiligabend spielen sie fromme Lämmer. Und schon am ersten Feiertag ist wieder die Hölle los.« Vielleicht faßt sich die Studentin doch noch ein Herz und macht sich nach Hause und zum Stalle auf; es ist nicht sicher, ob den Eltern der Vorsatz gelingt, den Frieden um der Tochter willen neu zu proben.
Da kniet, ich seh nicht recht, der junge Pysiker vor der Krippe, der mir vor nicht langer Zeit noch gesagt hatte, er glaube an all die schönen Weihnachtsmärchen nicht. Nun hat's auch ihn erwischt. Er wird seine Gründe haben. Er hat noch nie in seinem Leben etwas unbedacht gemacht. Es ist nicht sicher, ob er den Anschluß an seine verlorene Kindheit wiederfindet.

Jemand hatte ihm zu Weihnachten ein Gedicht von Rose Ausländer abgeschrieben:

Es war einmal

Ausgestoßene Wesen
Engel
luftäugig

Es war einmal
möglich
sie zu sehen
Wolkenflügel am Firmament

Luftfinger
die streuten
Worte

Es war einmal
richtig
sie aufzufangen
nachzusprechen

Es war einmal

(aus: Rose Ausländer, So sicher atmet nur Tod, Pfaffenweiler Presse, Mittlere Straße 23, 79292 Pfaffenweiler, 1983)

Die Flüchtlings-Familie aus Bosnien, obgleich moslemischen Glaubens, hat sich neugierig zur Krippe hinzugesellt, ein wenig im Hintergrund. Man hatte ihr gesagt, wir Christen feierten die Geburt des Kindes, das in Kürze mit den Eltern wird fliehen müssen. Sie haben gesagt: Dann sind wir Fluchtmenschen ja unter einem Dach.
Da ist ein Unbekannter, der anonym bleiben will. Er hat sich hinter Joseph versteckt. Er will dem Kind sagen, daß er kein Zuhause hat. Er sagte, es sei sehr schwer, sich als Erwachsener ein Zuhause zu schaffen, wenn man als Kind nie ein Zuhause gehabt hat. Seine Eltern waren nicht zu arm, sondern zu reich, um ihm ein Zuhause zu schenken.
Und da sind die vielen jungen Erwachsenen, die weder Kinder *sind,* noch Kinder *haben.* Der alte Zugang zur Krippe ist verschlossen, ein neuer noch nicht in Sicht. Sag ihnen, die Aussicht ist nicht ausgeschlossen, daß du auf Wanderschaft wie zufällig vorbeikommst. Das geschieht, wer die Augen offen hält und wer den Sinn für das Wesentliche bewahrt und entwickelt hat.
Rose Ausländer ist ihre Sympathisantin:

Mit Wäldern und Bergen
befreundet

Den Meermärchen
lauschen

Heute
hier deine Wohnung
morgen dort
und wanderst schon weiter
Nur die Heimatstadt
dein nie verbrauchter Besitz
auch im
verwandelten Land

(Rose Ausländer: Deine Heimatstadt, aus: Südlich wartet ein wärmeres Land, Pfaffenweiler Presse, Mittlere Straße 23, 79292 Pfaffenweiler, 1982 u. 1985)

Und schließlich sind da wir alle von heute abend. Vielleicht haben wir einiges mit den andern Krippengästen gemeinsam. Oder sind wir die ganz Normalen, die einfach dankbar sind, daß da ein Kind auch für sie geboren worden ist? Wird man uns das in kommenden Tagen anmerken, daß wir von Bethlehem herkommen?

Musik

Teil III

»Gott ist in der Welt zu Hause« (Ev. Kom. 94/720). Sein Wort zeltete unter uns - sagt der Johannesprolog. Gott wählte die Welt als sein Zuhause, weil gerade dort der Mensch sich unbehaust fühlt. Das Gotteskind Joshua, Sohn von Joséph und Miriám, in dem Gott »durchschimmerte«, ging ein in diese Welt der Unbehausten. Selbst wenn wir Gott keine Hütte bauen - er selber hat sich ein Zelt gebaut, damit er beweglich sein und mit uns ziehen kann. Dieses Kind Jesus wird später als Erwachsener zu den Unbehausten gehen, zu denen, die keine Heimat haben, die auf der Flucht sind vor ihren Feinden oder vor sich selbst.

Die Weihnachtsbotschaft ist die Antwort auf das Fragen derer, die irren und umherirrend fragen: »Wo wohnt Gott?« Die gläubige Gegenfrage lautet: Wo wohnt Gott nicht? Wohnt er denn nur im Glück, in der Lust, in den sonnigen Abschnitten unseres Lebens? Keineswegs. Er scheint viel mehr in den dunklen Tälern zu wohnen. Wie war es denn heute vor 50 Jahren?: Weihnachten 1944 vor der politischen Kulisse des totalen Krieges und des totalen Untergangs. Damals haben wir nicht gesagt: in Trümmern und in Trauer über gefallene Söhne und Väter, in der Angst vor Heimatverlust kann man nicht Weihnachten feiern. Nein, das haben wir nicht gesagt und nie gedacht. Im Gegenteil: Wir haben uns dem wehrlos ausgelieferten Kind in der Krippe nie so nahe gefühlt wie damals. Ist es also nicht eher umgekehrt: Daß uns heute nach 50 Jahren Frieden, Wohlstand und Überfluß die Urbedeutung des Bethlehem-Geschehens verlorenzugehen droht? Den Ausgebombten und Flüchtlingen von einst höre ich aus der Krippe zugeflüstert: Laßt Trümmer und Tragödien, Flucht und Verlust der Heimat nicht umsonst gewesen sein!

Betet mit Rose Ausländer:

Erbarme dich
Herr
meiner Leere

Vom Gipfel
sehe ich
das Tal meiner Sehnsucht
nach neuen Worten
die den Gott erschaffen

Schenk mir
das Wort
das eine Welt
erschafft

(aus: Rose Ausländer, Und preise die kühlende Liebe der Luft. Gedichte 1983-1987. © 1988 S. Fischer Verlag GmbH, Frankfurt am Main)

Solche Erkenntnis der Heiligen Schrift bringt uns Gewinne für den Heiligen Abend: Gottes Wort nistet sich dort am leichtesten ein, wo Leere ist; Empfänglichkeit wächst für neue Füllung. Dann geschieht, was uns Christen vielleicht den Atem nehmen kann: nicht nur Gott schafft durch das Wort; das neue Wort vermag den Gott zu erschaffen. Das faßt, wer leer war ganz und gar.

Den Gott erschufen Christen, als sie ihn als Kind in Bethlehem entdeckten - im Nachhinein. Als der Zimmermannssohn und Rabbi getötet worden und Freunden der Auferweckte begegnet war, da fragten sie: Wie mag er wohl geboren sein? Und Lukas, der Seelenarzt, der sich gut verstand aufs Erzählen von Geschichten, der malte dann ein Bild von der uralten Hoffnung, die in Erfüllung gehen sollte: Messias, Davidssohn aus der Davidsstadt, diesem kleinen unscheinbaren Nest - da soll der Himmel heimlich sich mit der Erde berühren. Gott geht leise vor Anker. Der Anker haftet auf Erden.

»Der Mensch ist die Wahlheimat Gottes« (Jüngel, Ev. Kom., ebd). Gott sucht uns heim - mal als erfreuender, mal als erschreckender Besucher. Frage nur, ob wir das heute merken und wahrhaben wollen. Wenn Gott heute und hier in uns Wohnung nimmt, dann müßten wir selber es merken und andere müßten uns das anmerken. Wo Gott wohnt, da werden Krankheit und Tod, Zweifel und Streit nicht ausgeblendet - vielmehr gibt Gott diesem allen einen neuen Sinn. Das wird für kommende Tage und Jahre auch bedeuten, daß wir Christen und Kirchenleut Abschied nehmen müssen von vertrauten Bequemlichkeiten. Ja, sind wir nicht bereits vertrieben aus der Heimat der Selbstverständlichkeiten?

Auch in bisher verbindlichen Wahrheiten und Normen scheint Gott nicht mehr zu wohnen. Aber wohin ist er ausgewandert? Können wir die Zeichen des Himmels deuten? Wo über welchem Haus steht heute der Stern? Als die drei Weisen zurückgehen wollten nach Hause, hielt Kaspar erschrocken inne: »Der Stern«, sagte er. »Was ist mit ihm?«, fragte Melchior. »Er ist weitergezogen«, sagte Kaspar. »Hast du jemals einen Stern stillstehen sehen?«, fragte Balthasar (Warten auf ihn, hg. v. W. Erk, Stuttgart 1981, S. 13).

Musik

Abkündigungen

Lied: Die Nacht ist vorgedrungen (EG 16)

Gebet
Schenke uns Antworten, Gott, auf unsere Fragen heute nacht:
Warum singen wir Liebeslieder - vor einem Kind in einer Krippe?
Warum träumen wir Friedensträume - vor einem Kind in einer Krippe?
Warum weinen wir Freudentränen - vor einem Kind in einer Krippe?
Warum hoffen wir gegen alle Hoffnungen - mit diesem Kind?
Nimm heute nacht unsere Lieder und Träume, unsere Tränen und Hoffnungen als Gaben, die wir dir anvertrauen. Leuchte uns den Weg mit deinem wandernden Stern.
Schenke uns allen eine heilende Nacht,
damit heile Tage möglich werden.

Vaterunser

Segen

Lied: O du fröhliche ... (EG 44)

Musik

Der Wunschbaum

Elemente für einen Mitternachtsgottesdienst *Günter Scholz*

Die folgenden Gottesdienstelemente bildeten den Kern eines Mitternachtsgottesdienstes, von einem Vorbereitungskreis durchgeführt. Sie können aber ebensogut in einen weihnachtlichen Familiengottesdienst eingebracht werden.

Die gottesdienstliche *Vorbereitung* auf Heiligabend beginnt schon am 1. Adventssonntag damit, daß ein eingetopfter Weihnachtsbaum aufgestellt wird. Dazu wird nicht mehr gesagt, als daß er der Einstimmung dient und im Laufe der kommenden Sonntage mit einzelnen Symbolen versehen wird, die etwas mit Weihnachten zu tun haben. Am 2. Adventssonntag wird ein Herz angehängt, am 3. eine Schleife angebunden, am 4. eine Kerze aufgesteckt.

Im *Heiligabendgottesdienst* wird nun die folgende Geschichte verlesen oder erzählt. Dabei treten neben dem Erzähler noch Nepomuk und Irwinja auf, sie schmücken den Weihnachtsbaum nach und nach mit Herzen, Schleifen und Lichtern, die sie einer Pappschachtel entnehmen.

Erzählung

Es war einmal vor gar nicht allzulanger Zeit, da lebte im Land der untergehenden Sonne ein alter Mann namens Nepomuk. Er hatte manchmal recht seltsame Ansichten über das Leben, zumindest in den Augen der Leute. An einem Tage in der Vorweihnachtszeit trug er, zusammen mit seiner Enkelin Irwinja, einen kleinen Tannenbaum in die Dorfkirche, um ihn dort aufzustellen und zu schmücken.

»Warum tun wir das, Großvater?«, fragte das kleine Mädchen. »Damit die Leute anfangen nachzudenken.«

Irwinja wunderte sich zwar ein wenig, aber sie fragte nicht weiter. Sie war froh, daß ihr Großvater sie mitgenommen hatte, daß sie mithelfen durfte, den Baum zu schmücken, obwohl doch noch gar nicht Weihnachten war. Sie waren ganz allein, und die kleine Dorfkirche kam ihr auf einmal sehr groß und gewaltig vor. Irwanja wagte kaum zu atmen, geschweige denn laut zu reden. Die beiden stellten den Baum auf, und anschließend öffnete der alte Nepomuk jene Pappschachtel, die das Mädchen auf dem Weg hierher getragen hatte. Sie war bis zum Rand gefüllt mit Kerzen, Schleifen und kleinen Herzen, ausgeschnitten aus weißem Papier.

»Wollen wir damit den Baum schmücken?«, fragte das Mädchen leise. »Natürlich, Irwinja, warum flüsterst du denn so?« - »Weil wir in der Kirche sind.« - »Na und, deshalb brauchst du doch nicht zu flüstern. Wir sind allein, und hier hört uns sicher keiner zu.« - »Vielleicht hört uns ja der liebe Gott.« - »Der liebe Gott hört uns bestimmt, aber das macht nichts. Der wird schon nicht gleich erschrecken, wenn er in seinem Haus einen alten Mann und ein kleines Mädchen hört, ganz im Gegenteil. Vielleicht freut er sich sogar.«

Die beiden hatten inzwischen angefangen, den Baum zu schmücken.

»Du, Großvater, warum nehmen wir eigentlich Herzen und Schleifen? An einen Weihnachtsbaum gehören Kugeln und Sterne, das war doch schon immer so.« - »Nein, Irwinja, das war nicht immer so. Weißt du, der Weihnachtsbaum war ursprünglich ein Wunschbaum, aber das haben inzwischen viele Menschen vergessen. Der Brauch, einen Weihnachtsbaum zu schmücken, entstand schon vor langer Zeit, als noch Jahr für Jahr Hunger und Kälte die Winter begleiteten. Man zündete Lichter an, um die guten Mächte in ihrem Kampf gegen die Finsternis zu unterstützen. Man hängte Früchte an den Tannenbaum, Äpfel und Backwaren, um damit Hoffnung zum Ausdruck zu bringen, Sehnsucht nach einem immergrünen Baum, der das ganze Jahr Früchte trägt, damit niemand mehr Not leiden muß. Der Brauch an sich hat sich bis in unsere Tage erhalten, auch wenn man im Laufe der Zeit die Äpfel gegen Kugeln und die Backwaren gegen Sterne aus

Stroh oder Goldpapier vertauschte. Damit ging jedoch nach und nach der Sinn und die Bedeutung des Weihnachtsbaums verloren. Unsere Häuser sind warm, die Kühlschränke sind bis zum Rand gefüllt. Der Weihnachtsbaum ist ein Wunschbaum, Irwinja. Früher schmückten ihn die Menschen mit dem, was sie sich am meisten wünschten, nämlich mit Nahrung und Licht. Wir hängen Kugeln an den Baum, aus Gewohnheit wahrscheinlich und weil wir oft nicht nachdenken über das, was wir tun. Wir sollten uns lieber überlegen, was uns heute fehlt, was wir uns am meisten wünschen. Zum Beispiel ein bißchen mehr Liebe. Deshalb schmücken wir diesen Baum mit Herzen, um damit die Hoffnung auszudrücken, möge es doch einen Baum der Liebe geben, einen immergrünen Baum, der das ganze Jahr Früchte trägt, nicht nur an Weihnachten.« – »Und was sind das für Schleifen, Großvater?« – »Die Schleifen sind ein Zeichen für das Schenken. Es ist zwar schön, wenn man Liebe in sich trägt, aber sie ist fruchtlos, wenn man sie nicht weitergibt. Wir sollen unsere Liebe verschenken, Tag für Tag, an all die Menschen, die um uns sind. Geblieben sind die Kerzen als Symbol des Lichts, das wir immer noch dringend benötigen. Wir haben zwar die Kälte aus unseren Häusern und die Dunkelheit aus unseren Wohnungen vertrieben, doch was ist mit der Dunkelheit in unseren Herzen, der Finsternis in unseren Seelen? Ja, wir brauchen auch heute noch dringend das Licht, jenes Licht der Erleuchtung, welches uns hilft, die Angst in unserem Innern zu besiegen.«

Die beiden waren inzwischen mit ihrer Arbeit fertig. Sie verließen die Kirche und gingen nach Hause. Zurück blieb ein Weihnachtsbaum, geschmückt mit Lichtern, Schleifen und Herzen, ein seltsamer Weihnachtsbaum, ein Wunschbaum vielleicht, über den sich die Gemeinde am darauffolgenden Sonntag beim Gottesdienst doch ein wenig wunderte.

(Diese Erzählung von Manfred Gelhard wurde für den Druck leicht gekürzt.)

Es kann Musik folgen. Es muß jetzt nicht unbedingt gesungen werden, damit Geschichte und Predigt nicht allzu sehr auseinandergerissen werden.

Predigt

Sie könnte so beginnen:

Am Heiligabend sind wir alle Kinder. Wir lassen uns ansprechen wie sie, für kurze Momente vielleicht fühlen wir wie sie; denn Weihnachten nimmt uns mit hinab in die Tiefen der Kindheit, wo wir selbst Irwinja waren und empfanden wie sie. Wir sind auch heute noch Irwinja, die andächtig und gespannt dem Tun und den Worten des Großvaters lauscht. Aber wir sind auch Großvater, Menschen mit Wünschen und Sehnsüchten, die wir haben und auch aussprechen können. Drei Wünsche hatte der Großvater. Der erste Wunsch: Liebe. Er selbst möchte ein Brunnen der Liebe sein, tief und gefüllt, so daß er daraus schöpfen kann. – Der zweite Wunsch: Hingabe.

Nicht nur er selbst möchte Liebe in sich tragen, sondern er möchte sie weiterschenken können. Liebe verkommt zu Gleichgültigkeit, wenn sie sich nicht immer und immer wieder auf den anderen zubewegt. - Und der dritte Wunsch: Licht. Licht als das alles durchflutende Leben von oben, als der Glanz, in dem die Welt erstrahlen könnte, wenn es nicht immer wieder Schatten und Finsternis gäbe. Der Großvater spricht von unseren Wünschen und Sehnsüchten, und es ist gut, daß wir sie uns symbolisch veranschaulicht haben; denn dann wissen wir: noch ist es nicht ganz so weit, aber da wollen wir hin.

Im weiteren Verlauf
wird das »es ist noch nicht so weit« entfaltet: Immer wieder durchziehen Wellen des Hasses und der Brutalität unser Land, Europa blutet aus der Wunde des Balkan, Konflikte spitzen sich nach wie vor zu und entladen sich in Gewalt und Krieg. Wir leben in der noch unerlösten Welt. Es ist noch nicht so weit. Die Gleichgültigkeit macht die Liebe unfruchtbar. Die Frucht der Liebe aber, so der Großvater, ist die Hingabe. Der größte Feind der Liebe, so Eli Wiesel, ist nicht der Haß, sondern die Gleichgültigkeit.
Es ist noch nicht so weit. Eine Finsternis folgt der anderen. Das Licht will ihr widersprechen. Kerzen wurden und werden in die Fenster gestellt als Zeichen der Verbundenheit mit denen, die abgeschnitten waren vom Strom des Lebens, und als Zeichen der Solidarität mit den Opfern finsterer Mächte. Das Licht scheint in der Finsternis und macht sie als solche offenbar.
Das Licht ist aber auch ein Zeichen der Hoffnung. Die Finsternis wird es nicht überwältigen. Gott hat ihr die Macht genommen. Er hat heimgesucht die Macht des Hasses, der Gleichgültigkeit und der Finsternis. Er hat uns besucht aus der Höhe und einen Anfang gesetzt, in der Geburt Jesu den Grund zu wahrer Menschlichkeit gelegt, den Keim des Friedens, den die Welt sich selber nicht geben kann. »Vorbei ist die Entzweiung von Gott und Mensch, nicht mehr ist die Axt gelegt an die Wurzel des Baumes, sondern die Flamme der Liebe an den Docht der Kerze, um sie von innen heraus zum Leuchten zu bringen.«
Irwinja und ihr Großvater haben den Wunschbaum geschmückt. Aber weil uns Gott aus der Höhe besucht hat, ist der Wunschbaum nicht mehr Wunschbaum. Er ist von einem neuen Lebenswasser durchströmt, ein Abbild des Paradiesbaumes. Mit dem Kommen Christi in die Welt ist der Paradiesbaum neu gesetzt, und in seinen Früchten begegnen sich unsere Wünsche und Gottes Gabe.
Der Gedanke an den legendären Apfel kann und soll anklingen, zur Vorbereitung auf die anschließende Verteilung der Äpfel: Der Apfel, einst Symbol der Verführung, kann nun, im Lichte der Zuwendung Gottes zu uns, zum Zeichen der Ganzheit und Einheit mit ihm werden.

Möglicher Schluß
Ich möchte im Apfel ein Zeichen des Heils sehen, in diesem Sinne ein heiliges Zeichen, das auf Gott weist. Denn er hat Liebe und legt sie in uns hinein; er hat Zeit und legt sie in uns hinein; er hat Geduld und legt sie in uns hinein; es ist viel Offenheit und Verständnis bei ihm, und so auch bei uns; es ist viel Barmherzigkeit und Gnade bei ihm, und so auch bei uns; er sieht uns freundlich an und macht uns schön; er schenkt uns Vertrauen und macht uns treu, er leidet mit uns und gibt uns Trost, er freut sich mit uns und macht uns dankbar.

Nach einem *Lied* werden *Äpfel verteilt* mit den Aufklebern Geduld, Freundlichkeit, Verzeihung, Güte, Verständnis, Offenheit, Barmherzigkeit, Zeit, Treue, Trost.

Krippenspiel für die ganze Gemeinde

Eine Szene mit wenig Vorbereitung *Heidi Kell*

Spielidee: Das Krippenspiel ist entweder spontan mit der ganzen Gemeinde zu spielen, oder man verteilt die klassischen Rollen und trifft sich vorher zu einer Probe. Die Idee, gemeinsam mit der Gemeinde zu erzählen, habe ich übernommen von Jürgen Koerver (Der Kindergottesdienst 4-91. Laß mich hören. Verlag Ludwig Bechauf/Gütersloher Verlagshaus Gerd Mohn.) Der Text ist von mir.

Orgelmusik

Begrüßung

Lied: Alle Jahre wieder

Gebet

Einladung zum Spiel
Liebe Kinder, Kleine und Große, Eltern und Großeltern!
Wir werden jetzt die Weihnachtsgeschichte erleben. Aber nicht so, daß einige spielen und reden und andere stillsitzen und zuhören, sondern wir alle zusammen werden die Geschichte spielen und erzählen. Ihr könnt den Text nicht? Das macht nichts, die Erzählerin wird den Fortgang der Geschichte erzählen, und die Kinderkirchenkinder werden dazu spielen. Ja, und wir übrigen, d. h., auch die Großen, werden alles nachsprechen und nachmachen, was unsere Chorführerin vormacht, vorspricht, ruft oder singt!

Wir wollen das gleich einmal probieren:
Chorführerin (Chf): Halleluja!!
Gemeinde (Gem): Halleluja!!
Dann kann das Spiel beginnen!

Erz.: Es begab sich aber zu der Zeit, da ordnete Kaiser Augustus an, daß alle Bewohner des Römischen Reiches in Steuerlisten erfaßt werden sollten. Es war das erste Mal, daß so etwas geschah. Der Kaiser Augustus wohnte in Rom.
Chf.: Das ist weit, weit weg!
Gem.: Das ist weit, weit weg!
Chf.: Und überhaupt!
Gem.: Und überhaupt!
Chf.: Was hat der uns zu sagen?
Gem.: Was hat der uns zu sagen?
Erz.: Aber da irrten sich die Israeliten sehr! Augustus hatte überall seine Leute, die dafür sorgten, daß seine Befehle ausgeführt wurden. Seht euch den an:
Der macht sich sogar im Tempel breit! ... Und damit ihn alle sehen, macht er sich so groß er kann! Jetzt steigt er noch auf eine Kiste ... Und wenn er was zu befehlen hat, klopft er dreimal mit der Lanze auf: *(Soldat tut dies!)*
Chf.: Augen rechts! *(mit Gestik!)*
Gem.: Augen rechts! *(auch mit Gestik, sonst üben lassen!)*
Chf.: Nein, links!
Gem.: Nein, links!
Chf.: Aufgestanden!
Gem.: Aufgestanden! *(die Gemeinde muß natürlich gehorchen!)*
Chf.: Hingesetzt!
Gem.: Hingesetzt!
Chf.: Naseputzen!
Gem.: Naseputzen!
Chf.: Dreimal husten! *(vormachen!)*
Gem.: Dreimal husten! *(nachmachen!)*
Chf.: Ruhe jetzt!!
Gem.: Ruhe jetzt!!
Erz.: Er hatte nämlich einen neuen Befehl des Kaisers Augustus bekanntzugeben: Alle sollten Steuern zahlen. Und damit der Kaiser genau sehen konnte, wieviele Menschen in seinem Reich lebten, sollte jeder dahin gehen, wo er geboren war und sich in eine Liste eintragen lassen. Am Ende seiner Rede klopfte der Soldat wieder dreimal mit der Lanze auf den Boden ... das hieß: Das Volk mußte dem Kaiser zujubeln:

Chf.: Lang lebe Augustus!
Gem.: Lang lebe Augustus!
Chf.: Augustus ist der Größte!
Gem.: Augustus ist der Größte!
Chf.: Augustus ist unser Gott!
Gem.: Augustus ist unser Gott!
Chf.: Er lebe hoch!
Gem.: Er lebe hoch!
Chf.: Er lebe hoch!
Gem.: Er lebe hoch!
Chf.: Er lebe dreimal hoch! *(singen und Fähnchen/Liederzettel schwenken)*
Gem.: Er lebe dreimal hoch! *(singen und Fähnchen/Liederzettel schwenken)*

Erz.: Das war deutlich. Der Soldat verschwand wieder und so packten alle ihre Sachen und machten sich auf den Weg. Auch Josef und Maria aus Nazareth waren dabei. Dort hinten an der Tür seht ihr sie, wie sie ihre Sachen auf den Esel packen. Alles, was man braucht für den langen Weg nach Bethlehem, denn da mußten sie hin. *(Maria und Josef packen)*

Chf.: Erst die Decken,
Gem.: Erst die Decken,
Chf.: dann 6 Brote,
Gem.: dann 6 Brote,
Chf.: 1 Faß Honig
Gem.: 1 Faß Honig,
Chf.: einen Sonnenschirm für den Tag
Gem.: einen Sonnenschirm für den Tag
Chf.: und ein Mosquitonetz für die Nacht
Gem.: und ein Mosquitonetz für die Nacht.
Erz.: Und obendrauf Maria und ein großes Paket Windeln.
Chf.: Windeln??
Gem.: Windeln??

Erz.: Ja, Windeln. Denn Maria war schwanger und sollte bald ihr erstes Kind zur Welt bringen. So machten sich beide langsam auf den Weg, aber schon bald mußten sie sich hinsetzen und Rast machen und Josef dachte bei sich:

Chf.: 100 km bis Bethlehem
Gem.: 100 km bis Bethlehem
Chf.: 5 Tage hin
Gem.: 5 Tage hin
Chf.: und 5 zurück
Gem.: und 5 zurück.
Chf.: Und dann das Kind,
Gem.: Und dann das Kind,

Chf.: wie soll das gehn?
Gem.: wie soll das gehn?
Chf.: Ich kann die Römer nicht verstehn.
Gem.: Ich kann die Römer nicht verstehn.

Erz.: Aber Josef folgte nicht nur dem Befehl des Römischen Kaisers Augustus - er folgte auch den Worten des Engels, der ihm eines Nachts im Traum erschienen war. Daran dachte er, wenn ihn der Mut verließ. *(Lichtfilter blau)*
Der große Engel war im Traum zu ihm herabgekommen, hatte ihm dann die Hand auf die Schulter gelegt und Worte zu ihm gesagt, die er nie vergessen sollte:
»Hab keine Angst; Maria wird einen Sohn bekommen, der kommt von Gott, und ihr sollt ihn Jesus nennen, denn er wird sein Volk befreien und Gott wird mit ihm sein.«
Dann drehte der Engel sich um und verschwand über die Himmelsleiter wieder in der Höhe. Und Josef schüttelte den Kopf und grübelte über den Traum und manchmal war ihm, als hörte er die Engel singen:

Kinderchor: Der Engel (D. Jöcker/R. Krenzer. Weihnachten ist nicht weit. Menschenkinderverlag)

Erz.: Josef und Maria sind inzwischen schon in Bethlehem angelangt. Da seht ihr sie kommen! Maria zeigt Josef schon die ersten Häuser und da es bereits Abend wird, machen sie sich auf die Suche nach einer Unterkunft.
Da rechts *(Sakristei)* ist eine Herberge. »Zum guten Hirten«. Das hört sich einladend an, denkt Maria, und unsere Preisklasse ist es auch. Also klopfen sie laut an die Tür! Und sie bekommen tatsächlich Antwort:

Chf.: Was wollt ihr hier?
Gem.: Was wollt ihr hier?
Chf.: Was fällt euch ein??
Gem.: Was fällt euch ein??
Chf.: Fremde lassen wir nicht rein!
Gem.: Fremde lassen wir nicht rein!
Chf.: Für Leute aus Nazareth
Gem.: Für Leute aus Nazareth
Chf.: haben wir kein Bett.
Gem.: haben wir kein Bett.

Erz.: Schlimm war das, wie sie da behandelt wurden, aber gleich nebenan entdeckt Josef eine Herberge. Diesmal klopft Maria an: *(klopft)*

Chf.: Willkommen ihr beide!
Gem.: Willkommen ihr beide!

Chf.: Welch eine Freude!
Gem.: Welch eine Freude!
Chf.: Ein Essen zur Nacht
Gem.: Ein Essen zur Nacht
Chf.: wird sofort gebracht!
Gem.: wird sofort gebracht!
Chf.: Ein Zimmer?
Gem.: Ein Zimmer?
Chf.: Haben wir sonst immer!
Gem.: Haben wir sonst immer!
Chf.: Doch gerade jetzt –
Gem.: Doch gerade jetzt –
Chf.: ist alles besetzt.
Gem.: ist alles besetzt.
Erz.: Und so weiter und so weiter. Zuletzt klopfen sie da links an, bei »Augustus' Ruh«. Ganz leise nur – denn das sieht vornehm aus.
Chf.: Ein Zimmer wollt ihr?
Gem.: Ein Zimmer wollt ihr?
Chf.: Ham wir frei.
Gem.: Ham wir frei.
Chf.: Doch habt ihr denn auch ...
Gem.: Doch habt ihr denn auch ...
Chf.: Geld dabei?! *(Gestik nicht vergessen!)*
Gem.: Geld dabei?!
Chf.: Sonst geht doch rüber in den Stall.
Gem.: Sonst geht doch rüber in den Stall.
Chf.: Da habt ihrs warm auf jeden Fall.
Gem.: Da habt ihrs warm auf jeden Fall.
Erz.: Und Maria brachte dort ihren ersten Sohn zur Welt, wickelte ihn in Windeln und legte ihn in eine Futterkrippe, denn sie hatten keinen besseren Ort gefunden. *(spielen!)*
Doch von dem Kind in der Krippe ging ein Leuchten aus und große Freude.

Kinderchor und Gemeinde: In der Dunkelheit leuchtet uns auf ein Licht (D. Jöcker/R. Krenzer)

Erz.: Zur gleichen Zeit hielten sich draußen in der Nacht Hirten auf und hüteten ihre Schafe. Dunkel war ihr Leben. Nicht nur, weil sie draußen in der kalten Nacht sein mußten; dunkel war es auch in ihren Herzen, denn sie waren arm und keiner mochte sie. Die Leute redeten schlecht über sie:
Chf.: Hirten stehlen!
Gem.: Hirten stehlen!

Chf.: Hirten stinken!
Gem.: Hirten stinken!
Chf.: Fressen Ratten!
Gem.: Fressen Ratten!
Chf.: Wolln dich linken.
Gem.: Wolln dich linken.
Chf.: Lügen, fälschen ohne Rast!
Gem.: Lügen, fälschen ohne Rast!
Chf.: Alle Hirten in den Knast!
Gem.: Alle Hirten in den Knast!
Erz.: Die Hirten glauben das schon selbst. Kein Ausweg da. In ihrem Leben ändert sich nichts mehr, so denken sie. Bis in dieser Nacht plötzlich die Engel aus dem Himmel auf sie zugehen und von dem Kind in der Krippe erzählen: Für euch ist es geboren. Klein und unbedeutend wie ihr. Aber das wird sich ändern. Es wird groß werden und ganz nah bei Gott sei, wie ihr. Und es wird endlich Frieden auf die Welt bringen.

Kinderchor: Ein Licht leuchtet auf (D. Jöcker/R. Krenzer)

Erz.: Wie angewurzelt standen sie da. Noch nie war ihnen Gott so nah. Sie hatten immer gedacht, Gott wolle nichts mit ihnen zu tun haben. Und nun sollten sie zu dem neugeborenen Kind gehen, das in einem Stall geboren war, wie sie. Als sie dann den Gesang der Engel hörten, da machten sie sich auf den Weg und folgten ihnen.

Kinderchor: Unterwegs mit einem guten Stern (Ute Quast, unveröffentlicht)

Erz.: Und sie kamen zum Stall und fanden dort das Kind in der Krippe, dazu Maria und Josef. Und sie sahen sich alles ganz genau an. Der Engel hatte recht gehabt: Da lag das Kind, klein und hilflos wie sie. Aber es würde groß werden und Frieden und Gerechtigkeit schaffen. Auch für sie. Ihr ganzes Leben würde sich ändern - das konnten sie nicht für sich behalten. Sie erzählten es zuerst Maria und Josef und dann verbreiteten sie es weiter - bis heute, bis zu uns. Gott will, daß auch unser Leben voll Friede und Hoffnung, Freude und Licht ist. Laßt uns davon singen mit den Engeln!

Kinderchor und Gemeinde: Laßt euch anstiften zur Freude ...

Vaterunser

Lied: Ihr Kinderlein, kommt

Segen

Monolog des Joseph

In der Christvesper *Hannes-Dietrich Kastner*

Erster Teil

Joseph an einer Werkband stehend / sitzend. Er blättert in alten Papieren, macht sich ein paar Notizen. Neben der Werkbank - einige Bohlenbretter. Eine Säge liegt bereit, ebenso ein Winkel, Stemmeisen usw.

Liebe Leute!
Das sollt Ihr wissen:
Zu schmal sind mir Eure Legenden.
Zu mager ist, was sie über mich sagen.
Und dann Eure Bilder!
Unerträglich für mich -
und verletzend!
Bin ich ein Trottel?
Schaut sie Euch an -
die Bildwerke, in die man mich einsperrte!
Nur stumm steh' ich da, verzieh' keine Miene!
Oder - noch schlimmer:
ich hocke am Rand - irgendwo -
und blase ins Feuer -
oder rühr' in der Suppe.
Bin ich Statist - nur gewesen?
Überlegt einmal selbst! Wenn Eure Kinder und Enkelkinder Euch später einmal in einem so merkwürdigen Bild festmachten - wäre Euch das angenehm?
Ihr - nur eine stumme Figur am Rand!?
Bin ich ein Trottel?
Mein Einspruch gegen die Kunst!
Mein Protest gegen jede Verzeichnung!
Ich verlange, daß man mein Bild neu malt!
Neulich lese ich einige Zeilen aus der Feder eines schweizer Autoren.
Der Name tut nichts zur Sache.
Ehrlich listet er dort auf, was man im Laufe der Jahrhunderte aus Maria gemacht hat:
»später viel später
blickte maria
ratlos von den altären
auf die sie
gestellt worden war

und sie glaubte
an eine verwechslung«
Ehrlich gesagt:
Ich auch; ich glaubte auch an eine Verwechslung.
So waren wir beide nicht!
Ich habe kein so gutes Gedächtnis,
darum weiß ich nicht mehr genau, was dieser Schweizer weiter geschrieben hat.
Nur gegen Schluß -
das habe ich mir gemerkt -
da heißt es nämlich:
»und maria trat
aus ihren bildern
und kletterte
von ihren altären herab
und sie wurde
das mädchen courage«
Und dann werden noch viele andere Frauen genannt, in die hinein sich meine Maria verwandelt ... Und was für Frauen das sind - bis hin zu Jeanne d'arc - zu Käthe - bis hin zu Frauen, die man Hexen nannte ...
Liebe Leute,
dieser Befreiung Marias aus dem Gefängnis der Bilder gefällt mir!
Schaut dort!
Joseph leuchtet mit einer Stablampe auf das Altarbild, auf die Gestalt des Joseph.
Dort - schaut -
das soll ich sein!
Doch auch mir tut es weh, wenn man mich einsperrt ins Bild.
Auch ich will heraustreten aus all diesen Bildern.
Also -
bin ich heute den alten Bildern entstiegen -
und bin, der ich bin,
unter Euch.
Joseph stellt die Stablampe wieder zur Seite.
Musik / Melodie - »Joseph, lieber Joseph mein«.
Ihr lieben Leute,
»Joseph, lieber Joseph mein, hilf mir wiegen mein Kindelein« -
nein, nein, so weit bin ich noch nicht in meinem Erzählen.
Noch sind wir allein, Maria und ich.
Und wenn ich erzähle von einst,
dann - glaubt mir -
dann habe ich immer wieder den Eindruck,
gestern sei heute ...
So mischen sich Zeiten und Räume.
Sie sei schwanger,

sagte sie mir vor etlichen Monaten.
Ich erinnere mich:
Ich schreckte zusammen.
»Muß das jetzt sein?«, sagte ich mir leise, ganz leise ...
Nicht wahr, Ihr Heutigen sprecht, wenn es um Kinder geht, gelassen davon, daß ihr Kinder plant.
Ich, Joseph, ich bekenne Euch:
Ich - damals - fragte mich:
»Muß das denn sein?
Ein Kind in diesen schweren Zeiten!
Muß das denn sein?«
Ich stellte mir die Nachbarn vor, wie sie so reden!
Ich dachte an die Freunde, an die ehrwürdigen Beter in der Synagoge!
Ich hörte sie reden über mich: Geratsche, Geratsche!
Denn ich bin kein junger Mann mehr.
Und ein Kind zu haben, heißt noch immer,
daß wir Verantwortung übernehmen. Oder?
»Nichts wie fort!«, schoß es mir durch den Sinn.
»Ich will und mag mich diesem Kind nicht stellen!«
Da hatte ich mich mit dieser Frau verbunden;
und prompt hatte ich die Bescherung.
»Nichts wie fort von dieser schwangeren Frau zu dieser schweren Zeit!
Fort, fort, nur immer fort!«, sagte ich mir leise.
Doch Maria gegenüber sagte ich etwas anderes.
»Maria«,
ja, mehr war es nicht. Mehr bekam ich nicht heraus.
»Maria«, sagte ich -
und ich drückte sie leicht an mich.
Doch sie spürte mein Erschrecken, meine Abwehr, meine Furcht.
Sie mußte es gespürt haben.
Denn sie machte sich rasch los -
schaute mich fest an und fragte:
»Ist das Freude, Joseph,
die deine Stimme beben läßt?«
Was sollte ich antworten?
Was hättet Ihr gesagt?
Ich wollte sie nicht beunruhigen.
»Ja, ja«, gab ich darum schnell zurück,
»ja, ich freue mich!«
Doch wir beide fühlten,
daß ich log,
daß ich meine Freude log.
Dann -
Joseph nimmt eins der Hölzer und legt es sich auf der Werkbank zurecht, spannt es ein ...

dann kam die Nacht,
in der der Schlaf mich lange mied.
Es war wohl längst nach Mitternacht,
als ich zur Ruhe kam.
Doch -
was heißt Ruhe,
wenn ein Traum dich überfällt?
Ich, Grübler, träumte einen lichten Traum.
Ich, der ich sonst von Träumen und Geschichten gar nichts halte.
Mir träumte, daß sich Pläne kreuzen können;
das, was wir Menschen planen, denken -
und was sich unser aller Gott erdenkt und mit uns plant.
Ich sah im Traum den Boten Gottes zu mir treten.
Dann seine Botschaft:
»Das sollst du wissen, Joseph!
Wunschkinder unseres Gottes gibt es,
die mehr noch als alle Menschenwünsche in sich haben.«
Vom Gottes-Geist erzählte mir der Bote,
von Gottes Geist, der sich mit Menschenfleisch verbindet
und einen Lebensweg mit Segen überschüttet.
Auch sprach der Bote davon,
daß dieses Kind nicht nur für seine Eltern auf die Erde kommen werde.
Obwohl noch ungeboren, nannte der Bote unser Kind bereits den Retter meines Volkes, einen Helfer.
Ich wachte auf ...
»Gut«, sagte ich, »es sei so, wie der Bote sagt. Willkommen Joschua!«, murmelte ich so vor mich hin. Denn eben dies war auch der Name, den jener Bote ihrem, meinem, unserm Kinde gab.
Dann kam der Morgen ...
und so auch unsere Zeit für einen Morgengruß ...
»Maria«,
begann ich,
und rasch zog sie mich an sich.
Sie fühlte, daß es echt war, was ich sagen wollte.
Und wortlos teilten wir die Hoffnung, unsere Freude, unser Glück.
Merkwürdig -
wie wir beide jetzt erstarkten -
selbst als der Kaiser uns mit jener Steuerschätzung kam.
Zu Fuß von Nazareth nach Bethlehem -
nur einer Steuer wegen!
Verrückte Obrigkeit!
Doch täuscht sie sich:
denn wir sind stark -
und bleiben stark.

Maria -
ich -
und unser Kind -
das Wunschkind unseres Gottes.
Joseph packt zusammen ...
Musik: Maria durch ein Dornwald ging.

Lesung des Weihnachtsevangeliums: Lukas 2,1-20
1. Teil - V. 1-14 - Lied: 54,1-3 Hört der Engel helle Lieder
2. Teil - V. 15-20 - Lied: 37,1-4 Ich steh an deiner Krippen hier

Zweiter Teil

Jospeh tritt wieder auf; er schleppt etwas Holz herbei.

Ihr blickt mich an?
Ihr wundert Euch?
Ja, ich bin noch hier. Ich bin noch nicht wieder in Eure Bildaltäre zurückgeklettert. Und ich denke auch nicht daran, dies so bald zu tun!
Ich kann Eure steifen Bilder nicht leiden.
Ich brauche meine Freiheit.
Darum nehme ich mir das Recht,
zu sprechen - öffentlich!
Ihr habt heute wieder diese alte Geschichte gehört,
so wie sie Lukas aufgeschrieben hat.
Ich will ihn nicht tadeln.
Er hat seine Sache nicht schlecht gemacht.
Ob ich es besser gekonnt hätte?
Wer weiß?
Doch erlaubt mir einen Nachtrag,
nur einen Nachtrag!
Ich war wirklich froh in jener Nacht!
Und kaum, daß ich das sage,
kommt es mir vor,
die Nacht von einst - sei eben jetzt.
Erinnert Ihr Euch?
Anfangs, als Maria mir sagte, sie erwarte das Kind,
anfangs wollte ich fliehen, wollte mich drücken.
Scham, Zorn, Empörung,
ein Wust an Gefühlen ...
Neulich - beim Morgengottesdienst -
am Sabbat -
war ein Abschnitt aus dem Buche »Bereschit« zu lesen,
die letzten Sätze aus dem ersten Buch der Tora,

aus dem ersten »Mosebuch«, wie ihr sagt:
Da hörte ich dann die Worte:
»Ihr gedachtet es böse zu machen,
aber Gott gedachte es gut zu machen.«
Rasch verbarg ich mein Gesicht in den Händen.
Denn das genau war mir widerfahren.
Ich gedachte es böse zu machen.
Ich dachte an Flucht.
Aber ich wurde aufgehalten -
und es wurde gut,
sehr gut.
Das Kind lebt.
Ein Junge.
Es hätte auch ein Mädchen sein dürfen.
Denn ich kann mir nicht vorstellen,
daß nur Jungen Wunschkinder Gottes sind.
Warum nicht ein Mädchen?
Nun -
was grüble ich weiter ...
jetzt ist das Kind da ...
und es atmet - und streckt sich -
es weint - und es schläft -
und es wächst - und es wird -
-
Übrigens
die Hirten:
der Erste, der zu uns in den Stall schlüpfte,
der fuchtelte nur mit den Fingern und Händen herum -
und zeigte in die Höhe -
und zugleich auf das Kind.
Ich fragte ihn,
was das bedeute,
bekam aber keine Antwort;
denn er war stumm.
Also folgte ich ihm ans Tor,
wohin er mich zog.
Und draußen -
unter dem nächtlichen Himmel -
der Himmel: taghell und tiefdunkel -
als wisse die Nacht nicht so recht,
wer sie sei -
und als wisse der Tag sehr wohl,
daß er kommt.
Dann zerrte mich der Stumme wieder in den Stall

und wollte zum Kind,
als wäre es ein Welt-Wunder,
wenn sich so 'was ereignet -
eine Geburt -
so zwischen Nacht und Tag.
Dann kamen die anderen,
rauhe Gesellen,
aber alle herzensgut.
Und wie sie dann durcheinanderredeten,
als gäbe es ganze Bücher zu erzählen.
Erst nach und nach wurden wir klüger aus dem,
was sie sagten,
Maria und ich.
Boten des Himmels waren den Hirten erschienen.
Also nicht bloß - vor Monaten - ein Bote bei Maria.
Also nicht bloß - vor Monaten - ein Bote bei mir, nachts, im Traum.
Boten des Himmels bei wildfremden Leuten ...
Stellt Euch das vor!
Jetzt schicken die Boten uns Hirten ins Haus,
die sagen:
dieses Kind, unser Kind, habe ihnen und aller Welt 'was zu bedeuten.
Ihr lieben Leute!
Ich bin bewegt und freue mich.
Gewiß: Ich bleib' ein Zimmermann, ich bleib' beim Holz.
Und doch bin ich jetzt nicht mehr, der ich einmal war!
Denn Freude macht selbst einen alten Menschen neu.
Großes ist uns allen widerfahren.
Die alten Gottesworte: sie haben ein Gesicht bekommen.
Ein Kinderantlitz.
Verstehen kann ich's nicht.
»Fürchte dich nicht!«
So haben die Boten den Hirten gesagt ...
Ich blicke auf unser Kind und denke:
Das geht in Ordnung!
So muß das wohl sein!
So muß es sein.
Wachsen wie ein Kind ...
Die Welt entdecken und liebhaben - wie ein Kind ...
Anderen Geschöpfen die Hände entgegenstrecken - wie ein Kind ...
Das Leben liebhaben - wie ein Kind ...
Das geht nur - furchtlos ... oder gar nicht!
Versteht Ihr?
Und es kann auch gar nicht anders sein.
Das uns von Gott geschenkte liebe Leben:

furchtlos wollen wir's leben -
und furchtlos alles miteinander teilen!
Doch ich will nicht zu viel reden am Heiligen Abend.
Ich will Euch nicht langweilen.
Nur - sollt Ihr merken - wie mich dies alles bewegt, noch immer bewegt ...
»Siehe, wir verkünden Euch eine große Freude!«
so haben die Boten den Hirten gesagt.
Die Geburt bei uns beiden - zur Nachtzeit - sei ein Glück zu nennen,
eine Freude, und nicht bloß ein Scherz.
Noch immer bin ich damit beschäftigt, das ganze Ausmaß dieser Freude zu erkunden und auszuprobieren.
Nicht wahr, das darf ich so nennen: »ausprobieren«.
Eine große Freude auszuprobieren, bereitet mir Vergnügen!
Kennt Ihr das auch?
Eine Freude, der gar nichts, aber auch gar nichts mehr fehlt?
Vor allem, wenn ich Freude bei Kindern bemerke - und dann auch ihre Freude selbst teile,
vor allem dann erahne ich, wie das sein könnte.
Ich bin noch nicht perfekt darin, mich zu freuen, aber ich bin schon sehr weit.
Freude -
das ist so etwas wie der innere Sabbat -
das sind die Augenblicke, in denen ich mit meinen Grübeleien zur Ruhe komme.
Zu Besuch - in meinem Inneren - ist dann Gott selbst.
Ich decke ihm den Tisch und lade ihn ein.
Und was sagt er?
Er sagt mir,
es sei recht so, wie ich den Tisch gedeckt habe -
und es schade weder mir noch ihm,
wenn wir uns mit Wenigem begnügen.

Übrigens:
»Retter«
haben die Boten unseren Kleinen genannt und hinzugefügt,
daß er Gottes ganzes Zutrauen habe,
gerade so - wie vormals David.
Wie mich das freut!
Gottes Zutrauen - in ein Kind!
Und ... »Friede«
zöge nun bei den Menschen ein -
ganz so -
wie es Frühling wird nach Winter oder Regenzeit ...
Auch, so viel Freude!

So viel Hoffen - und so viel Glück!
Ich nenn' es viel zu viel für mich, Maria und das Kind allein.
Das ist ein Glück,
das überfließt - und überfließt - und weiter überfließen will ...
Darum - glaubt mir -
darum muß ich hin und wieder allen alten Bildern mal entsteigen.
Glaubt mir:
hin und wieder muß ich reden, weil ich sonst ersticken müßte ...
Am Ende - übrigens -
da gingen sie wieder -
die rauhen Gesellen,
die Hirten;
sie blieben nicht da.
Sie gingen -
so wie auch Ihr alle geht.
Auch das ist in Ordnung.
Ihr bleibt ja auch morgen Ihr selber!
Und ein Hirte ist ein Hirte -
und ein Schaf ist ein Schaf -
und eine Ziege ist eine Ziege -
und ein Hund bleibt ein ...
Nur -
die Welt ist doch anders seitdem ...
Eine einzige Heilige Nacht nur -
und sie zeigt Wirkung,
weckt Sehnsucht,
weckt Freude!
Denn nun hat sich mit uns der Himmel ganz anders verbündet -
als sonst,
wenn es regnet oder stürmt oder schneit oder still ist, ganz still ...
Das Bündnis des Himmels mit unserer Erde -
ganz anders als Sonne, Mond oder Regenbogen:
viel tiefer - jetzt -
alles viel tiefer geöffnet, verjüngt und erneuert ...
»Wie ich das meine?«
höre ich fragen ...
»Ob Joseph wohl spinnt?«
höre ich flüstern ...
Was soll ich dazu sagen?
Ich bitte Euch:
denkt selber etwas nach!
Joseph geht zur Seite.

Maria und Josef zu Besuch

Für die Mette am Heiligabend *Dirk Keller*

Nach den familienorientierten Gottesdiensten mit Krippenspiel am Nachmittag richtet sich die Mette an Leute, die heiter-nachdenkliche Angebote suchen. Glitzer und Geschenke sind bewältigt. Jetzt gehts ins ruhigere Fahrwasser. Die Lieder weichen von dem klassischen Repertoire (»O du fröhliche« und »Stille Nacht«) ab und nehmen internationale Traditionen auf. Möglich sind »Herbei, o ihr Gläubigen« (eventuell im englischen Text), »Haben Engel wir vernommen«, »Zumba, zumba, welch ein Singen« (mit Rassel und Triangel) oder das »katholische« »Maria durch ein Dornwald ging«. Ein baden-württembergisches Liederbuch der Grundschule bietet dieses Liedgut an.

Herzstück der Mette ist ein dreiteiliges Rollenspiel.
Die Idee:
Bernd und Susanne haben in unserer Zeit Heiligabend hinter sich gebracht und lassen den Abend mit Musik und einem Glas Wein ausklingen. Plötzlich klingelt es zu später Stunde an der Haustür. Eine Frau und ein Mann mit Säugling stehen davor. Bernd ist gastfreundlich und »weihnachtlich« genug gestimmt und bittet die beiden ins Wohnzimmer. Im weiteren Gespräch zeigt sich, daß Maria und Josef zu Besuch sind. Der Engel hat sie vom Stall in Bethlehem nicht nur an einen anderen sicheren Ort gebracht, sondern auch in eine andere Zeit versetzt. Engel sind zeitlose Wesen. Zeitreisen sind deshalb nichts Besonderes für sie.
Die Szenen im Wohnzimmer bei Susanne und Bernd gestalten sich skizzenhaft so:
(nach kurzer Einleitung in die Situation durch einen Erzähler)
Bernd: Ihr behauptet also, daß Ihr Maria und Josef seid! Na, dann erzählt mal. Wie war's denn so heute nacht in Bethlehem!?
Josef: Das fängt ja schon viel früher an mit uns. Wir haben uns in Nazareth kennengelernt. Und zuerst wollt ichs gar nicht glauben, daß die junge Maria und ich ... aber dann waren wir auch schon verlobt und Maria schwanger.
Susanne: Aber, Maria, so unter Frauen. Mir kannst Du's doch sagen. Von wem war denn eigentlich das Kind?
Maria: Ich wußte es von Anfang an. Es war eine richtige Vision, ein Engel. Der hat mir alles erklärt. Der hat mir gesagt, daß das Kind von Gott kommt.
Bernd: Ja, gibts da noch mehr so junge Frauen, die ihr Kind von einem Engel bekommen haben (provokativ)? Oder seid Ihr die ersten glücklichen gewesen?
Josef: Vorher hatten wir auch wenig Ahnung vom Himmel und den ganzen Engeln da oben. Gehört und gesehen hab ich bis dahin gar nichts! Und dann ist's einfach passiert!

Bernd: Ja, merkst Du denn nichts, Josef, die hat Dich ganz schön rumgekriegt mit dieser frommen Geschichte. Du bist doch ein gestandener Mann, Mensch!
Josef: Gut, am Anfang wollt ich mich echt von ihr trennen. Das mit dem Kind war mir einfach zu viel des Guten. Aber eines Morgens war ich mir ganz sicher, daß diese Frau und vor allem dieses Kind mich brauchen. Da war so ein Traum, der hat mir keine Ruhe gelassen. Ein Engel ...
Bernd: Ja, ja, schön, ... ist vom Himmel gekommen ...
Susanne: Jetzt laß ihn doch, Bernd. Ich will Maria was fragen. Also, daß Josef Dich liebt, das ist mir jetzt klar. Aber liebst Du ihn eigentlich auch?
Maria: Das war ja das Schlimme für mich! Ich wußte nicht, wie er sich entscheiden würde. Der Heilige Geist stand ja zwischen uns. In meiner Not hab ich dann mit Elisabeth geredet. Und danach war mir klar, daß mich Gott und Josef nicht im Stich lassen.
Bernd: Das hört sich alles so nach Wunder an! Also, bei uns gibts das nicht!
Maria: Frag nicht nach Wundern, wenn gerade eins passiert!

Musik: »Stairway to heaven« von Led Zeppelin

Bernd: Wie ist das nun mit der Jungfrauengeburt? Wie soll ich mir das vorstellen?
Maria: Ich hab's gleich verstanden. Aber Josef hat gezweifelt.
Bernd: Es wär alles viel leichter mit Gott, wenn das mit der Jungfrauengeburt nicht wär. So ein unnötiger Hokuspokus da!
Susanne: Was macht das für einen Unterschied für Dich! Wenn dieses Kind Gottes Sohn ist, dann gehört auch die Jungfrauengeburt dazu.
Bernd: Ach, mit einem Mal machst Du Dir Gedanken über so was. Wir haben gut gegessen, schöne Geschenke gekriegt. Und jetzt wird meine Frau mit einem Mal fromm!
Susanne: Weihnachten war bis jetzt immer Streß und Vorbereitung. Aber immer blieb da etwas übrig. Eine Erwartung, die nie eingetroffen ist. Trotz Essen und Geschenk blieb es leer in mir. Die Krippe stand zwar im Wohnzimmer, aber passiert ist nichts mehr bei uns.
Josef: Wie, eine Krippe im Wohnzimmer? Ja, was tut Ihr denn hier heute?
Bernd: Ja, Weihnachten feiern. Den Geburtstag von Jesus, Mensch.
Josef: Von unsrem Sohn? Und welches Jahr schreibt Ihr heute?
Susanne: 199...
Maria: Was heißt »199...«?
Bernd: Na 199... Jahre nach Jesu Geburt.
Josef: Also, Ihr feiert immer noch den Geburtstag unseres Sohnes. Von Jesus. Ja, glaubt Ihr denn immer noch nicht, daß etwas dran sein muß an unsrer Geschichte?

Musik: »Largo« von Händel

Bernd: Nun mal angenommen, Ihr seid Maria und Josef. Wir wissen, wie's mit Euch weitergeht!
Susanne: Tu's nicht, laß sie!
Bernd: Doch, sie müssen's wissen! Also, Ihr werdet verfolgt, ja?
Josef: Genau, von Herodes!
Bernd: Gut, es wäre besser gewesen, Ihr hättet Jesus gleich ausgeliefert! Es wäre Euch viel erspart geblieben!
Maria: Könntest Du das? Dein eigenes Kind töten lassen?
Bernd: Wenn ich wüßte, was ihm alles erspart bleibt, ja ...
Susanne: Sei jetzt still!
Josef: Raus damit, sag's!
Bernd: Durch die Stadt werden sie ihn treiben und ans Kreuz hängen, so das war's!
Maria: Unser Sohn?
Josef: Ein Verbrecher?
Maria: Gottes Sohn?
Susanne: Genau das haben sie ihm nicht geglaubt!
Bernd: Und im Prinzip seid Ihr schuld dran! Ihr habt's ihm eingeredet. Ich hätt's ihm auch nicht geglaubt!
Maria: Es tut mir weh, was Ihr sagt. Und ich will jetzt nach der Geburt nicht schon über seinen Tod reden. Ich liebe ihn jetzt, was immer werden wird!
Josef: Und wenn alles stimmt. Es ist unser Weg! Wir gehen ihn gemeinsam!
Sie schweigen.
Bernd: Ich mach Euch einen Vorschlag. Bleibt bei uns. Wenigstens eine Nacht. Überschlaft noch mal alles. Noch könnt Ihr Euch retten. Ich such so lange schon mal eine Landkarte von Ägypten!
geht weg zum Suchen
Ihr könnt doch nicht einfach so wild drauf losmarschieren.
Maria, Josef und Susanne alleine, stehen auf.
Maria umarmt Susanne, Maria und Josef nicken sich zu.
Die drei gehen zur Tür.
Bernd: (zurück, Blick in den Atlas)
Also eigentlich müßte das zu schaffen sein ...
Aber, halt, wo seid Ihr, bleibt doch ...
Er geht zur Tür.

Musik: Melodie »Ich steh an Deiner Krippen ...«

Mögliche **Deutung** danach.
(Erzähler geht ins »Wohnzimmer«)
Einer hat die ganze Zeit draußen gewartet. Der Engel. Und doch war er unsichtbar bei jedem von den vieren an diesem Abend. Alle vier haben nämlich in ihrer Person den Engel gespiegelt.
Nehmen Sie Bernd zum Beispiel. Bernds Engel flüstert ihm ständig ins Ohr: »Denk an das, was möglich und machbar ist! Heb nicht ab! Bleib Realist!«

Bernd ist einer, der immer weiß, was Sache ist und auf was es ankommt. Den können Sie nachts wecken, und er kann Ihnen sofort erklären, wie Sie am besten nach Hamburg kommen. Leute wie er werden gebraucht. Die haben den Blick fürs Praktische, Irdische.
Dann nehmen Sie Susanne. Susanne kann an diesem Abend aussteigen. Sie kann mit einem Mal zugeben, daß Weihnachten bisher schal und unwesentlich war. Susanne kann sich auf's Neue einlassen, zulassen, daß es auch mal anders sein könnte. Susanne hat gute Ahnungen, spürt, wenn die Welt mal ein Fenster auf hat und der Himmel reinschaut. Mit ihr muß es nicht beim Alten bleiben.
Und dann Josef. Der hat ja allen Grund, seine Verlobte sitzen zu lassen. Die Geschichte mit der Jungfrauengeburt ist eine wirkliche Zumutung. Aber er bleibt bei ihr. Er weiß sicher, daß er gebraucht wird. Sein Platz ist an Marias Seite. Was immer die andern sagen und spotten.
Und dann noch Maria. Ganz für den Himmel da. Fast durchsichtig für Gott, Engel und Wunder. Auch Jesu Tragik kann nicht dazwischen fahren.
Vier Leute und ihre Engel. Vielleicht finden Sie in diesen »heiligen« Tagen zu Ihrem Engel. Ich wünsche es Ihnen.

Die Suche nach dem verschwundenen Licht

Alte Leier - Neue Lieder
Vier-Stationen-Sprechszenen-Spiel
mit Leiergesang

Traugott Schächtele

Ausgangspunkt aller Vorüberlegungen zu diesem Spiel war das Problem, daß nicht alle Gottesdienstbesucher mit einem Spiel zufrieden sind, das sich im Altarraum abspielt und von dem sie nicht viel mitbekommen. Das vorliegende Spiel mit vier im Raum verteilten Stationen wurde konzipiert in Anlehnung an die Ballade vom »Zug der drei Weisen« (Text: Josef Guggenmos, Melodie: Martin Gotthard Schneider), wobei aufgrund von Bedenken im Hinblick auf die Strophen 5 und 6 die Soldatenszene herausgenommen und durch die Begegnung mit einem Weisen ersetzt wurde. Inhaltlich wurde die Originalversion des Textes auch dadurch entscheidend verändert, daß nicht die drei Weisen, sondern zwei unbekannte Personen unserer Tage - im Spiel als Zeitgenossen bezeichnet - sich auf den Weg nach Bethlehem machen und dabei mit der Bedeutung von Geld, Weisheit und Macht konfrontiert werden. Ein nachfolgender knapper Verkündigungsteil muß sich gerade darauf in besonderer Weise beziehen.
Als Mitspieler - die Erstaufführung während der Christvesper wurde mit Konfirmanden und Konfirmandinnen durchgeführt - werden benötigt: ein *Leiersänger* mit Leierkasten (eventuell unterstützt durch einen Chor), die zwei wandernden *(Zeit-*

genossen (Z), MarktschreierInnen (M) und - *Verkäuferinnen* bzw. *StadtbürgerInnen,* ein *Weiser (W)* sowie der *König Herodes (H).* Die Anzahl der MitspielerInnen kann je nach der örtlichen Situation unterschiedlich sein.

1. Szene

Biblische Lesung: Jesaja 8,23; 9,1
Es wird nicht dunkel bleiben über denen, die in Angst sind. Denn das Volk, das im Finstern wandelt, sieht ein großes Licht, und über denen, die da wohnen im finstern Lande, scheint es hell.
Der Kirchenraum wird deutlich wahrnehmbar abgedunkelt (nicht finster!). Von der hinteren Eingangstür her ruft eine laute Stimme:
Z 1: Das Licht ist weg. Ich kann überhaupt nichts mehr sehen. Wo ist das Licht geblieben?
Von der zweiten Eingangstür ruft eine andere Stimme:
Z 2: Ich seh auch nichts mehr. Ich hab den Weg verloren. Nur noch Sand. Nichts als Sand. Kein Licht mehr. Ich geb's auf.
Z 1: Nein! Schau mal: ganz da vorne. Da schimmert etwas. Da könnte es weitergehen. Auf, laßt uns nachsehen, was da ist.
Sie machen sich zusammen auf den Weg zur 1. Station.

Leiergesang
Und als sie durch die Wüste gingen,
da sagte einer: Seht!
Da stehn wir nun. Wir kehren um!
Alle Wege sind verweht.

Da war kein Weg. Sie gingen doch
fort durch den gelben Sand.
Und fanden ganz zu allerletzt
noch eben grünes Land.

Musikalische Überleitung zur zweiten Szene

2. Szene

Biblische Lesung: Jesaja 7,14; Jer. 33,15
Der Herr selbst wird euch ein Zeichen geben. Denn siehe: Eine junge Frau wird schwanger und wird einen Sohn gebären, den wird sie nennen Immanuel, das heißt auf deutsch »Gott mit uns«. Denn ich will dem David einen gerechten Sproß aufgehen lassen; der soll Recht und Gerechtugkeit schaffen im Land.
Die beiden Wanderer sind bei der 1. Station angekommen; eine Stadt mit Bankgebäuden ist als Silhouette angedeutet, ein Marktstand aufgebaut. Mehrere Marktschreier/innen rufen durcheinander.

M 1: Orangen, Zitronen, frisches Gemüse – nur ein halber Schekel für das Kilogramm. Leute, greift zu! Dies ist ein besonderer Tag heute.
M 2: Bethlehem ist eine Reise wert. Von Sabbat zu Sabbat für acht volle Tage mit Halbpension nur 10 Denare. Buchen Sie noch heute!
M 3: Wir machen mehr aus ihrem Geld. Einen Groschen Zins pro Tag für einen Silberling. Gönnen sie sich, wonach ihnen der Sinn steht. Bringen sie ihr Geld zu uns!
Z 1: Da ist ja einiges geboten. Vielleicht können wir hier mehr erfahren.
Der zweite Zeitgenosse wendet sich an einen der Marktschreier
Z 2: He, du, sind wir bei euch richtig? Wir suchen einen Menschen, der anders ist als die anderen. Den, der uns die Tür zum Himmel öffnet und das Licht zurückbringt. Wir suchen einen Weg zu Gott!
Marktschreier lachen und zeigen auf ihren Geldbeutel, ihre Brieftasche oder ihre Kreditkarte bzw. sie halten Geldscheine hoch.

Leiergesang
Und als sie durch das Städtlein kamen,
war Markt und viel Geschrei.
Nach Gott, dem Heiland fragten sie,
der nun geboren sei.

»Was, Heiland?«, hieß es.
»Einer hilft
allein in dieser Welt.
Der klappert, horch, in unserm Sack:
der Gott, das harte Geld!«

Musikalische Überleitung zur dritten Szene.

3. Szene

Biblische Lesung: Jesaja 9,5 und 6
Uns ist ein Kind geboren, ein Sohn ist uns gegeben, und die Herrschaft ruht auf seiner Schulter; und er heißt Wunder-Rat, Gott-Held, Ewig-Vater, Friedefürst; auf daß seine Herrschaft groß werde und des Friedens kein Ende auf dem Thron Davids und in seinem Königreich, daß er's stärke und stütze durch Recht und Gerechtigkeit von nun an bis in Ewigkeit.
Die beiden Zeitgenossen gehen weiter; ein alter, weise wirkender Mensch kommt ihnen entgegen.
W: Schalom alechem – Friede sei mit euch!
Z 1 u. 2: Frieden? Wieso sprichst du von Frieden?
Z 1: Hast du denn Frieden zu verteilen? Wir suchen nämlich nach Frieden. Oder, um es genau zu sagen: Wir suchen nach einem Menschen, der uns und dieser Welt den Frieden bringt.

Z 2: Damit alle Kriege endlich aufhören. Und die Menschen endlich auch wie Menschen miteinander umgehen. Wir haben nämlich gehört, da gebe es einen, der sei der göttliche Friedensbringer für diese Welt!
W: Frieden, Pah! Da könnte ihr lange suchen!
Der Weise winkt verächtlich mit der Hand und geht weiter. Die beiden Zeitgenossen bleiben mit einer Geste der Ratlosigkeit und Enttäuschung stehen.

Leiergesang
Und als sie auf der Straße gingen,
da kam ein Weiser vorbei.
»Geboren ist der Friedefürst!
Weißt du denn, wo er sei?«

»Ach, Frieden, Pah!«,
der Weise spricht,
»den Glauben geb' ich auf.
Wenn den nicht endlich einer find't,
nimmt das Unglück seinen Lauf.«

Musikalische Überleitung zur vierten Szene.

4. Szene

Biblische Lesung: Micha 5,1
Und du Bethlehem Efrata, die du klein bist unter den Städten in Juda, aus dir soll mir der kommen, der in Israel Herr sei, dessen Ausgang von Anfang und von Ewigkeit her gewesen ist.
Die beiden Zeitgenossen kommen bei König Herodes an, der im Stil eines modernen Politikers dargestellt wird: Akten, Technik (z. B.: Funktelefon, Computer usw.), hektische Geschäftigkeit.
Z 1: Hier sind wir im Zentrum der Macht. Hier müßten wir eigentlich finden, wonach wir suchen.
Z 2: He, du, du fühlst dich doch so wichtig. Wir haben das Licht verloren und finden den Weg nicht mehr. Wir suchen den einen, der uns das Licht bringen könnte. Wir suchen den wahren König.
H: Den wahren König? Der einzige König hier bin ich. Ihr könnt euch bestenfalls in meinem Licht sonnen.
Herodes zeigt mit einer ängstlichen Geste des Nichtwissens, daß er auch nicht weiterhelfen kann. Die beiden ziehen weiter.

Leiergesang
Und als sie vor Herodes kamen:
»Wo ist der Königssohn?«,
da rutschte Herodes hin und her
auf seinem goldenen Thron.

Biß sich in die Lippen,
leichenblaß,
und log ihnen einiges vor.
Dann gingen sie auch aus dieser Stadt
hinaus zum nächsten Tor.

Musikalische Überleitung zur fünften Szene.

5. Szene

Biblische Lesung: Jesaja 60,1-3
Mache dich auf, werde licht; denn dein Licht kommt, und die Herrlichkeit des Herrn geht auf über dir! Denn siehe, Finsternis bedeckt das Erdreich und Dunkel die Völker; aber über dir geht auf der Herr und seine Herrlichkeit erscheint über dir. Und die Heiden werden zu deinem Lichte ziehen und die Könige zum Glanz, der über dir aufgeht.
Die beiden Zeitgenossen nähern sich dem Stall, der an eine Slum-Unterkunft erinnert. Sofern sich im Altarraum ein beleuchtbarer Stern aufhängen läßt, könnte dessen Licht jetzt wieder eingeschaltet werden.
Z 1: Da – das Licht! Wir haben das Licht wiedergefunden. Schnell – laßt uns nachsehen, was das ist.
Sie laufen zum Stall, in dem nur eine brennende Kerze steht.
Z 2: Ich glaube, jetzt sind wir am Ziel. Jetzt haben wir das Licht wiedergefunden. Voller Leben, wie ein neugeborenes Kind. Liebe, die ansteckt. Frieden, der die Welt verändert. Gott – uns so nah wie der Mensch gerade neben uns.

Leiergesang
Und als sie ein Stück gegangen waren,
da sahen sie wieder den Stern.
Sie fanden den Stall, einen schlechten Stall,
im Stalle Gott, den Herrn.

Ein Kind auf Stroh. Sie sagten: »Du
bist eine Kerze heute.
Brenn auf, o Licht,
mach, Sonne, hell
die Erde weit und breit.«

Kanon
Mir ist ein Licht aufgegangen:
Auf meinem Weg ein heller Schein.
Mir ist ein Licht aufgegangen.
Gott spricht: »Ich werde mit dir sein!«

Gebete für Weihnachtsgottesdienste

Eingangsgebet am Heiligen Abend *Klaus Zillessen*

Du, unser Gott,
wir können kaum fassen,
wie nahe du uns in der Geburt Jesu Christi gekommen bist.
Wir werden nie ganz ermessen,
wie sehr du uns in ihm geliebt hast.

Gib, daß wir mehr und mehr davon ahnen,
so daß Dunkelheit, Furcht und Angst vergeht,
Friede sich ausbreitet
und Freude alle erfüllt.

Laß den Glanz dieser Heiligen Nacht
in alle Dunkelheiten dieser Erde dringen,
und vollende,
was in dieser heilvollen Nacht seinen Anfang nahm.

Eingangsgebet *Heinz-Dieter Knigge*

Herr, unser Gott,
du hast Licht aufleuchten lassen
in der Dunkelheit unserer Welt.
Gib, daß dieses Licht auch uns erleuchtet,
daß es uns zu Liebe, Gerechtigkeit und Frieden führt.

Eingangsgebet *Heinz-Dieter Knigge*

Herr, wir sind im Dunkeln -
aber dein Licht leuchtet uns.

Wir sind oft einsam -
aber du wartest auf uns.

Wir fühlen uns verloren -
aber du findest uns.

Gib, daß wir uns verlieren,
damit wir dich finden.

Gib, daß wir stumm werden,
damit wir dich hören!

Eingangsgruß

Jürg Kleemann

Wir setzen uns heute zusammen, um auf unsere, auf christliche Art miteinander Weihnachten zu feiern. Sozusagen als Geburtstag des Kindes von Bethlehem, als seine Anverwandten, als Getaufte …

Geburtstage können eine Freude sein und eine Last.

Eine Last für das Geburtstagskind,
das so alt, so ehrwürdig nicht sein mag,
keine Kerzen auf Altären suchte und keine Lobgesänge.

Eine Freude für uns,
die wir seinen Worten einiges verdanken,
zumindest unsere Kultur, unsere Kirchtürme,
diese freien Tage, die Feste, unser Beisammensein.

Seine Brüder und Schwestern, seine Familie,
so nannte das Geburtstagskind alle, die mit ihm gingen,
mit ihm Gottes Wort suchten
und das Brot teilten und einen Becher Wein.

Übertreiben werden wir es wohl kaum bei solchem Tun,
denn oft ist uns das alles zuviel:
das Wort, das Teilen, das Beisammensein …
Oft fehlt uns der Raum in unseren Häusern,
erst recht die Zeit.

Aber zu spät ist es heute nicht,
für einen Segenswunsch, für gute Erinnerungen,
für ein Dankeswort und für Nähe bei Brot und Wein
und für das Geburtstagslied, das uns die Engel singen:
Ehre sei Gott in der Höhe und Friede auf Erden
und den Menschen ein Wohlgefallen.

Gebet

Johannes Gerrit Funke

Seitdem Du, guter Gott, es Weihnachten hast werden lassen, seidem Du, Schöpfer aller Dinge, bei uns gewesen bist als ein Kind, das im Stall geboren wurde, seitdem gibt es nichts, was zu klein oder zu unwichtig wäre, als daß Du nicht sehr viel damit zu tun haben wolltest!
Seitdem Du es hast Weihnachten werden lassen und Du, Befreier aller Verlorenen, bei uns gewesen bist als Kind von armen Leuten, seitdem gibt es niemanden mehr, so geringgeachtet er auch sein mag, in dem Du nicht Deinen Sohn und Deine Tochter erkennen würdest.
Seitdem Du es Weihnachten hast werden lassen und Du, Gott, Licht der Welt, unter uns geboren wurdest mitten in einer Nacht, seitdem gibt es

nichts, was zu dunkel oder zu undurchdringlich wäre, als daß Du nicht hindurchfinden würdest, um es zu erhellen.
Dafür danken wir Dir. Darüber freuen wir uns. Laß diese Freude ganz ursprünglich aus uns quellen.

Weitergabe des Weihnachtslichtes in die dunkle Kirche hinein

Heinz-Dieter Knigge

Dunkelheit liegt über unserer Welt.
Wir selber bringen oft Dunkles mit.
Dunkelheit liegt über unseren Wegen.
Aber wir können Lichter anzünden,
wo immer wir im Dunklen sind.

Wir bringen jetzt das Weihnachtslicht zu Ihnen,
vom Altar in die Gemeinde hinein:
Wir wollen einander Licht geben.
Wir wollen das Licht weitergeben,
das wir empfangen haben.

Unsere dunkle Kirche wird langsam heller.
Wir können etwas tun gegen die Dunkelheit.
Wir können uns daran freuen,
wie Licht sich ausbreitet -
in die Dunkelheit hinein.

Gebet

Traugott Giesen

Ach, Gott, Du Geheimnis der Welt, Du Liebhaber des Lebens, Du Erfinder und Betreiber von uns allen, Du Herkunft und Heimat unserer Seelen, Du, der Du uns Zeit läßt, wir danken Dir für einen Augenblick Ruhe, für Verweilendürfen und uns Beschenkt-sehen mit dieser wunderbaren Würde, Mensch zu sein, in Deinem Namen zu leben, mit Deiner Neugier ausgestattet und mit Wissen begabt.
Gott, wir danken Dir für alles, was uns glückte, wir danken Dir für alles, was nicht beschädigt hat. Wir danken Dir für Freundschaft und Liebe, für sinnvolle Arbeit, für gemeinsames Tun, für Spuren von Barmherzigkeit und Gerechtigkeit. Gott, wir danken Dir für alle Engel in unserem Leben, alle guten Ratgeber, alle, die uns erzogen, alle, die mit uns Erfahrung teilten. Wir danken Dir für alle Hirten in unserem Leben, alle Weisen, danken Dir für alle Kräfte und Energien, mit denen Du uns ausstattest.

Wir bitten Dich für unsere Kinder und Enkel, für unsere Familie, für unsere Eltern und Großeltern, bitten Dich für die, die uns folgen werden, bitten dich für uns, die wir anderen folgen.
Wir bitten Dich um Frieden auf dieser Erde, daß wir Menschen lernen, die Konflikte gewaltlos zu lösen, daß wir aber auch lernen, Konflikte zu benennen, daß wir sie austragen miteinander, fair. Wir bitten Dich für die Länder, die zerfallen und im Streit miteinander liegen.
Wir bitten Dich um die versöhnenden Kräfte des Lebens
und sprechen in der Stille ein jeder das Seine hinzu ...
und gemeinsam weiter: Vater unser im Himmel ...

Fürbitten
als Lichterkette (spontan): Einleitung

Wolfhart Koeppen

Das Licht scheint in der Finsternis. Unsere Lichter können und sollen ein Zeichen dafür sein.
So bitte ich Sie, ein Licht anzuzünden für Menschen, die Ihnen wichtig sind oder an die Sie in dieser Nacht besonders denken. Wir haben genügend Kerzen bereitgelegt. Für viele Bitten. Ob mit oder ohne Worte - wie Sie wollen. Wichtig ist, daß wir sie vor Gott bringen.
Sie werden merken: Bei uns selber wird es heller und wärmer, wenn wir für Menschen sprechen und für die eintreten, die Gott brauchen.
Ich lade Sie alle herzlich dazu ein.
- Fürbitten-Kette; mit jeder Bitte wird eine Kerze angezündet und aufgesteckt -
Alle unsere Bitten - und nicht nur unsere, sondern die aller Menschen, ob ausgesprochen oder nicht - fassen wir zusammen in dem Gebet Jesu.

Fürbitten

Wolfhart Koeppen

Laßt uns beten zu Gott,
der durch die Geburt Jesu Licht in die Dunkelheiten dieser Welt gebracht und unser aller Leben heller gemacht hat. -
Laßt uns beten für alle Menschen,
die zu wenig von Gottes Liebe spüren; für alle, die nicht glauben können und denken, sie müßten ihr Leben selbst in die Hand nehmen:
Gott: Laß sie Menschen finden,
die ihre Fragen ernst nehmen
und ihnen mit Vertrauen und Freundlichkeit entgegenkommen.

Laßt uns beten für alle Menschen,
die einsam sind und darunter gerade an diesem Tag und in dieser Nacht besonders leiden:
Gott: Laß sie erfahren, daß sie dennoch nicht allein sind,
weil du ihnen nahe bist.
Gib ihnen Menschen, die ihre Häuser und Wohnungen für sie offenhalten, die ihnen zuhören und sie so etwas spüren lassen von dem Leben, das du allen Menschen zugedacht hast.
Laßt uns beten für die Menschen,
die sich ihr Leben gegenseitig schwer machen:
Gott: Laß sie den Mut finden, aufeinander zuzugehen
und einen neuen Anfang zu machen.
Laßt uns beten für die Menschen
in den unterentwickelten Ländern dieser Erde,
die immer noch hungern müssen, obwohl die Güter unserer Erde für alle Menschen ausreichen:
Gott, gib uns die nötige Kraft, um mitzubauen an einer Welt, in der alle Menschen menschenwürdig leben können, wie du es gewollt hast.
Dein Kommen ist der Anfang,
Jesu Geburt das Zeichen des Lebens:
Beschenke du uns mit Leben
und laß uns Zeugen des Lebens sein.
Amen.

Segen an Weihnachten

Wolfhart Koeppen

Gott, der Herr, segne euch.
Er gehe mit euch den Weg in die Nacht und in den Tag.
Er gebe euch seinen Stern zum Geleit, damit ihr findet, was ihr sucht.
Er bleibe bei euch mit dem Licht der Heiligen Nacht, wenn dunkle Tage kommen.
Er selbst sei der Weg, die Wahrheit und das Leben für euch - heute und immer.
So segne euch der barmherzige Gott, der Vater, der Sohn und der Heilige Geist. Amen.

Segen

Wolfhart Koeppen

Gott segne euch und behüte euch.
    Er lasse euch das Weihnachtslicht leuchten.
    Euer Leben wird hell und behütet sein.

Gott lasse sein Angesicht leuchten über euch und sei euch gnädig.
Er lasse die Freude über euch aufgehen.
Menschen des göttlichen Wohlgefallens werdet ihr sein.
Gott erhebe sein Angesicht auf euch und gebe euch seinen Frieden.
Er mache euch zu Zeugen seiner Liebe.
Seid, was ihr sein könnt: ein Segen für die Welt!
So segne euch der allmächtige und barmherzige Gott,
der Vater, der Sohn und der Heilige Geist.
Er gebe euch seinen Frieden.

Segen *Wolfhart Koeppen*

So geht im Licht der Heiligen Nacht:
Gott, der Herr, segne euch und behüte euch.
Gebt der Liebe Gottes Raum in eurem Leben:
Gott lasse sein Angesicht leuchten über euch und sei euch gnädig.
Seid ein Licht für die Welt:
Gott erhebe sein Angesicht auf euch und gebe euch Frieden.

Segen *Heinz-Dieter Knigge*

Der Herr, unser Gott, segne und behüte uns.

Er lasse sein Licht für uns leuchten,
damit wir uns nicht fürchten.

Er schenke uns Freude aneinander,
damit wir Freude verschenken.

Er gebe uns seinen Frieden,
damit wir ihn hinaustragen in die Welt.

Segen *Heinz-Dieter Knigge*

Der Herr komme zu uns mit seinem Wort,
damit es Weihnachten wird
und wir uns freuen können.

Der Herr segne uns mit seinem Wort,
damit wir den Frieden finden,
auf den wir alle warten.

Der Herr behüte uns durch sein Wort,
damit wir unsere Angst ertragen,
die uns unruhig und einsam macht.

Der Herr bewahre uns in seinem Wort,
damit wir zu Boten seines Friedens werden;
denn darauf hofft unsere Welt.

Weihnachtspredigten

Es wird nicht dunkel bleiben

Text: Jesaja 9,1-6 *Jürgen Grimm*

Ich bin Jesaja, Prophet in Israel, aus dem 8. vorchristlichen Jahrhundert. Nein - bei uns war es auch nicht einfacher als bei Ihnen. Viel Dunkelheit lag damals über Israel. Soldatenstiefel und blutbeschmierte Soldatenmäntel gehörten zur Tagesordnung.
Und da sagte Gott zu mir: »Du, Jesaja, schreib die Worte auf: Das Volk, das im Finstern wandelt, sieht ein großes Licht. Und über denen, die im Lande des Dunkels wohnen, scheint es hell.«
Und ich fragte Gott: »Was meinst du damit? Was ist das für ein Licht?«
Und er sagte: »Ein Kind wird euch geboren. Ja, ein Kind, ein Mensch, der euch wunderbar berät, Held eures Lebens wird, ein Mann des Friedens, ein Friedefürst. Und seine Herrschaft wird kein Ende haben.« Ich habe das alles aufgeschrieben. Und ich möchte Ihnen nicht verschweigen, daß es lange, sehr lange dunkel blieb - in Israel.
Das Wort vom Kind, vom Friedefürst, bewahrheitete sich ganz anders, als wir es uns dachten.
Wie sagte der große Gott den Menschen in dunkler Nacht: »Fürchtet euch nicht!« Was hätte Gott den Menschen Wichtigeres sagen können als »Fürchtet euch nicht! (Denn) siehe, ich verkündige euch große Freude, die allem Volk widerfahren wird, denn euch ist heute der Heiland geboren - der (angesagte) Friedefürst.«
Was schaut Ihr mich so groß an, als wolltet Ihr sagen, wo ist denn dieser Friede. So, als wollte Eure Tagesschau meine Botschaft widerlegen.
Nein, liebe Weihnachtschristen, so nicht! Wie soll Frieden werden, wenn man sich nur einmal im Jahr an dieses Kind erinnert, an den großartigen Menschen aus Nazareth, an die große Leuchte Israels - und das nur oberflächlich - und die übrigen 364 Tage so tut, als hätte dieses Kind, dieser Mensch nie gelebt!
»Ehre sei Gott in der Höhe und Friede auf Erden« ... (Friede auf Erden?) Einfach so? Nein! »... Bei den Menschen seines Wohlgefallens«, schrieb Lukas. - - -
Wir brauchen diesen Frieden, Sie und ich, weltweit. Und deshalb bin ich, Jesaja, hier, um Ihnen zu sagen: dieses Licht *ist* in diese Welt gekommen, bekam Hand und Fuß.
Und es scheint und leuchtet quer durch die Jahrtausende, auch wenn man dieses Licht immer wieder verdunkeln möchte und verdunkelt hat.
Wir brauchen dieses Licht, Sie und ich. Bei manchen wird es heute dunkel sein, natürlich nicht bei Euch Kindern, da ist es - ich sag es vorsichtig - weitgehend hell und fröhlich; aber bei vielen ist es heute abend finster. Da

sind die Trauer, die offenen Wunden, die Sorgen. Und Sie werden fragen: Wie kommt in mein Leben Licht?
Deshalb bin ich da. Um Ihnen dieses Licht förmlich in die Hand zu drükken. (Daß es auch bei Ihnen hell werde: Das Volk, das im Finstern wandelt, sieht - hoffentlich - ein großes Licht).
Für diejenigen, die heute abend an ihrer Dunkelheit leiden, möchte ich stellvertretend eine Kerze, die ausgelöscht ist, anzünden (hier an diesem Weihnachtsbaum).
Kerze anzünden.
Wie schrieb ich damals: »Es wird nicht dukel bleiben über denen, die in Angst sind.« (Jesaja 8,23)

Krippe und Kreuz sind aus demselben Holz geschnitzt

Text: Lukas 2,1–7 *Ingrid Keßler-Woertel*

Weihnachten, die Heilige Nacht, feiern wir heute. Und das ist die Botschaft für heute: »Jesus Christus ist geboren«. Nicht mehr und nicht weniger. »Jesus Christus ist geboren«, das ist die ganze Weihnachtsbotschaft.
Und nachdem das gesagt ist, könnte ich eigentlich die Bibel zuklappen, von der Kanzel herabsteigen, ja, - eigentlich ist doch alles gesagt ...
Und wissen Sie, ich bin in Gedanken wirklich von der Kanzel gestiegen, habe das Kind in der Krippe auf den Satz »Jesus ist geboren« hinter mich gelassen und auch den feierlich glänzenden Tannenbaum und die schönen alten Weihnachtslieder, und ich bin in Gedanken runtergestiegen von der Kanzel und bin durch unsere Gemeinde gegangen, durch Veenhusen. Und im Kopf kreiste immer wieder der Gedanke »Jesus Christus ist geboren«. Und ich ging durch die Straßen, und ich denke an die glänzenden Kinderaugen heute nachmittag; an die vielen, die sich so sehr auf ein paar besinnliche Tage freuten. An die alte Frau, die da in ihrem Wohnzimmer sitzt - ein wenig verwirrt ist sie, und sie weiß nicht mehr genau, was sie sagt und tut - die anderen sind bei ihr, wollen ihr helfen ... »Jesus ist geboren«, denke ich, was mag dieser Satz der alten Frau nun sagen und den anderen, die ihr helfen wollen.
In Gedanken gehe ich weiter und komme zu den Häusern, in denen es gar nicht festlich und weihnachtlich ist. Sicher, auch da gibt es einen Tannenbaum, wenigstens ein paar geschmückte Zweige, vielleicht ein Gesteck auf dem Tisch. Hier wohnen Menschen, die trauern, die einen lieben Angehö-

rigen verloren haben. Letztes Jahr noch, da feierte man gemeinsam Weihnachten - da füllten Freude und Lachen die Zimmer - nun ist Leere und Trauer geblieben. Und ich denke an den Satz »Jesus ist geboren« - was mögen diese traurigen Menschen dazu empfinden? Weiter geht mein Weg durch die Straßen, durch die Fenster glänzen die Kerzen an den Christbäumen. Durch ein Fenster kann man die Eheleute sehen, sie beschimpfen sich, die Kinder haben Angst ... - da ist nichts mehr vom Fest der Liebe und der Wärme, nur noch Angst vor bösen Worten und Schlägen. Und durch das nächste Fenster sehen wir ein weinendes Kind. Den Grund seiner Tränen kennen wir nicht, aber Sie und ich, wir wissen hundert Gründe, warum ein Kind so herzzerreißend weinen kann ...

Und wieder geht er mir durch den Kopf der Satz »Jesus Christus ist geboren«.

Ja sicher, das ist die Weihnachtsbotschaft, aber Sie und ich, was können wir damit anfangen mit so einem hilflosen Kind auf Heu und Stroh, einem hilflosen kleinen Kind in der Krippe. Vielleicht reicht sein Geburtstag für die, die zufrieden und glücklich sind; denen es gut geht, aber was ist mit den anderen? Was ist mit den vielen anderen, durch deren Fenster wir schauen können, zu denen vielleicht auch so mancher von uns hier in diesem Gottesdienst gehört. Und eigentlich gehören wir ja alle zu den anderen, auch wenn wir durch unser Fenster schauen, vielleicht glänzt und leuchtet da heute der Weihnachtsbaum, aber morgen und übermorgen zieht der Alltag wieder ein und dann holen sie uns ein, die Alltagsprobleme: die Sorge um die Familie, die Angst vor dem Morgen. Bei manchem sind es finanzielle Nöte, bei einem anderen die Angst um einen Menschen, den er liebhat, die Angst vor Krankheit und Tod. Und Sie und ich, wir alle könnten nun aus unserem Inneren noch vieles dazutun. Weihnachten. »Jesus Christus ist geboren«. - Tja, ist das nicht vielleicht doch nur ein - wie es eine junge Frau in einer Fernsehdiskussion sagte - ein Fest für die Kinder, ein Fest für die Geschenke, und ein Fest, um große Geschäfte mit dem Geld anderer zu machen?

Weihnachten.

Ich glaube, Weihnachten ist mehr als nur Rummel und Geschenke, mehr als nur ein kleines Kind in der Krippe. Und um das zu suchen, was eigentlich die Weihnacht ausmacht, möchte ich mit Ihnen noch einmal die Weihnachtsgeschichte, die Geburtsgeschichte Jesu, ansehen; so, wie sie der Evangelist Lukas überliefert hat.

Lukas 2,1-7

Maria und Josef auf dem Weg nach Bethlehem, die Geburt Jesu im Stall, das Kind - in Windeln gewickelt in der Krippe. Jesus Christus ist geboren. Aber damit ist die Geschichte nicht zuende, sie geht weiter ... Sie bleibt nicht einem kleinen Kreis der Mitwirkenden vorbehalten, sondern wird in die Welt hinausgetragen. So kommt sie an Menschen, die damals nun wirklich nicht zu den geachtetsten Leuten gehörten, nämlich zu den Hirten.

Menschen, die hart arbeiteten und wenig verdienten, die kaum Feierabend kannten, die oft alleine mit sich und den Tieren waren. Menschen, die das Leben hart gemacht hatte, die keine Illusionen mehr über ihre Zukunft hatten.
Und dann - mitten in der Nacht - als sie nach einem langen harten Arbeitstag am Feuer saßen und ihre Herde bewachten, da geschieht das Außergewöhnliche, das Unfaßbare:
Der Himmel wird hell, die Dunkelheit wird von einem klaren Licht verdrängt, und die Hirten hören die Stimme des Engels, der sagt: »Euch ist heute der Heiland geboren, welcher ist Christus der Herr.«
Und dann hören die Hirten noch einmal die Stimmen vieler, die sagen: »Ehre sei Gott in der Höhe und Frieden auf Erden und den Menschen ein Wohlgefallen.«
In der Bibel hört sich das so an: *Lukas 2,8-20*
Ich habe mir oft vorgestellt, wie diese Situation gewesen sein muß, wenn wir die Hirten gewesen wären. ... Ja, wären wir aufgebrochen? Hätten wir uns auf den Weg gemacht nach Bethlehem? Hätten wir den Engeln geglaubt?
Die Hirten von damals hatten nichts zu verlieren - oder doch? Schließlich ließen sie ihre Herde unbeaufsichtigt zurück, als sie sich auf den Weg nach Bethlehem machten. »Laßt uns nun gehen nach Bethlehem und die Geschichte sehen, die da geschehen ist.«
Und sie gehen los, hin zum Stall, finden das Kind und Maria und Josef. Sonst wird nichts erzählt - nichts von Ochs und Esel, nichts von Glanz oder Kerzen. Auch der Engel tritt nicht noch einmal auf. Die Hirten sehen das Kind nur an. Aber diese Begegnung muß die Hirten so beeindruckt haben, daß sie sie nicht bei sich behalten können. Sie haben keine Angst davor, ausgelacht zu werden, keine Angst, als Spinner abgetan zu werden. Der Evangelist Lukas erzählt: »Da sie das Kind gesehen hatten, breiteten sie das Wort aus, welches zu ihnen von dem Kinde gesagt war.« Sie erzählten also allen, die es hören oder auch nicht hören wollten, daß die Engel ihnen gesagt hatten von diesem Kind. Und daß die Engel gesagt hatten: »Euch ist der Heiland geboren.«
Soweit die Weihnachtsgeschichte, wie sie uns altbekannt ist.
Und wieder gehe ich in Gedanken durch die Straßen Ostfrieslands - Nüttermoor/Veenhusen. Die Gedanken schweifen noch weiter. Oft ist uns ja die Weltgeschichte näher als der Nachbar hier. Fernsehen und Rundfunk bringen uns tagtäglich Bilder dieser Welt ins Haus. Nur manchmal Freudenbilder, meist Bilder des Hasses. Die Meldungen aus den Schreckensgebieten dieser Welt reißen nicht ab. Gestern stand der Name des Landes »Jugoslawien« noch für unbeschwerten Urlaub und Ferien, heute ist dies Land in viele Teile zersplittert. Die Menschen bekämpfen sich bis aufs Blut. Menschen überall auf der Welt müssen aus ihren Dörfern, ihrer Heimat fliehen. Vor dem Krieg, vor Hunger, vor Verachtung und Verzweiflung.

Millionen sind auf der Flucht, Millionen leben in Lagern, und so denke ich heute abend an die Flüchtlinge in Ruanda und Menschen töten Menschen. Mit Waffen, Drogen, Schlägen, Schlagzeilen, Worten. Überall, auch hier. Auch das sind Nachrichten an diesem Weihnachtsfest. Meldungen über eine unheile Welt. Meldungen, die wir nicht unterdrücken können, die dazugehören zu unserem Leben. »Jesus Christus ist geboren« - was kann dieser Satz der Weihnachtsbotschaft gegen diese unheilen Nachrichten ausrichten? Was kann dieser Satz aus der Weihnachtsbotschaft denn bedeuten, in denen es unheil aussieht - überall in der Welt, bei uns in Ostfriesland, in unseren eigenen Herzen.

Doch halt! »Jesus Christus ist geboren«, das ist ja nur die halbe Weihnachtsbotschaft. Auf der Suche nach der eigentlichen Weihnachtsbotschaft, da haben wir ja mehr gefunden. Da haben wir diese Worte des Engels gehört: »Denn Euch ist heute der Heiland geboren, welcher ist Christus, der Herr.« Und dieser Satz bleibt nicht stehen beim kleinen hilflosen Kindlein in der Krippe, sondern er weist nach vorne - er weist hin in die Zukunft - darauf hin, was aus diesem Kind im Stall, dessen Geburtstag wir an Weihnachten feiern - geworden ist.

Jesus Christus, Heiland der Welt. Heiland, das heißt soviel wie Retter, Erlöser. Das ist einer, der das Kaputte heilmachen will. Aus diesem Kind im Stall wird der Heilmacher der Welt.

Stirbt dieser Heilmacher, dieser Heiland am Kreuz - für uns. Hat in seinem Leben und in seinem Tod alle Leiden der Welt gesehen und mitgetragen, damit wir wissen, wir sind nicht alleine - er ist bei uns.

Und das ist es, was ich der alten Frau, die ich durch die erleuchteten Wohnzimmerfenster gesehen habe, sagen würde. Was ich den streitenden Menschen, den Menschen in Angst vor Terror und Verfolgung, was ich den Menschen, die in einer unheilen Welt leben, was ich uns sagen möchte als Weihnachtsbotschaft: »Das Kind in der Krippe und der Mann am Kreuz, das gehört zusammen.« Krippe und Kreuz sind aus demselben Holz geschnitzt.

Leiden mit allen diesen verlorenen Kindern

Text: Lukas 2 *Angelika Obert*

So süß die Lieder sind, die wir in dieser Nacht singen, so herb und dunkel war die Nacht in Bethlehem.

So selig das Neugeborene uns macht, so heftig ist der Geburtsschmerz.

Vieles, was wir heute tun und getan haben, um es gut zu haben und einander gut zu sein, haben wir ja vielleicht auch getan, um das Grauen nicht zu spüren und das Verlorensein in einer Nacht, in der uns das Heilige ruft und der Alltag nicht hält.
Es hat ja viele schwarze Nächte gegeben über den Feldern bei Bethlehem: Nächte, in denen der Himmel schwieg und die Sterne unendlich fern blieben. Nächte voll Entbehrung. Kalte Nächte. Nächte, in denen die Wölfe heulten.
Wie verloren waren die Männer, die immer diesen großen schwarzen Himmel über sich wußten und die auch auf Erden bloß Verlorene waren - als Hirten, Lohnarbeiter in einem ausgebeuteten Volk.
Das Licht der Krippe scheint in die Finsternis. Die Finsternis kommt nicht nur von den Himmeln, die die Menschen so klein machen. Sie kommt auch von dort, wo scheinbar immer das Licht auf Erden ist - von da oben, wo die Herren der Welt sitzen: Der Kaiser in Rom hat einen Befehl ausgegeben, einen klüglichen Befehl, das Weltreich zu ordnen und besser zu verwalten. Er läßt die Leute zählen, das Kapital, das ihm zur Verfügung steht, um Rom groß zu machen und den Fortschritt voranzutreiben, damit die Römer Wohlstand haben, Kultur, Straßen und prächtige Häuser. Er hat vernünftige Absichten für sein Volk, dieser Kaiser - und die da fern von Rom in irgendeiner Provinz am Rande leben, die haben von Rom aus gesehen keine Gesichter.
Mit Absicht beginnt die Weihnachtsgeschichte da oben in Rom, um uns dann zu denen zu führen, die unter Rom leiden. Dahin, wo die Menschen nur Bevölkerung sind, dritte Welt, billige Arbeitskräfte. Können wir denn glauben, daß es da ist, woher die Rettung kommt und der Trost und der Frieden? Da, wo Leute nicht mal eine Bleibe finden, wo sie weite Wege zu Fuß machen, tagelang, dreckig, schlecht ernährt, müde, gedemütigt - und dabei noch aufrechter, gesammelter, wahrhaftiger leben als die in Rom?
Es ist ja nun doch kein beliebiges Volk am Rande des Weltreichs, in dem der Erlöser geboren wird. Es ist das Volk, das sich dem Gott ausgesetzt hat, dessen Stimme die andern Völker nie vernehmen wollten, das Volk, das immer und immer durch Generationen gewartet hat auf den Tag, an dem sein Gott offenbar werden würde aller Welt.
Jüdische Mütter wußten oder ahnten, daß mit dem Kind, das sie trugen, etwas zur Welt kommen sollte, von Gott gemacht, für Gott geboren, vielleicht der Messias. Und die Liebe und die Zuversicht und die Kraft vieler Frauen kommt zusammen in dem jungen Mädchen Maria, das noch am Tag ihrer Niederkunft unterwegs ist - unterwegs so wie Israel durch die Wüste ging - und die im Heu und im Stroh und im Dung eines Stalls stöhnt und schreit und gebiert. Und die ganze Zeit ist das Singen in ihr: »Gott hat Großes an mir getan.« Das ist in Wahrheit eine Königin, die Gott so in sich erfährt, weil ihr ein Kind geboren wird.
In ihr ist das Singen. In ihr geschieht das Wunder. Doch offenbart muß es den Männern werden. So wie es *in* der Frau Maria geschieht, so geschieht es

um, die Männer, die Hirten, die doch rauhe Gesellen sind und fernab von Frau und Kind. Um die geschieht es, daß der Himmel sich öffnet und das Licht sie umgibt und die Engel singen. Und diese Männer ohne eigene Familien sind fähig zu sehen und zu hören, was geschieht, sind fähig, sich vor der Frau und dem Kind zu beugen und sie mit ihrer Vision zu beschenken. Das ist die Vollkommenheit der Weihnachtsgeschichte: Sie erzählt von Verlorenheit und Bedrückung und von der großen Vollendung, die sich ereignet, wenn in einem Volk Männer und Frauen dafür bereit sind, die Gnade und die Wahrheit Gottes zu erfahren.

Später wird einer sagen: Das ist die Nacht, in der uns einmal ein ganz reines Bild des Göttlichen im Menschen geschenkt wurde. Das ist die Nacht, um deretwillen wir nie mehr sagen dürfen, daß der Mensch verloren sei. Das ist das Geschenk, das uns bindet und verpflichtet - auch angesichts des größten Grauens.

Reinhold Schneider sagte das - mitten mit 2. Weltkrieg. Viele haben wohl wie er erlebt, daß Weihnachten wirklich Weihnachten wurde, gerade wenn die Angst und die Not am größten waren. Wenn alle Hülsen der Sicherheit weg waren, dann kam die Botschaft der Engel in dieser Nacht an.

Und heute, da wir aus warmen Zimmern kommen und von reichlichen Mahlzeiten, heute, wo wir doch alles haben, was zu Weihnachten gehört, da ist in so vielen bloß eine Unruhe und das Gefühl: Es bleibt aus. Es stellt sich nicht ein - das, worauf ich warte, das Wunder, die Verzauberung, das neue Leben, das weite Herz und das Singen in mir. Weihnachsstimmung nennen wir das, aber es ist doch mehr als nur eine Stimmungsfrage, wenn ich darauf warte, daß mir heut wieder aufgeschlossen wird die »Tür zum schönen Paradeis«.

Etwas soll wiederkommen, was einmal war in der Kindheit. Oder soll etwas kommen, was noch nie war? Daß sich endlich auch einmal meine Seele ganz löst, ganz weit wird, ich aufgehoben bin im Licht der Liebe Gottes ...?

Noch gestern abend habe ich gesehen, wie ein breiter Mann mit seiner breiten Braut an der Hand ein Kind einfach weggeschoben hat, das seinem schnellen Schritt im Weg war. Er ist dem Kind nicht ausgewichen, er hat es einfach beiseite geschoben. Ich habe gehört, wie eine Frau am Telefon gesagt hat: »Solange kann ich nicht warten«, weil das Kind am Apparat gesagt hat: »Ich muß erst meine Mutter fragen.« Das war vielleicht doch nicht so zufällig. Es waren dieser eilige Mann und die unwirsche Frau wie Gegenbilder zu den Hirten und der Maria - und wir sind auch so. Wir sind hier in Berlin Rom ja viel näher als Bethlehem, sind Angehörigen einer privilegierten Staatsbürgerschaft. Was wissen wir denn von der Stille unter Nachthimmeln und dem Gesang von Engeln. Wie kann uns Weihnachten werden, wenn wir das Kind wegschieben, wenn wir nicht warten können, wenn wir diesen weiten Weg nicht gehen wollen - von Rom weg - durch die Wüsten - nach Bethlehem?

Das gilt auch für uns: Wer das Kind mit Freuden umarmen, küssen will, muß vorher mit ihm leiden. Dahin gehen, wo es leidet. Und es leidet, heute

nacht, mit all den verlorenen Kindern zwischen Moskau und Rio, die niemandem geboren sind. Die nichts haben als Höhlen und Kellerlöcher und vielleicht einen Stern über sich.
Mit ihm leiden. Mit den Kindern, die den gelben Stern trugen, den Judenstern, der über dem Stall von Bethlehem steht. Auch dieser Schmerz muß gefühlt werden, wenn wir das jüdische Kind suchen, in dem uns Gottes Liebe begegnt.
Und gefühlt werden muß auch, wie sehr die Menschheit sich an den Rand getrieben hat, daß wir nicht wissen, ob nach uns noch Kinder werden leben können.
Es muß gefühlt werden, daß Gottes Menschwerdung auf dem Spiel steht, weil die Menschheit darauf zugeht, sich und ihre Geschichte auszulöschen. Das alles muß wohl gefühlt werden, damit ich, wenigstens im Herzen, einen Schritt tue, der schwer ist: meine Sicherheit loslasse, das Gehäuse, das mich schützt, aufgebe - Festkleid, warme Stube, Essen, Trinken, Ehre, Wohlstand. Alles loslasse und mich gemein mache mit den rauhen, schmutzigen Habenichtsen draußen auf den Feldern vor Bethlehem. Mich auch so bloß fühle, so verletzlich und ohnmächtig wie ein Neugeborenes. Mich an die Qual des Gebärens hingebe wie die junge Maria.
Es kann mir das Kind ja nur geboren werden, wenn ich mich im Geburtsschmerz auch verloren habe. Es kann mich die Liebe Gottes ja nur umfangen, wenn ich so offen und so wehrlos sein mag wie das Kind. Es kann mich Gottes Frieden doch nur erreichen, wenn mir kein Menschenangesicht mehr fremd sein soll. Wenn ich sie mir alle nahekommen lasse: die Augen der Arbeiter und das Lächeln der türkischen Mütter, die Müdigkeit der Altgewordenen und die Nachdenklichkeit der Kinder. Und schließlich soll mir auch mein eigenes Gesicht nahekommen in dieser Nacht. Und das Gesicht des Kindes, das ich einmal war, dessen Kontur ich nur von innen kenne. Von dem ich weiß, wie es sich einmal angefühlt hat in Augenblicken der Seligkeit und in Augenblicken der Verlorenheit. Das Kind, das etwas vom Leuchten des Lebens wußte und dem auch Verdunkelung geschah. Das Kind, das, seinen Platz in der Welt suchend, sich selbst vielleicht verloren oder doch beiseite geschoben hat: Dieses Kind soll in dieser Nacht wieder atmen, soll mir wiedergeboren werden.
Denn das Kind in der Krippe, es trägt in sich auch mein Kindsein und dein Kindsein und auch deiner Mutter Kindsein und deines Kindes Kindsein. In dieser einen Weihnachtsgeschichte dürfen alle Menschengeschichten sich spiegeln und finden: Also hat Gott die Welt geliebt, daß er seinen eingeborenen Sohn gab, auf daß alle, die an ihn glauben, nicht verloren werden, sondern das ewige Leben haben.

Die Krippe

Text: Lukas 2,16 *Helmut Siegel*

Zu keinem anderen Fest gibt es soviel besondere Festgegenstände wie beim Weihnachtsfest: Der Tannenbaum, die Kerzen, der Weihnachtsbraten, die Geschenke, um nur einige dieser Weihnachtsrequisiten zu nennen. Und schon die Ursprungsgeschichte unseres Festes ist ja voll von solchen besonderen Gegenständen: der Stall als Ort einer Geburt, die Krippe als Wiege. Diese Gegenstände haben ja ihren Sinn. Sie sollen nämlich so etwas wie ein Anzeiger sein: Die Hirten sollen den neugeborenen Heiland der Welt daran erkennen. Und allen späteren sollen sie zeigen: »Seht, wie arm, ja armselig der Herr der Welt zur Welt kommt!« Aber was ist, wenn diese Gegenstände vom Rand in den Mittelpunkt geraten? Nicht mehr auf den zeigen, auf den es ankommt, sondern nur noch auf sich selbst?
Eine moderne Weihnachtslegende erzählt davon.

Er war einer der Hirten, die damals gelaufen waren, von den Feldern zum Stall. Mit den andern hatte er es so gefunden, wie der Engel es gesagt hatte. Vor die Krippe hatte er sich gehockt und konnte sich nicht satt sehen. Es war ihm, als gehe von der Krippe mit dem Kind ein Strahlen aus, das alle Dunkelheit in der Welt und in seinem Leben vertrieb, ein Leuchten, das seine Seele wärmte. Das tat ihm so gut, daß er blieb, als die andern sich nacheinander verabschiedeten und den Stall verließen. Josef und Maria sahen ihn verwundert an, aber da er sich ruhig verhielt, nur da saß und die Krippe ansah, ließen sie ihn gewähren.
Am nächsten Morgen, als sie erwachten, war er immer noch da. »Willst du nicht zurück zur Herde gehen?«, fragte ihn Josef. Der Hirte schüttelte langsam den Kopf: »Dies Licht, dies warme Leuchten - ich bleibe hier!« Da er Josef ein wenig zur Hand ging bei der Versorgung von Mutter und Kind, mit Feuer machte, Wasser holte, fanden die beiden sich mit dem beharrlichen Gast ab, der nur Augen für die Krippe hatte.
Zwei, drei Tage später schrak er mitten in der Nacht plötzlich auf aus seinem leichten Schlummer. Josef hatte schon die Sachen zusammengräumt, nun nahm er das schlafende Kind aus der Krippe. Maria war schon reisefertig angekleidet. »Was ist los?«, stammelte er. »Wir müssen fliehen«, sagte Josef hastig, »Im Traum ist mir ein Engel erschienen, der gesagt hat, daß unser Kind in höchster Gefahr ist.« Sie gingen, er blieb.
Mit dem Kind war das warme Leuchten verschwunden, aber es ging immer noch ein geheimnisvolles Glänzen von der Krippe aus. Als am nächsten Morgen einige seiner Mithirten kamen und ihn endlich wieder an die Arbeit holen wollten, sagte er: »Ich bleibe hier!« »Aber deine Arbeit. Du mußt die Herde bewachen!«, sagten sie. »Ich hüte die Krippe«, sagte er,

»Seht ihr nicht das Glänzen, das von ihr ausgeht? *Er* wird wiederkommen und dann soll Er seine Krippe unversehrt vorfinden.« Die andern sahen nichts, verließen ihn kopfschüttelnd und sagten: »Er hat den Verstand verloren!«
So wohnte er nun im Stall, ab und an brachte ihm jemand, der Mitleid mit ihm hatte, etwas zu essen. Er saß da und sah auf die Krippe. Mit den Jahren wurde der Glanz der Krippe schwächer, er mußte ganz genau hinsehen, um das schwache Leuchten zu erkennen, manchmal schien es erloschen, aber dann sah er es wieder, ganz schwach und freute sich.

Wirklich wunderlich geworden, meinen Sie? Hütet eine Krippe, die leer ist? Meint, der Christus wird wiederkommen und in seiner Krippe liegen? »Als ob das Kind nicht groß würde und erwachsen!« Sie haben schon recht. Nur: für wieviele Menschen wird Christus nie erwachsen? Sie feiern Weihnachten, hören von seiner Geburt und freuen sich. Und dann hören sie nichts mehr von ihm. Sind dann das nächste Jahr wieder da und hören von seiner Geburt, wie alle Jahre wieder. Sie lassen Christus nicht erwachsen werden, lieben ihn nur als Kleinkind, Christkind soll er sein und bleiben. Sind sie anders als der Hirte?
Und bin ich, sind Sie so ganz und gar anders als er? Auch wir hängen doch an unseren Weihnachtsbräuchen, sehen kopfschüttelnd, wie in anderen Ländern ganz anders Weihnachten gefeiert wird und mögen das nicht, mögen am liebsten überhaupt keine Veränderung dabei, wollen, daß dies Fest so ist wie immer. Und wir merken gar nicht, wie sich der Sinn der Bräuche und Gegenstände verflüchtigt, sie erstarren und es zu einem Leerlauf unserer Gefühle kommt: die leere Krippe mit ihrem schwachen Glanz soll, ja muß es sein, alle Jahre wieder!
Weil ich das an mir selbst entdecke, liebe Gemeinde, kann ich das verstehen, will es gar nicht verurteilen. Ich kann verstehen, daß viele sich nach dem Glanz zurücksehnen, den Weihnachten für sie hatte, als sie noch Kind waren. Und darum versuchen sie all das so zu machen oder so zu bewahren, wie es damals war, versuchen, den Glanz zu beschwören, sich in die richtige Stimmung zu bringen und sei es durch den Kirchgang mit der Hoffnung, daß da auch alles so ist, wie früher: die selbe Geschichte, die anrührenden Lieder, eine feierliche Predigt.
Viele finden das verlogen. »Was geht ihr Weihnachten in die Kirche, wenn ihr sonst das ganze Jahr nicht geht?«, sagen sie, »Seid doch konsequent!« Aber: Es ist eine eisige Konsequenz, die sie da anbieten, sie reißen in die harte, glanzlose Wirklichkeit zurück, wo man doch auf der Suche ist nach Wärme, Geborgenheit und Licht. Vielleicht gehören Sie zu denen, die das »Alle Jahre wieder« auch nicht mögen. In Gedanken spielen Sie vielleicht damit, es mal neu zu versuchen, ganz anders zu feiern. Aber die bange Frage: »Wie wird es denn? Gut? Oder doch nur noch schlechter?« läßt es Sie machen wie gewohnt. Eine neue Runde auf dem Weihnachtskarussell mit

der verzweifelten Hoffnung: »Vielleicht wird es ja dieses Jahr wunderschön, so schön wie es einmal war!«
Wie kommt man aus diesem Kreislauf heraus, liebe Gemeinde, weg von der Anbetung einer leeren Krippe, die immer mehr ihren Glanz verliert? Wie kommt man dahin, wo der Glanz wieder strahlt? Kommt man da überhaupt hin? Die Geschichte von dem wunderlichen Hirten endet so:

Jahre waren vergangen und nichts hatte sich verändert. Da kam eine Gruppe von Flüchtlingen ins Dorf. Ein paar wurden auch in dem Stall bei dem wunderlichen Hirten einquartiert.
Als sie ihr Lager gemacht hatten, trat einer der Flüchtlinge zu dem Hirten, der vor der Krippe saß: »Sie haben Hunger und frieren!«, sagte er zu ihm und wies auf die Frau mit den Kindern, »Hast Du etwas zu kochen und Holz für ein Feuer?« »Nein«, sagte der Hirte, »Ich habe auch nichts!« »Brennholz *hast* du!, sagte der Mann und trat hinter die Krippe. »Nein! Die nicht!«, sagte der Hirte heftig und sah den Mann an. Und auf einmal schien es ihm, als ob ein strahlendes Licht von dem Mann ausginge, das die Krippe einhüllte. Er rieb sich die Augen, aber der strahlende Glanz blieb. Da streckte er beide Hände dem Mann entgegen und rief: »Bist du es?« Da erlosch das Licht und er sah nur noch den Mann, der die Krippe festhielt.
Der Hirte blickte ihn lange an, dann ergriff er die Krippe, stellte sie zu den Frierenden und sagte: »Hier ist Holz für ein Feuer! Ich hole bei den Nachbarn etwas zu kochen!« Und er ging hinaus. Als er zurückkam, brannte das Feuer schon und wärmte alle. Er setzte den Kessel auf und bereitete ihnen eine Mahlzeit. Sie aßen und saßen fröhlich zusammen, bis sie müde wurden und einschliefen.
Am nächsten Morgen zogen sie gestärkt weiter. Als der Hirte allein war, schaute er auf die kalt gewordene Asche des Krippenholzes. Dann warf er einen letzten Blick durch den Stall, der ihm so lange sein Heim gewesen war, nahm seinen Hirtenstab und ging zu den Herden hinaus.

Die Krippe hat ausgedient, liebe Gemeinde. Der Hirte hat akzeptiert, daß der, der darin lag, erwachsen geworden ist. Er hat verstanden, daß er von ihm nun anderes will als stille, alles vergessende Anbetung.
Ob das uns nicht noch mehr betrifft? Uns, die wir noch viel mehr Abstand haben zu der Geburt dessen, den wir unseren Herrn nennen? Gerade wenn ich an die Ereignisse der letzten Wochen in unserem Land denke, wird mir deutlich: Kann sein, daß für viele von uns die besinnliche Art von Weihnachten nur im Familienkreis ihre Zeit gehabt hat, jetzt, da noch andere einzuladen sind. Denn Leute, die nicht wissen wohin, die haben wir ja auch genug. Kann sein, daß in den kommenden Jahren manches eine Nummer kleiner werden muß bei den Geschenken, dem Festessen, weil da andere auf unsere Hilfe und unser Geld angewiesen sind.

Die Geschichte des Hirten, die macht mir klar: Wir werden dabei nicht verlieren. Wir werden Weihnachten erkennen, als das, was es ist: Als den wunderschönen Anfang einer Geschichte, die weitergegangen ist und uns als Mitspieler braucht.
Nein, wir werden nicht verlieren, wir werden dabei gewinnen: Wir werden den zurückgewinnen, der als Erwachsener sagt: »Für die Krippe bin ich zu groß. Wenn du mich suchst, findest du mich bei den Armen, den Kranken, den Gefangenen. Sieh nur hin, dann wirst du mich erkennen. Ich bin der, der dich braucht. Ich warte auf dich!«

Eine unglaubliche Geschichte

Text: Lukas 2,20 *Claus Marcus*

Zu gerne verweilten wir an der Krippe, schauten die Gestalten des Heils: die Hirten, Maria und Joseph, das Kind; zu gern kehrten wir für eine Weile dieser Welt, in der wir leben, den Rücken. Nichts von alledem hören oder sehen, was Menschenherzen bewegt und traurig macht. Einfach ausruhen, Abstand finden zu sich und zur Welt.
Laßt uns die Furcht der Hirten miteinander teilen. Überrascht in ihrem Tagwerk, geblendet durch das Einbrechen göttlichen Lichtes in diese ungöttliche Welt. Aufgeweckt aus dem Trott des Täglichen durch die Stimme des Engels. Diese Erschütterung zulassen, sich dieser Gotteskraft aussetzen, sich öffnen für das Hereintreten des Christus in meine persönliche Welt und in die gesellschaftlichen Lebenszusammenhänge.
Die Hirten sind Realisten. Über dem Erschauern und Entsetzen vergessen sie nicht ihren Alltag. Sie sind die Vertreter einer Gruppe von Menschen, denen allen ein unbewußtes Sehnen nach Heil und Frieden innewohnt. Keine besonders frommen Menschen. Keine regelmäßigen Kirchengänger würden wir heute sagen. Sie hatten keine Zeit zur Teilnahme an Wallfahrt und Gottesdienst im Tempel zu Jerusalem. Doch sie sind als diese Realisten zu den ersten Predigern der guten Nachricht geworden.
Getrost und getröstet, verwandelt gehen sie wieder an ihre Arbeit. Sie kehren um. Dem Klagelied setzen sie den Lobpreis Gottes entgegen. Ihnen geht der Mund über, weil ihr Herz voll ist von dieser unglaublichen Geschichte, die da geschehen ist zu Bethlehem und dessen Zeugen sie geworden sind. Sie haben gehört und gesehen, – im Gewirr der Stimmen ihrer Tage haben sie die eine Stimme zum Leben wahrgenommen. Ihre

angstbesetzten Herzen haben die Kunde vernommen: Fürchtet euch nicht. Siehe, große Freude verkündige ich Euch heute.
Sie haben gesehen, haben sich eingelassen, sind zu unmittelbaren Augenzeugen dieses Geschehens geworden, das die Welt verändert, verwandelt und die Menschheit adelt.
Lernen wir von den Hirten: gegen das Angstgeschrei dieser Tage unser Freudengeheul anzustimmen, gegen das Herrschaftsgedröhn dieser Zeit unser Lebenslied zu singen, gegen das Gezeter der Rechthaberischen unser Friedenslied anzustimmen. Die Hirten haben gelernt: Krieg soll nach Gottes Willen nicht sein! Haß ist keine Antwort auf die Fragen der Menschen. Macht zerstört die zarten Wurzeln des Lebens.
Preisen und loben -
daß unsere Seelen frei werden
daß sich unsere Augen weiten
daß unsere Ohren sich öffnen
berührt von dem, was andere kalt läßt
bewegt von dem, was andere gleichgültig werden läßt
unterwegs mit denen, die andere verstoßen oder links liegen lassen
mitbauen an der Straße von Bethlehem in die weite Welt
hinein als der Straße des Friedens und der Liebe.
»Der Himmel senkt sich, er kommt und wird zur Erde. Wann steigt die Erd empor und wird zum Himmel werden?« (Angelus Silesius)

Wie ein Bild aus dem Märchenbuch?

Text: 2. Korinther 8,9 *Andreas Zeuschner*

Liebe Gemeinde! In der Heiligen Nacht wird Gott ein Mensch. In der hellen Nacht seiner Geburt tritt das abgründigste, rätselhafteste Wesen, Gott, aus seiner einsamen Finsternis heraus, wird licht. Der von Ewigkeit zu Ewigkeit war, keinen Schmerz gespürt, keine Träne je geweint hat, senkt sich ein in die Sterblichkeit der Menschen; der Allmächtige befreit sich von seiner Macht. Er, der Gott, Schöpfer und Zerstörer, der manchmal nichts als blindes Schicksal zu sein scheint, erscheint nun in neuer, nie gesehener Gestalt, zeigt ein vertrautes, ein menschliches Gesicht. Gott wird arm, sagt Paulus.
Aber wenn wir die Weihnachtskrippen betrachten, das Christkind, zusammen mit Ochs' und Esel, Maria und Josef, die Hirten mit dem verzückten

Gesicht – sieht es nicht aus wie ein Bild aus dem Märchenbuch? Jesus von Nazareth, Sohn eines Zimmermanns, ist er auf diese Weise zur Welt gekommen? Was ein Augenzeuge gesehen hätte, hätte er die Geburt Jesu miterlebt, das wissen wir nicht. Es wird wahrscheinlich nichts Besonderes gewesen sein. Die Augen sehen meistens nur das Alltägliche und das Spektakel. Gott wird Mensch, das ist kein Ereignis, das man sehen oder gar fotografieren kann; kein Journalist hätte es bemerkt. Wenn man es weitergeben und bekanntmachen will, dann geht das nicht wie in einem Dokumentarbericht. Man muß einen Mythos erzählen. Ein Mythos ist eine heilige Geschichte. Ein Mythos erzählt von jener Welt, die hinter den Dingen verborgen ist, so daß die Augen sie nicht sehen können. Damals, vor zweitausend Jahren, wurde in der alltäglichen Welt eben einfach ein Mensch geboren. In der mythischen Welt aber wurde der Mensch neu geboren. Und Gott wurde neu geboren.

Obwohl er reich ist, wurde er arm. Obwohl er reich ist wie Gott, wurde er arm, wie es nur ein Mensch sein kann. Gott wird Mensch, aber wer – was – ist Gott, den niemand je gesehen hat? Vielleicht ist es nicht leicht, ein Gott zu sein; vielleicht ertrug er es nicht länger. Vielleicht wollte er nicht mehr »jenes höhere Wesen« sein, fernab von den Menschen, ein Gegenstand nur ihrer Verehrung, ihrer Opfer und Beschwörungen. Kann es sein? Sehnt Gott sich so nach den Menschen wie Menschen nach Gott? Was ist der Reichtum eines Gottes? Allmächtig ist er und unsterblich. Gott wird arm, das heißt, er gibt seine Macht auf und wird schwach; er tritt heraus aus der Unendlichkeit und wird ein sterblicher Mensch. Das, was den Menschen erlöst, die Begegnung mit Gott, sie ist zugleich auch die Befreiung Gottes aus seiner Einsamkeit. Ein neues Land ist entdeckt, in dem Gott und Mensch einander begegnen könnten, und doch geschieht diese große Erfahrung nur so selten. »Das Licht scheint in der Finsternis«, sagt der Apostel Johannes, »doch die Finsternis hat's nicht ergriffen.«

Er wurde arm um unsertwillen, so steht geschrieben, damit wir durch seine Armut reich würden. Gott gibt seine Gottheit auf, damit Gott und Mensch einander begegnen können. Die Begegnung von Gott und Mensch – wie wird das sein? Es wird sein wie eine Umarmung von Bruder und Schwester, von Freundin und Freund, und es wird keinen Grund mehr geben, sich zu fürchten. Man kann Gott nicht finden – zumindest ist das nicht der christliche Weg – man kann Gott nicht finden, indem man vor den Menschen flieht, sondern nur, indem man ihre Nähe sucht. Man kann Gott nicht finden – zumindest ist es nicht der christliche Weg –, indem man sich in die eigene Tiefe, in die eigene tiefe Einsamkeit versenkt, in Erwartung der großen Erfahrung, in der Erwartung, die eigene Göttlichkeit zu entdecken. Man kann Gott finden, wenn man im Spiegel eines anderen Menschen sich selbst erkennt – und hinter dem Spiegel das Antlitz Gottes. Das Christkind steigt nicht vom Himmel zur Erde herab, begleitet von den himmlischen Heerscharen. Der Messias, der Erlöser ist nicht bei den Engeln jenseits der Welt. Während die Hirten noch das himmlische Spektakel bestaunen, ist er schon längst ein Mensch geworden.

Um euretwillen arm

Text: 2. Korinther 8,9 *Wolfram Braselmann*

Liebe Gemeinde!
Unsere neue Rupfenkrippe, die Ihr auf dem Altar stehen seht, soll in diesem Gottesdienst heute vorgestellt werden, und ich meine, daß diese Rupfenkrippe, die eine Gruppe von Frauen aus unserer Gemeinde gemacht hat, daß diese Rupfenkrippe dies Wort aus dem Korintherbrief aufs genaueste auslegt, und wie sie dies Wort auslegt, darüber möchte ich mit Euch nachdenken.
Ich habe das nicht gewußt, was das ist: Rupfen, und Ihr habt es wahrscheinlich auch nicht gewußt, doch nun und heute können wir es sehn: Rupfen ist Jute, ganz einfache, gewöhnliche Jute, ja genau, der Stoff, aus dem die Säcke gemacht sind, die Säcke für den Hafer und das Getreide und die Kartoffeln: Ein ganz einfacher Stoff.
Eigentlich, möchten wir meinen, müßte eine Krippe aus einem andern Stoff gemacht sein, als etwas so gewöhnlichem. Aus Samt und Seide, aus Ebenholz oder Eiche meinetwegen, wenn nicht gleich aus Gold oder Silber. Die Krippe ist aber aus Jute.
»Unser Herr Jesus Christus wurde arm um euretwillen.« Liebe Gemeinde, um das Geheimnis der Menschwerdung Gottes können wir viele Worte machen, viele Gedanken denken. Und wir können uns das ganz einfach ansehen: Das Bild der Krippe, das Bild der Geburt des Gottessohnes: aus Jute gefertigt, aus dem Stoff, aus dem sonst die Säcke gemacht sind. Gott nimmt unser Fleisch und Blut an, den Stoff unseres irdischen, hinfälligen Daseins, und es ist gut und recht und stimmg, daß unsere Frauengruppe gerade den Rupfen, die Jute gewählt hat, um uns dies Geheimnis deutlich werden zu lassen.
Und so meint die Jute, aus der die Krippenfiguren gemacht sind, nichts anderes, als das, was so viele Bilder, so viele Symbole der Weihnacht meinen, die Krippe, der Stall, die Hirten, all das, was über die biblische Weihnachtsgeschichte hinaus noch dazugekommen ist: Ochs und Esel, der Schnee, den manche Bilder malen, und so viel anderes noch: Unser Herr Jesus Christus wurde arm um euretwillen.

Um die alten, vertrauten Bilder hat sich freilich so etwas wie ein Goldrand gelegt, wir erkennen oft die bittere Armut, die Not, in die hinein dies Kind geboren wurde mit so vielen Kindern, nicht mehr.
Deshalb ist das so vielsagend, so hintergründig und so voll tiefer Wahrheit, wenn die Krippe auf unserem Altar aus dem gewöhnlichen Stoff, aus Jute gemacht ist.
Doch der Vers geht weiter, und auch das, was die Rupfenkrippe auslegt, geht noch weiter:
Der Vers lautet: »Er wurde arm um euretwillen, damit ihr durch seine Armut reich würdet.« Wir selbst, ein jeder von uns wird in den Blick genommen in diesem Vers, und auf eine ganz bestimmte Art auch durch diese Krippe. Rupfenfiguren, auch die unserer Krippe, haben eine ganz besondere Eigenart, die die Frauengruppe bei der Herstellung der Krippe gelernt hat: Es haben die Figuren dieser Krippe kein Gesicht, sie sind ganz gesichtslos.
Und das nimmt der Krippe und ihren Figuren, wie wir deutlich sehen können, nichts von ihrer Schönheit, nichts von ihrer Wirkung. Im Gegenteil, es läßt sich eine ganz bestimmte Wirkung erst zu:
Es läßt zu, daß unsere Phantasie mit den Gesichtern, die wir kennen, und den Gesichtern, die die Krippenfiguren tragen, spielt. Jedes Gesicht, das einer kennt, kann in jedes Gesicht der Krippe hineingedacht werden. Da könnten wir lange darüber nachdenken und uns austauschen: Welches Gesicht, das wir kennen, könnte einer der Hirten tragen, einer der Könige? Gesichter von Menschen, die uns nahe oder fern sind, Gesichter von Menschen, denen wir begegnen in diesen Tagen, oder denen wir aus dem Weg gehen: Sie alle können wir uns durch diese Krippe um die Krippe versammelt vorstellen. Gesichter von Menschen, von denen wir aus der Zeitung wissen. Gesichter von Menschen, mit denen wir früher einmal zu tun hatten. Gesichter von Menschen, die uns lieb sind, Gesichter von Menschen, die uns sehr fern sind: Der Phantasie sind durch diese Krippenfiguren keine Grenzen gesetzt, so wie die Weihnachtsgeschichte gerade keine Grenzen setzen will, sondern uns klar machen will, daß Gott durch seinen Weg in die Armut unseres Lebens einen jeden reich machen will, uns klar machen will, daß wir dadurch reich werden, daß wir dies Weihnachten, dies Geschenk Gottes an die Menschheit, mit vielen teilen können, ohne etwas zu verlieren.
Da könnten wir, ein jeder für sich, auch darüber nachdenken: Welche Krippenfigur trägt nun in meiner Phantasie mein Gesicht? Wie, als wer komme ich in diesem Jahr zur Krippe? Reich, mit Gaben in der Hand, wie einer der Könige? Arm, mit nichts mehr als einem Herzen voller Dankbarkeit, wie einer der Hirten? Voller Glück, wie Maria und Josef? Und wir werden aus dieser Krippe lernen: Daß wir Weihnachten auf sehr verschiedene Weise erleben und feiern können, und doch dabei sind, und doch auf diese oder auf jene Art reich beschenkt von der Krippe zurückkommen, ganz gleich, wie wir hingegangen sind.

Und auch das Kind in der Krippe, ganz im Zentrum der Figuren, hat kein Gesicht. Und das sagt uns: Dein, und eines jeden Menschen Gesicht, hat Er Weihnachten angenommen, ist geworden wie du, um dein Leben zu teilen, um dir nahe zu sein. Arm um deinetwillen, damit du durch seine Armut reich würdest: Vielleicht macht nichts uns das so deutlich wie diese Krippe.
Ein letztes ist mir, als ich über diese Rupfenkrippe noch nachdachte, eingefallen: Rupfen, Jute, ist ein Stoff, dessen Rohstoff nicht aus unserm Land stammt. Ich habe erfahren, daß der Rohstoff für Jute hauptsächlich in Bangla Desh, jenem armen, geschundenen, wirklich bitterarmen Land in Ostasien wächst.
Und es wird gut sein, wenn wir zu all dem, was uns diese Krippe an Reichtum verkündigt, auch dies mithören:
Weihnachten weist uns eben auch über uns selbst, über den Horizont unseres Lebens hinaus, erinnert uns an so viele Menschen, denen es lange nicht so gut wie uns, Menschen, die dafür sorgen, daß wir manche Rohstoffe haben, aus denen wir viel Schönes machen können und die oft selbst nicht viel davon haben.
Weihnachten erinnert uns auch daran: Daß wir, die wir durch dies Fest so reich werden, gut daran tun, nicht zu vergessen, daß Gottes Wort und Gottes Gnade auch den anderen gilt, den anderen, denen Gott seit Weihnachten auch nahe sein will.

Wir sind die Kinder

Text: 1. Johannes 3,1-6 *Hansjörg Haag*

Liebe Gemeinde!
Wie ist es Ihnen am Heiligabend ergangen? Bei der Bescherung? Beim Öffnen der Päckchen? Beim Sitzen unterm Kerzenlicht?
Ich hatte zunächst gedacht: Das kennst du doch schon. So viele Male hast du den Weihnachtsabend erlebt. Die Angehörigen hatten schon vor Wochen gefragt, was ich mir wünsche. Worauf sollte ich also schon gespannt sein? Was sollte mich schon überraschen? Und dann war ich doch erstaunt, wie mich die Stimmung im Gottesdienst gestern/vorgestern in ihren Bann gezogen hat. Ich war dann doch berührt, als wir mit der Familie zusammensaßen. Ich war erstaunt, was in den Päckchen zum Vorschein kam. Anderes als das, was ich erwartet hatte. Und bei der Weihnachtsgeschichte ist mir anderes wichtig gewesen als in den Jahren zuvor. Ich war

froh, diese Erfahrung gemacht zu haben: Ich kann noch staunen, ich bin überrascht worden. Von den Geschenken, von der Weihnachtsbotschaft, auch von der Stimmung in unserer Familie, die ja sonst in ihren Meinungen - wie bei anderen auch - schon manchmal weit auseinandergeht.
Ich denke, das ist auch für Sie wichtig: staunen können, sich überraschen lassen. Ich hoffe, daß es Ihnen auch so gegangen ist wie mir.
Staunen kann ich gleichfalls über den heutigen Predigttext. In ihm kommt mit keinem Wort vor, was wir am Heiligabend über die Geburt des Kindes von Maria gehört haben. Es gibt heute morgen keine Fortsetzung davon, wie es eventuell Josef als frisch gebackenem Vater gegangen ist. Auch von den Hirten oder von den Engeln bekommen wir nichts zu hören. Nein, Gottes Wort heute morgen bringt uns zum Erstaunen. Es überrascht uns. Und das ist gut so. Sonst würden wir möglicherweise ja gar nicht genau hinhören, was uns da gesagt wird. Vollkommen unerwartete Begriffe und Informationen stürmen auf uns ein. In einer dichten, zunächst schwer verständlichen Sprache. Daß wir Gottes Kinder seien. Daß uns offenbar wird, warum wir Gott nah seien. Daß unsere Hoffnung uns trägt und sogar reinigt vom Bösen. Daß wir in Christus seien und nichts mehr mit der Sünde zu tun haben.
Eijeijei ... so möchten wir denken. Das ist wirklich erstaunlich, was uns da auf den Kopf zugesagt wird. Bzw. genauer, was der Johannes da seinen Geschwistern schreibt in diesem Abschnitt. Wenn diese geballte Ladung Glaubenssprache uns jetzt hoffentlich nicht bloß den Mund offenstehen läßt vor Staunen! Wenn doch nun bloß durch den Heiligen Geist die Liebe, die aus diesen Worten zum Ausdruck kommt, unser Herz und unseren Sinn beseelt! Damit wir über Weihnachten hinaus erstaunt sind über Gott und seine Wohltaten für uns. Damit unser Glaube Kraft hat zur Hoffnung und zur Versöhnung!
Gott kommt zu uns in einem kleinen Kind. Diese Botschaft ist uns vom Heiligabend her vertraut. Aber ist die Bedeutung dieses Geschenks, das Gott uns macht, in seinem ganzen Ausmaß von uns erfaßt? Gott in einem Kind. Ganz Er selbst in jenem Baby der Maria, das dann den Namen Jesus empfängt. Gott in einem Kind. Auch heute noch in jedem Neugeborenen als Schöpfer, Erhalter und Bewahrer des Lebens. So nah, daß wir Gott auf den Arm nehmen können. Sie mögen nun wirklich überrascht sein, wenn ich so spreche. Aber das ist gemeint: Gott läßt sich ganz auf uns ein, Gott steigt aus seiner unbegreiflichen Majestät herab und wird unsereins. Gott läßt sich aus seiner Unbegrenztheit ein auf unsere menschlichen Grenzen. Gott läßt scheinbar gewähren, daß sein Name in den Schmutz gezogen wird. Daß in seinem Namen Grausamkeiten geschehen. Gott entäußert sich seiner Größe und wird schutzlos und hilflos wie jeder Säugling. Und das alles nur, um uns zum Staunen zu bringen: So groß ist die Liebe Gottes zu seinem oft so unausstehlichen Menschengeschöpf, daß er sich jedes Vorrecht nehmen läßt und uns erscheint als Mensch. Und wie die Menschen so

sind in ihrem Unglauben: Auch darin wollen viele Gott nicht erkennen. Aber das ist das Erstaunliche; das ist das, was uns geschenkt wird: Gott begegnet uns in diesem Menschen, dessen Geburt aus Bethlehem bezeugt wird.
Der Johannes läßt uns mit dem Erstaunen darüber, daß Gott uns so nah auf die Pelle rückt, nicht ausruhen. Denn die Liebe Gottes besteht nicht allein darin, daß Gott ein Kind wird. Nein, auch das andere ist Wahrheit und Tatsache - so unfaßlich es auch klingen mag: Gott nimmt uns Menschen als seine Kinder an. Ich ahne, daß manche bei diesem Gedanken des Johannes mit Abwehr oder Ablehnung reagieren. Der Mensch Gottes Kind!??
Die einen reagieren ablehnend, weil sie die Unvollkommenheiten des Menschen sehen: seine Vergänglichkeit, seine Grenzen, seine Aggression, seine Kampfhaltung, seinen Tod. Nein, sagen die, so kann eine Schöpfung Gottes nicht ausgestattet sein und die Menschen schon gar nicht als seine Kinder. Die anderen reagieren ablehnend, weil sie mit dem eigenen Kindsein schlimme Erfahrungen verbinden. Die Eltern waren zu sehr mit sich beschäftigt, es wurde zu wenig Verständnis spürbar, man ist nie richtig als eigenständige Person anerkannt worden. Sie denken: Um-alles-in-der-Welt! bloß nicht noch einmal unmündiges und abhängiges Kind sein. Von der vorgeblichen Liebe der Eltern habe ich genug. Gerade an Weihnachten, da bin ich mit materieller Vergeltung abgespeist worden für die ansonsten herrschende Gleichgültigkeit.
Johannes denkt von anderen Voraussetzungen aus. Die Menschen heißen Gottes Kinder, weil in Jesus eben sichtbar geworden ist, wie sehr Gott die Menschen liebt. Gott schafft zwar nicht die Unvollkommenheiten ab, aber Gott versöhnt sich mit den unvollkommenen Menschen. Dafür bürgt der Mann aus Nazareth. Gott geht ein in die menschliche Endlichkeit: Das zeigt die Geburt im Stall. Und dann hebt Gott das Menschliche empor zum Göttlichen. Indem Gott die Sünde und das Böse verzeiht. Indem Gott den Heiligen Geist ausgießt über die Menschen, um sie zum Guten zu befähigen. Und der Gipfel ist, das ist wirklich zum Staunen: daß Gott die Menschen durch die Auferweckung Jesu von den Toten herausholen will aus der Vergänglichkeit und Anteil geben will an Seiner ewigen Herrlichkeit. Haben wir dieses Geschenk Gottes an Dich und an mich - im Bild gesprochen - schon ausgepackt und in seiner ganzen, heilsamen Bedeutung ergriffen: als Trost und Hoffnung im Leben und im Sterben? Der Johannes hält fest daran: Wir sind Gottes Kinder! So wie Kinder eben sind und leben sollen: in einer Entwicklung begriffen hin zur Verantwortung, in einem Reifeprozeß hin zur eigenen Selbständigkeit. Geborgen von der Gewißheit, geliebt zu sein. Getragen von der Erfahrung, auch Fehler machen zu dürfen. Gehalten von der Hoffnung, daß Gott-Vater bzw. Gott-Mutter alles zum Besten wendet und uns nie und nimmer aufgibt. Doch, es ist wirklich zum Staunen, was der Johannes da in diese wenigen Sätze seines Briefes an die Geschwister alles hineingepackt hat!

In diesen Worten des Johannes ist eine reinigende Wirkung und eine überschießende Hoffnung enthalten.
Gott lädt uns heute ein an Seinen Tisch und gibt uns Seine unendliche Liebe, obwohl wir sein Geschenk doch recht eigentlich gar nicht verdient hätten. Was bringen wir nicht alles mit? Auch in diesen Gottesdienst!?
Unsere Zweifel und Glaubenslosigkeit, weil wir hadern mit unserem Schicksal. Unsere Hoffnungslosigkeit, weil Krankheit oder Arbeitslosigkeit uns jede positive Lebensperspektive genommen haben. Die ganzen Brüche und Kränkungen in den Beziehungen zu unseren Mitmenschen in der Familie, in der Nachbarschaft, in der Schule, in den Vereinen. Die ganze Kapitulation vor unseren verantwortlichen Politikern und Politikerinnen, den Führenden in der Wirtschaft, die in der Mehrheit nur ihr persönliches Wohl zu sehen scheinen und uns in eine schlimme Krise hineinmanövriert haben. Da sind aber auch unsere Ansprüche, die sich mit wenig nicht zufriedengeben, sondern die immer mehr wollen und gottgleiche Forderungen enthalten. Da ist unsere Selbstüberschätzung, die davon ausgehen will, als ob es nach unseren Gedanken gehen müßte. Da ist unser Gekränktsein, wenn unsere Vorstellungen sich nicht erfüllen. Da ist unser versteckter Hochmut, der sich zum Bösen nicht in der Lage sieht und die eigene Sicht der Dinge immer für rechtens erklären will. Trotz all dem und trotz noch anderer Dinge, in denen wir uns von Gott weit entfernt haben, trotzdem!: Gott erstaunt uns mit seiner Liebe und seiner Einladung zum Abendmahl.
Und Gott erstaunt uns dann im Alltag mit dem, was uns gelingt und was uns guttut:
Da hat dann eine den Mut und widerspricht, wenn andere herabgesetzt oder abgekanzelt werden. Da nimmt sich dann einer die Freiheit und gebietet dem Bösen Einhalt, deckt eine Lüge auf oder nennt eine Ungerechtigkeit beim Namen. Da stellt sich einer vor die, die fertig gemacht werden, weil sie nicht so leistungsfähig sind wie andere. Da ist einer dankbar für das, was er hat und freut sich bescheiden an Wenigem, auch wenn nicht alle Wünsche erfüllt werden. Da hat jemand Zeit für den Verzweifelten und hört geduldig zu, was dem das Leben zur Last macht.
Das alles und noch viel mehr Gutes kann Wirklichkeit werden, behauptet Johannes. Wer auf Gottes Liebe vertraut, der wird nicht leer ausgehen und beim Bösen stehenbleiben. Es ist zum Staunen: Jesus ist unsere Hoffnung. Wir sollen und dürfen staunen: Gott liebt uns. Deshalb ist Weihnachten geworden.

Heil in unheiler Welt

Text: Lied EG 27,6 *Sigrid Lunde*

So haben wir es eben gesungen, liebe Gemeinde. Wir haben ein Lied aus der Mitte des 16. Jahrhunderts gesungen, das mit seiner letzten Strophe an eine Bibelstelle aus dem ersten Buch der Bibel erinnert, an die Stelle 1. Mose 3,23 f. Viele kennen sie. »So schickte der Herr ihn« - und der Mensch ist gemeint - »so schickte der Herr den Menschen fort aus dem Garten Eden, daß er den Erdboden bebaue, von dem er genommen war. Und er vertrieb den Menschen und ließ östlich von Eden die Cheruben sich lagern und die Flamme des zuckenden Schwertes, den Weg zum Baume des Lebens zu bewahren.«

In einem besonders einprägsamen Bild spricht die Bibel hier von unserem schönen und schwierigen Leben auf dieser Erde. Das Bild sagt: Wir sind Vertriebene aus dem Garten Eden, einem paradiesischen Garten. Und wir haben Sehnsucht nach diesem Paradies-Garten, empfinden ihn als unsere eigentliche Heimat, als unsere Heimat hinter der Heimat hier. Die Wahrheit des Bildes leuchtet auf eine Weise ein, die nicht überstrapaziert werden darf. Bilder und Erzähler ewiger Wahrheiten haben ihre Grenzen.

Aber ich denke, ein wenig verstehen wir alle das Bild, und wir erfahren alle seine Wahrheit: Wir alle sehnen uns nach einer paradiesischen Welt und sie ist uns unzugänglich, ist von Cheruben mit Schwertern umstellt! Meist bereitet uns das Leben in kleinen Schritten auf diese Wahrheit vor, manchmal auch so, daß es uns wehtut, daß wir aufschreien möchten vor Schmerz.

Als kleine Kinder träumen wir unbefangen davon, einmal in einer heilen Welt zu leben. Alles, denken wir, wäre uns möglich, und wir wünschen uns vergnügt: ein langes Leben, eine gute Frau oder einen guten Mann - und auch noch viel Geld. Oder wir wünschen uns auch wie Papageno und Papagena in Mozarts »Zauberflöte« unendlich viele »liebe Kinderlein«. Und dann merken wir, daß selbst dort, wo es uns gelingt, wenigstens einen Teil der schönen Träume zu verwirklichen, wir doch unverhältnismäßig weit weg bleiben vom Paradies. Da ist und bleibt hartnäckig eine Mischung von heiler und unheiler Welt, aus der wir niemals herauskommen.

Auch im Großen ist das so: Die Träume vom Kapitalismus und seinem Wohlstand für alle haben sich nicht erfüllt und schon gar nicht die Hoffnungen auf die gerechte sozialistische Welt. Und auch in diesen Monaten, wo wir einen neuen wirtschaftlichen Aufschwung angekündigt bekommen, bringt er offenbar einen Wohlstand, der die erhofften Wohltaten den Millionen Arbeitsloser nicht mehr gewährt. Immer mehr Menschen müssen auch in den Weihnachtstagen das Problem ihrer gewohnten Ansprüche durch harte Abstriche lösen.

Die heile Welt ist für uns unbetretbar. Irgendwo steht vor dem Paradies immer der Engel mit dem zuckenden Schwert. Und wir schneiden uns die Finger wund, wenn wir glauben, hier über die Begrenzung hinauszukommen. Selbst wenn ein Don Giovanni meint, ins Liebesparadies vordringen zu können, wenn er in Spanien 1002, nein 1003 Adressen hat, so irrt er sich noch. Und wenn die Kirche im Mittelalter gemeint hat: Ein Volk, ein Reich, ein Papst ergäbe nun wirklich das Paradies auf Erden, dann war auch das ein gründlicher Irrtum.
Auch keine Südsee-Insel wird zum Paradies und kein Wintersportpanorama, wohin viele Weihnachtsurlauber dem Harmoniezwang und den Back- und Kochmeisterschaften in diesen Tagen entfliehen. Es gibt auch keine ewig heile Welt der Musik, der Dichtung, der Kunst, in die wir immer wieder einmal gerne eintauchen. Und Weihnachtskonzerte, Bücher, Ausstellungsbesuche sind ja nicht wegzudenken aus diesen Wochen! Und nicht zu vergessen sind auch die Berge von Süßigkeiten und Düften, die vermehrt unseren Magen und unsere Nase erreichen. »Süßer die Glocken nie klingen«, dichtete einer, der mit »süß« allerdings noch die nur zu Weihnachten einmal möglichen und sonst ganz unerschwinglichen Genüsse meinte!
Was immer uns lockt, womit immer wir uns verwöhnen können im Laufe des Lebens, irgendwann schneiden wir uns dennoch wieder die Finger wund an den unsichtbaren Schwertern.
Warum singen wir dann aber jedes Jahr zu Weihnachten blindlings in diese Erfahrungen hinein: »Heut schleußt er wieder auf die Tür zum schönen Paradeis, der Cherub steht nicht mehr dafür ...«? Ich denke, Weihnachten ist für uns das geheimnisvolle Fest, das eine ganz besondere Erinnerung wachruft. Irgendwo war für uns alle da einmal die Tür zum Weihnachtszimmer, die aufging und uns den Blick in unzählige brennende Lichter am Tannenbaum freigab. Der Duft von frischem Tannengrün und der Duft von Lebkuchengebäck erfüllten den Raum, und wir sahen die noch mit weißen gestärkten Servietten zugedeckten Geschenke bereit liegen. Und wir waren ganz benommen, als wir - von der Familie noch beiseite genommen zum Singen der Weihnachtslieder - im Kerzenschein standen und schauten. »Heut schleußt er wieder auf die Tür ...« - keine passendere Zeile gibt es für dieses große Kindheitserlebnis! Und die jungen Eltern heute tun sicher etwas sehr Sinnvolles, wenn sie - nach Jahren der Zurückhaltung - das Geheimnisvolle des Heiligen Abends für ihre Kinder wieder verstärken wollen. So jedenfalls war es auch in unserem »Öffentlichen Anzeiger« zu lesen ...
Die Weihnachtsfeste der Erwachsenen sind oft so etwas wie eine kostbare Erinnerung an die ersten Kinderweihnachten. Und Erinnerung ist wahrhaftig die beste Gabe Gottes. Ohne Gedächtnis sind wir bitterarme Menschen. Sich erinnern heißt so etwas wie »seine Seele in die Sonne halten«, habe ich irgendwo gehört. Sicher, auch als Kinder haben wir dann oft schon am 1. oder 2. Weihnachtstag gemerkt, und je älter wir werden, merken wir es

immer deutlicher: Der Cherub steht durchaus noch vor der Tür! Wir lernen im Laufe eines langen Lebens den nachdrücklichen Respekt vor den Grenzen, die uns auf dieser Erde gesetzt sind. Die Bibel spricht von den Erfahrungen, die wir mit den Dornen und Disteln machen. Sie spricht vom Schweiß im Angesicht, von dem Ja zum Kind, das verbunden ist mit vielen Schmerzen für das Kind. Die Bibel spricht vom Leben, das wie Gras ist, von den 70–80 Jahren, die davonfliegen. Unsere Erde ist wunderbar und quälend zugleich. Um sie lagern die Cheruben. Der Schwertengel bewacht und verwehrt den Weg, der hinausführt aus der Begrenzung. Und wehe dem, der die Anwesenheit des Schwertengels nicht beachtet. Das Umgehen mit der Grenze müssen wir lernen.

Wer nicht lernt, steht in der Gefahr, selber zum kleinen oder großen Schwertengel zu werden, sich furchtbar aufzuspielen als Schwertengel. Das tun viele. Jeder tut es, der die Welt selbstherrlich mit eigenen Grenzen überzieht. Jeder tut es, der Grenzen zieht zwischen Guten und Bösen, zwischen Türken und Deutschen, Juden und Ariern, Serben und Bosniern, Katholiken und Protestanten - um nur bei diesen schmerzhaften Grenzziehungen zu bleiben. Immer wieder gibt es die Schwertengel in den Familien, im Staat und auch in der Kirche. Und nicht selten treten sie noch ausdrücklich im Namen Gottes auf, um machtvoller zu wüten ... Reiner Wahnsinn und Gotteslästerung ist das. Unsere Weltgeschichte und die Geschichte unseres christlichen Europas - in das der Krieg mörderisch zurückgekehrt ist - wären anders verlaufen ohne die vielen selbsternannten Schwertengel und ihre angemaßten Weltgerichte. Die Dinge dieser Welt wachsen jedem über den Kopf, wenn er den Kopf zu hoch trägt. Mit den Rätseln Gottes ist am Ende immer noch leichter und sinnvoller zu leben als mit den Lösungen von all denen, die immer »das Beste« versprechen. Das Bescheidenere und »Bessere«, das Menschliche lassen sie ungetan. Wir müssen leben lernen mit der Sehnsucht nach dem Paradies und den Begrenzungen dieser Erde.

Unsere Welt ist eine Welt, die noch nicht ist, was sie sein soll. Unsere Welt ist eine Welt, in der wir nichts so nötig haben wie immer wieder den Trost. Die Geburt Jesu im Stall von Bethlehem, sein Leben und sein Sterben, seine Zusage zuletzt an den Mitgekreuzigten: »Heute noch wirst du mit mir im Paradies sein«, ist immer wieder neu göttlicher Trost. Und mit ihm kann die Tür zum Paradies auch für Erwachsene hin und wieder weit oder wenigstens einen Spalt breit aufgehen.

»Gott sei Lob, Ehr und Preis« - so endet die Liedstrophe, die die offene Tür besingt. Und dazu möchte ich uns zum Schluß jetzt einfach noch ein paar Briefzeilen vorlesen, die mir ein 94jähriger in den Vorweihnachtstagen schrieb. Es heißt da: »Ich habe mein Leben lang immer gefunden, daß Gott vor allem gelobt werden sollte, ich habe fast nie um Beistand gebeten. Ich habe lange in Indien gelebt. Und dort ist es auch das übliche, den Gott seiner Wahl im täglichen Gebet vor allem zu preisen - in buntesten Worten.

Erst dann kann ein Inder einen Wunsch anfügen ... Auch bei jeder künstlerischen Veranstaltung steht am hinteren Zugang zur Bühne eine Statue des Gottes der Kunst, der der Künstler vor seinem Auftritt seine Ehrerbietung erweist. Auch in unserer Wohnung steht diese Statue, in der Mitte am größten Fenster ...« So weit die Briefzeilen.
»Gott sei Lob, Ehr und Preis« - ich denke: Das tägliche Lob wäre eigentlich etwas, was wir aus diesen Weihnachtstagen mit in den dann morgen beginnenden Alltag nun mitnehmen könnten. Das Gotteslob hält uns vielleicht am sichersten und gewiß am schönsten in Verbindung mit dem Paradies und mit Gottes Schwertengel. Amen.

Die Weihnachtsgeschichte - Gemälde deiner Seele

Traugott Giesen

Gratulieren wir einander zu Christi Geburt!
Weil dieser Leuchtfeuermensch über die Erde ging, ist sie voller Verheißung.
Weil er Kranke heilte, ist Kranksein zum Heilwerden da.
Weil er diente, ist das Dienen geadelt.
Weil er die Verachteten ehrte, haben Verachtete Recht auf Ehre.
Weil er niemanden zum Glück zwang, erfand er die Freiheit in Glaubenssachen.
Weil er das Lieben für das einzig Nötige hielt, hat er der Liebe weiten Raum besorgt.
Weil er sich schlagen ließ, statt das Böse gutzuheißen, haben wir Anlaß zu Mut und Courage.
Weil er eher verlacht sein wollte als gefürchtet, ist die Fratze der Gewalt demaskiert. Gewalt ist Angst vor Ohnmacht.
Weil Jesus an Gott glaubte, ist Gott mir glaubwürdig. Ich glaub ihm seinen Gott. Ihm kann ich Gott nicht abschlagen (D. Sölle).
Gratulieren wir einander zu Christi Geburt!
Seit Christi Geburt können wir auch uns zu einander gratulieren, uns beglückwünschen, daß wir da sind, hier sind, Ich und Du sind.
Früher, vor Jesus, schien das Leben ein Fluch, und die Gottheit erschien fürchterlich. Aber Jesus brachte uns Kenntnis vom Guten Gott, mit dem gut Kirschen essen, mit dem gut zu leben ist: Wer dem Jesus seinen Gott nicht abnehmen kann, der muß an sich glauben oder an sein Konto oder an Idole, Parolen - und wird bitterlich enttäuscht. Dagegen: Dir soll der Heiland geboren sein. Nimm hin seine Zeichen, laß dich krönen mit seinen Insignien.

Die Zeichen seiner Würde sind Stern und Kreuz. Daraus ist das Piktogramm geworden: für »geboren« der Stern, und für »sterben« das Kreuz. Die Zeichen für Anfang und Ende des Leben Jesu werden auch für unseren Lebenslauf benutzt.
Jesu Stern auch dir heißt: Auch du ein Kind der Verheißung, auch für dich lohnen sich weite Wege, auch du hoch begabt, auch du nötig, wichtig, berufen zu einem Werk, das nur du verkörpern kannst. Jesu Kreuz auch dir: Das Kreuz ist ja durch Jesus zum Pluszeichen geworden, also auch dein Ende wird nicht Schluß machen mit dir. Auch dein Sterben wird mal, dem Jesus nach, Ende vom Anfang sein. Das Erdenleben ist ja Ouvertüre, 1. Kapitel von der ewigen Geschichte der Liebe. Gottes Ruf an dich wird niemals enden, immer bleibst du Hinzugezählter, nicht Minusmensch, nicht Abgezogener. Du mit Stern und Kreuz gezeichnet heißt: auch du ein Leuchtfeuermensch. Auch du ein Grund zur Freude. Letztlich. Weil Gott in dir zur Welt kommt. Er will, daß du sein Lieben verkörperst genau mit dir und deinem Reservoir an Begabungen und Trieben.
Das jetzt in der Bildersprache der Weihnachtsgeschichte umgesetzt, kann ich auch sagen: Du bist Krippe für Gottes Wesen, hüte es, schütze es. Gottes Wesen, Gottes Würde will wieder Fleisch werden in dir, in jedem von uns. Wir sind nicht private Erfindungen von Eltern, wir sind nicht Zufallseinschläge irgendeiner Biomasse, sondern wir sind Gottes Bilder, die er in die Welt schickt, damit wir seinen Willen tun, seine Energien ausgeben. Dein Inneres, nenn es Seele oder Ich oder Person oder Gewissen, dein Du ist vom Himmel her. Durch deine Eltern geerdet, in Fleisch und Blut gefüllt, in diese Zeit angesiedelt, in diese Freuden und Mühen geschickt und berufen. Warum? Um Liebe auszuteilen und zu empfangen, ja um den Umsatz der Liebe zu mehren und Mehrwert an verbindender Energie zu erzielen.
Aber, ja, aber meine/deine Seele ist stündlich bedroht, abzustürzen ins Ratlose, ins Dunkle. Deine Seele ist ein leuchtender Planet wie Jesus, aber oft verdunkelt unter Traurigkeit und Hetze. Am schlimmsten dran ist, wer nur für Geldvermehrung lebt, ihm muß alles zur Ware, zu Verkaufbarem werden, oder es ist ihm belanglos - sein Horizont wird eng. Fragst du, was ein Reiß ist? Ich weiß nur, was sein Preis ist! (In einem alten Gedicht). Aber auch Familienehre, wenn sie einem Alles wird, oder Fitneß oder Gier nach Beifall lassen die Werte verrutschen. Da kommt Weihnachten gerade recht als Tauchbad der Seele, als Klarheit, daß die Illusionen schwinden. »Jauchzet, frohlocket, lasset das Zagen, verbannet die Klage, sehet, was heute der Höchste getan.« Gott wird Mensch. Es hat Sinn, Du zu sein, glaub es deinem Erfinder, kümmere dich um deine Religion.
Und jetzt kann man die Weihnachtsgeschichte als Drehbuch unserer Seelen lesen. Übernimm die Rolle des Kindes: Was sich begab zu der Zeit des Kaisers Augustus, das passiert heute.
Wieviel Druck und Pflicht ist die abverlangt. Auch du hast hier keine bleibende Statt, sondern bist Passagier, bist auf der Durchreise. Selbst, wenn du

dich an ein Haus klammerst, bleibst du unruhig, suchst deine Heimat. Du bist bedürftig wie ein Kind, wer hilft dir, groß zu werden?

Maria und Josef - nimm sie als Kräfte in dir - männlichgetönte und weiblichgetönte Kräfte stehen dir bei: Arbeitenkönnen und Es schön machen, Ordnung schaffen und Leben spenden, Beten und Kämpfen, Lieben und Heilen. Und Ochs und Esel stehen dir bei, auch manchmal im Weg: Die Instinkt-Energien, die Vitalkräfte. Sie blasen dir Kraft und Leidenschaft ein.

Und Engel: Sie schützen deine Würde. Wenn du dich aufgibst, dich für unwichtig hältst, du dich verachtet und verraten siehst, brauchst du Engel. Und einer kommt, er nimmt deine Seele in die Hände und haucht dich warm an, wie man einen starren Vogel warmhaucht. Hauptsache, Engel können bei dir landen. Wenn man einmal im Krankenhaus war und lange gelegen hat mit Wildfremden, wie man da einander Engel werden kann, und man hat sich vorher nie gekannt, den Menschen, der mit einem das Schicksal teilt. Und wer weiß, wovon man redet, und der sich mitfreut, wenn das Gelenk wieder geht und der Bauch wieder gluckert - Engel. Aber ob Engel landen können bei uns? Argwohn hat schon manchen verscheucht. Aber du weißt die Menschennamen für einige Engel in deinem Leben. Wer dich stärkte, dir Lust machte, gerne du zu sein, der war dir ein Engel. Wirf einen Kuß in die Luft für alle beschützenden, dich lehrenden, dich stärkenden Menschen, auch für die, die im Himmel sind.

Ja, es gibt viel Unrecht, Unheil, Böses. Da kann man dic Lust an sich, an Menschen und überhaupt verlieren. Doch lernen wir von den Hirten: Sie haben Respekt vor dem neuen Leben, sie gehen und behüten und schützen den neuen Anfang.

Engel, Hirten, sind Hütekräfte, daß die Flamme Lebensmut nicht ausgehe. Wir sind einander zu Hirten, zu Engeln bestellt. Auch du hast Hütekräfte. Oder du bist ein Weiser, der anbetet, der dankt, der den Heiland sucht und seine Schätze austeilt, daß Glück wächst.

Und Herodes gehört dazu und Knechte der Gewalt - auch davon hat jeder was. Jeder hat was zum Zwingen und Druckmachen, jeder weiß schon sein Paket - aber auch Herodes kann noch bekehrt werden zur Liebe ...

Die Weihnachtsgeschichte zeigt die Erde im Zustand der Gnade. Nimm sie auch als Gemälde deiner Seele, deiner heilwerdenden Seele - Dir ist Christus heute geboren. Du nimmst von seinem Licht, lebst in seinem Namen, glaubst auf seine Rechnung. Du wirst liebevoll wie er, hoffnungsvoll, geistvoll, von guten Mächten wunderbar geborgen, Tochter, Sohn Gottes. Amen.

Schön, daß du da bist!

Heinz Behrends

Schön, daß Ihr da seid!
Besonders, Ihr Kinder, schön, daß Ihr da seid.

Ich kann nicht jedem das bieten, was man einem Gast gerne bieten möchte, einen gemütlichen Platz nämlich.
Dennoch, schön, daß Ihr da seid.

Mancher wird das in diesen Tagen aus vollem Herzen sagen können, weil Besuch da ist, auf den er sich freut.
Sie kennen das Gefühl. Man erwartet Besuch. Das ist so richtig spannend und dann steht er/sie in der Tür. Eine Umarmung, ein Aufatmen: Schön, daß Du da bist. Und dann wird es gemütlich.
Schön, daß Du da bist, Gott.
So möchte ich in diesem Jahr auch die Weihnachtsgeschichte überschreiben. Gott kommt in die Welt. Er ist da. Schön.

Obwohl,
am Anfang sieht das gar nicht so gastfreundlich aus.
Es war kalt.
Es war auch kein freiwilliger Besuch. Der Kaiser hatte das ganze in Gang gebracht. Mit der Volkszählung. Manche Ausleger meinen sogar, Joseph sei mit seiner Frau wegen der Drangsal der Steuern geflüchtet. Also eher Vertriebener als Besucher.
Und dann die Wirte, die die beiden abweisen, bevor das Kind geboren wird. Man kann sich das gar nicht ungastlich genug vorstellen. In so einer Erdhöhle, einem Stall, gleich neben einer Kneipe. Die Männer lärmen an der Theke und an den Tischen. Sie feiern ja noch nicht Weihnachten. Und Joseph muß vielleicht das Wasser für die Entbindung ranschleppen. Hatte denn niemand Zeit und Platz für die junge Mutter?
Die Beschreibung ist nicht mein Einfall. Luther fragt so und schließt mit einem zornigen Satz: Pfui dich, Bethlehem, man sollte die Herberge mit Schwefel anstecken, sagt er. So ungastlich sind sie.
Ein Kind drückt das etwas sensibler aus, als es im Kindergottesdienst die Weihnachtsgeschichte hört: Ach, wär das Christkind doch nach Hannover gekommen. Bei uns auf der Couch wäre doch noch Platz gewesen.

Aber trotzdem, als die Hirten und die Weisen da sind, sie erst kräftig gestaunt haben, und selbst ein paar Schafe mitgekommen sind, da heißt es dann doch: Schön, daß du da bist.

Aber vielleicht geht es bei uns ja auch nicht so schnell mit der Aufnahme. Noch viel zu sehr bei mir als bei dem Gast. Was heißt, noch? Gerade das

Weihnachtslicht deckt erst das Elend auf. Heute werden mehr Tränen geweint als an anderen Tagen.
Oder der Kopf ist noch voll von der Woche.
Da muß man erst mal richtig zu Hause ankommen, sich sacken lassen und spüren, wie die Spannung den Körper verläßt.
Und die Welt heute: Sie ist seit einigen Jahren im Aufbruch und hat doch schon wieder soviel Ernüchterung und Enttäuschung erfahren.
Die guten Nachrichten sind schnell verdrängt. An der Situation von Hunger, Krieg und Quälerei für viele hat sich nichts verändert.

Aber vielleicht ist das ja gerade das Besondere an Weihnachten, daß Gott kommt und gerade nicht eine vorbereitete Stube oder Welt erwartet.

Wir müssen heute wohl erst einmal durchatmen und dann dem unvorbereiteten Besuch mit ganzem Herzen sagen: Schön, daß du da bist.

Gott kommt in die Welt.
Was sich dann alles verändert, können wir in der Geschichte selbst sehen.
Die Gegensätze vereinigen sich.
Was wir im Leben nicht zusammen bekommen, vereint sich.

Gott und Mensch.
Der erwartete König ist ein Kind.
Der Herr des Himmels wird ein Kind auf Erden.
Das Licht der Welt in einem dunklen Stall.
Allmacht verwandelt sich in Hilflosigkeit.
Der Retter wird von der Mutter im Schoß gewiegt.
Tier und Mensch, Mensch und Mensch, Mann und Frau, alle sind sie zusammen.
Kluge und Einfache, Hirten und Weise.
Schön, daß du da bist, um uns von dieser Welt ein Bild zu geben.

Sie merken das vielleicht schon an dem Bild.
Die Texte der Weihnachtsgeschichte versuchen das Kommen Gottes in die Welt mit diesen beiden Worten: ›Besuchen und Wohnen‹ zu beschreiben.
Er hat besucht sein Volk.

Wie steht das jetzt mit uns?
Als guter Gastgeber läßt man den Gast seine eigene Welt mitbringen. Gott bringt die Versöhnung der Gegensätze mit.

Das hat Konsequenzen für Leben und Denken.

Die Garstigkeit des Stalles beflügelt, die Gegensätze in der Welt zu bannen.
Der Stall verschweigt und beschönigt nichts.
Wir dürfen nichts mehr getrennt denken. Ich kann mein Geld nicht einfach nehmen und denken, egal woher es kommt, wohin ich es gebe. Denn alles, was ich habe, das hat mit Schöpfung, mit Leben, mit anderen Menschen zu tun.

Ich kann mein Leben nicht mehr getrennt von anderen Menschen denken.
Der Arbeitslose in den neuen Bundesländern, der die Früchte seiner Arbeit nicht sehen kann.
Das geschändete Kind in Jugoslawien.
Die Greisin, die heute abend irgendwo beziehungslos sitzt.
Sie sind Teil unseres Lebens und Glücks.

Wenn er mich heute besucht, bringt er diesen Anspruch mit.

Und die Bibel sagt ein zweites über ihn: Er will bei euch wohnen.
Dem Besuch kann ich etwas vormachen. Nach Tagen wird es dann meistens Zeit, daß er wieder geht. Und er geht wieder.
Er will bei Euch wohnen. Er will bleiben. Er guckt in die Töpfe. Ich muß Platz machen in der Wohnung. Ich muß Raum mit ihm teilen.
Aber wenn bei mir jemand wohnt, hat das auch Vorteile für mich.
Es weiß immer jemand, wie es mir geht.
Unaufdringlich ist er bei mir.
Wenn die Gegensätze, die Zerrissenheit des Lebens mich quält.

Er will besuchen, nicht eindringen. Er will bei mir wohnen.
Da bleibt es bei uns, ob wir den Besucher aufnehmen.

So haltet nun Weihnachten und überlegt, wie Ihr es halten wollt.

Bethlehem und Jerusalem - Orte des Herzens

Annedore Methfessel

Warum eigentlich ist Weihnachten so wichtig für uns? Warum ist Weihnachten wichtig für fast alle Menschen, ganz gleichgültig, ob sie auch sonst in die Kirche gehen oder nicht? Warum ist die Weihnachtsgeschichte eine überall auf der Welt verbreitete und beliebte Geschichte?
Sie ist eine Geschichte, die den eigenen Wünschen und Träumen Raum gibt. Sie ist immer schon eine Geschichte, die nicht auf das Wort der Bibel beschränkt bleibt. Seit Jahrhunderten findet sie Ausdruck in vielen ganz verschiedenen Krippenbildern - immer noch ist das so - jedes Jahr wieder. Schon ganz früh gab sie der Phantasie Raum und versammelte Hirten und Könige gemeinsam vor der Krippe und setzte noch Ochs und Esel dazu - und geht damit über das Wort des Lukasevangeliums weit hinaus. Vor allem aber ist es eine Geschichte, die an Phantasien und Träume der eigenen Kindheit wieder anknüpft - auch das - jedes Jahr wieder.

Es ist eine Geschichte, in der sich Himmel und Erde dicht berühren, in der Traum und Realität zueinander finden, in der es mit Gottes Menschwerdung anfängt und mit unserer Menschwerdung aufhört, eine Geschichte, die darum die Symbolik von Licht und Dunkelheit geradezu anzieht. Ja, »mache dich auf, werde licht; denn dein Licht kommt, und die Herrlichkeit des Herrn geht auf über dir« (Jes 60,1).

Dies ist die Nacht des Aufbruchs und der Heimkehr. Es ist die Nacht, in der Gottes Sohn im Lichtschein der Engel geboren wird und unser Herz und unsere Seele anrührt und unsere Träume und Wünsche wieder zum Leben erwachen. Oft nennen wir uns in einem Atemzug mit den Hirten, die sich auf den Weg nach Bethlehem machen, die noch nicht da sind an der Krippe, aber schon die neue Nachricht gehört haben und wissen, wohin sie sich wenden.

Die Hirten sind für uns ein Symbol für den Grenzbereich zwischen Vertrautem und Unbekanntem. Für den Moment einer Winternacht brechen sie auf zu dem, was ihnen vertraut ist, wenden sich dem Unbekannten zu, setzen sich in Bewegung und kehren anders heim, als sie aufgebrochen sind. Wenn wir uns mit den Hirten identifizieren, dann wird es auch uns möglich sein, zwischen Tag und Nacht, zwischen Dunkelheit und Licht, zwischen Realität und Traum, zwischen Seele und Verstand in uns selbst zu vermitteln. Es wird uns möglich, unsere eigene Menschwerdung zu begreifen und auch zuzulassen, denn dafür ist ja Gott selbst Mensch geworden, ist Gott selbst zu den Menschen aufgebrochen. -

Wo liegt eigentlich der Ort, an dem Gott geboren werden kann? Wo liegt Bethlehem für uns?

Das »Bethlehem« der Weihnachtsgeschichte ist nicht die Stadt, die im Süden von Jerusalem liegt. Denn das Evangelium erzählt uns ja gerade nicht nur von Gottes Traum mit den Menschen, von der Geburt seines Sohnes, von dem Beginn des Lebens Jesu, sondern es lädt uns ein, uns diesem Traum und dieser Realität Gottes auch selbst zu öffnen. Das Bethlehem der Landkarte Israels liegt etwa »zwanzig Kilometer im Süden von Jerusalem; aber das wirkliche »Bethlehem« liegt dicht neben »Jerusalem« in unseren eigenen Herzen« (Drewermann, S. 100. S. u.). In Jerusalem bewohnen andere Menschen die Straßen und Häuser der Stadt, dort sitzen die Volkszähler und Verwalter, die Menschen, die ihre Position errungen und ihre Macht zu verteidigen haben, die wissen, was sich gehört; die alle Gedanken - wo Menschen sich endlich einmal unerhört menschlich benehmen - als abwegig bezeichnen, denn das paßt nicht zum ungeschriebenen Gesetz ihrer Lebensart. Gleich zu gleich - sagen sie - und kreuzigen alle Gedanken der Liebe, kreuzigen die Menschwerdung und Nähe Gottes, möchten ihn lieber ferne halten, kreuzigen Gott selbst, denn die friedliche Vision, daß selbst Könige sich beugen vor diesem Kind, daß Feldarbeiter und Hirten zu ihm unterwegs sind, daß Tiere sich hinzugesellen - das paßt nicht in das Bild der Leute von Jerusalem.

Die Stadtmauer von Jerusalem soll alles Fremde, das dem Vertrauten Angst macht, fernhalten.
So können wir auch sein, Bewohner Jerusalems, den Rest des Jahres über - und lassen uns nicht nehmen, was uns gehört. Taghell ist es immer in Jerusalem, wo der Verstand und die Vernunft regieren.
Dunkel aber ist es in Bethlehem, auf dem Hirtenfeld, wo Menschen in Bewegung geraten und in ihrer Dunkeleit - denn es ist tiefe Nacht - am Himmel die Lichter entdecken. In dieser Nacht bleibt Gott nicht fern, in dieser Nacht wird er nah und ist als Kind ein Mensch geworden. In dieser Nacht wird er geboren, der 30 Jahre später in Jerusalem an der Unbeweglichkeit, an der Ignoranz, an der Intoleranz und inneren Starrheit der ach so Rechtgläubigen und Etablierten scheitern wird. »Gott aber wird mit diesem Scheitern, diesem Mangel, diesem Ungenügen selbst identisch sein. Gott selber ist es, der in der Welt des Erfolges stets wird scheitern müssen. Vor Gott sind alle Menschen Scheiternde, Erfolglose und Mangelhafte; aber seit dieser ›Nacht‹ sind wir berechtigt auch im Scheitern« (Drewermann, S. 101). Seit dieser Nacht müssen wir nicht immer nur stur und erwachsen sein, sondern dürfen selbst offen und neugierig sein wie ein Kind. Seit dieser Nacht finden wir auf dem Hirtenfeld bei Bethlehem Frieden. Seit dieser Nacht, in der Gott Mensch geworden ist, brauchen wir nicht mehr sein zu wollen wie Gott, sondern dürfen endlich sein wie wir sind. Brauchen keine Türme mehr in den Himmel bauen, sondern diese Erde ist es, wo wir gebraucht werden - von Gott und füreinander.
Darum feiern wir zu recht dieses Fest des Lichtes und der Helligkeit - diese Nacht, in der Gott Mensch wurde - in der dunkelsten Jahreszeit, wo die Tage sehr kurz und die Nächte am längsten sind. Es ist eine Zeit, in der wir die Wärme und Liebe Gottes, die in dieser Geschichte eingefangen ist und von der sie erzählt, am ehesten brauchen, und in der wir für ihren Widerschein in uns am ehesten offen sind. So sehr wir an der Krippe Gottes stehen, so sehr sucht Gott eine Krippe bei uns, in der er auf's neue bewirken kann, daß wir als Menschen menschlich leben.
Darum: »Ehre sei Gott in der Höhe und Friede auf Erden bei den Menschen.«
(Eugen Drewermann, Dein Name ist wie der Geschmack des Lebens, Freiburg 1986)

Gottesdienste, Predigten, liturgische Stücke zum Jahreswechsel

Masken

Jahresschlußgottesdienst

Ulrich Tietze

Liturgischer Verlauf

Orgelvorspiel
Begrüßung mit Hinweis auf Besonderheiten des Gottesdienstes
Lied: »Der du die Zeit in Händen hast« (EG 64,1-3)
Biblische Lesung und Gebet
Lied: »Der du die Zeit ...«, V. 4-6
Erste Maske: »Hektik«
Zweite Maske: »Leistung«
Orgelstück
Dritte Maske: »Jugend«
Vierte Maske: »Fröhlichkeit«
Orgelstück
Fünfte Maske: »Gewalt«
Lied: »Wir tragen viele Masken«, V. 1-4 (in: »Sein Ruhm - unsere Freude«, Krelingen 1985)
Meditation
Lied: »Und wieder stehn wir an der Schwelle« (siehe unten) V. 1-5
Mitteilungen, Kollektenansage
Lied: »Von guten Mächten« (EG 65,1-6)
Fürbitten
Vater unser
Entlassung/Segen
Lied: »Nun danket alle Gott« (EG 321,1-3)

Begrüßung
365 Tage liegen hinter uns. Tage, die oft so gefüllt waren, daß kaum Platz und Zeit zum Atemholen zu bleiben schien. Tage, an denen wir - vielleicht - manchmal Angst hatten, unser wirkliches Gesicht zu zeigen. Uns zu unseren Schwächen und Problemen zu bekennen.
Haben wir in diesem Jahr, das jetzt zu Ende geht, Masken getragen? Haben wir uns eine Maske aufgesetzt, hinter der wir selbst in unserer Vielfalt zwar steckten, hinter der wir uns aber auch oft versteckt haben?
Manche und mancher von uns hier in diesem Gottesdienst wird diese Fragen wohl bejahen. Wir wollen einige der Masken, hinter denen sich Menschen oft verstecken, in diesem Gottesdienst zeigen. Und wir wollen darüber nachdenken, wollen aufzuzeigen versuchen, was das Tragen von

Masken bedeutet. Vor allem aber wollen wir Mut machen, immer öfter die Masken unseres Alltags, unseres Verhaltens, abzulegen und unsere wahren Züge zu zeigen. Wir haben keine fertigen Antworten auf die Fragen, die in diesem Gottesdienst anklingen sollen. Aber wir wollen doch versuchen, Teil-Antworten, Stations-Antworten zu geben.
Wir wünschen uns und Ihnen, daß dieser Gottesdienst Mut macht für das Jahr, das vor uns liegt.

Biblische Lesung: Röm 8,31–39
(Übersetzung nach »Die Gute Nachricht«)

Gebet
Gott des Lebens, und der Liebe,
du warst unser Begleiter in diesem Jahr, das nun zu Ende geht. Du hast uns neuen Mut gegeben, wenn unsere Kräfte am Ende schienen. Du hast uns immer wieder Menschen an die Seite gestellt, die uns in den verschiedenen Erfahrungen unseres Lebens wichtige Begleitung gaben.
Du siehst uns ins Herz hinein, und du siehst all unsere Ängste und Schwächen. Du bist der Gott, der unser Freund sein will - gleichgültig, welche Fehler uns unterlaufen.
In diesem Jahr, das jetzt fast abgeschlossen ist, gelang uns vieles noch nicht so, wie wir es gern gehabt hätten. Und sicher haben wir oft, viel zu oft, Masken getragen statt unserer wirklichen Gesichter. Wir spielten eine Rolle, um anderen zu imponieren, um stark und gewaltig zu wirken. Laß uns in diesem Gottesdienst und im neuen Jahr bewußt werden, daß wir es nicht nötig haben, eine Rolle zu spielen, eine Maske - welcher Art auch immer - zu tragen. Laß uns bewußt sein, daß wir von dir geliebt sind. Und daß nichts uns von deiner Liebe scheiden kann. Amen.

Spielerinnen 1 + 2 treten auf. Sie haben Masken vor den Gesichtern, die je nach Idee bei der Vorbereitung des Gottesdienstes gefärbt/gestaltet sind. Je nach technischen Möglichkeiten muß die Maske beim Vortrag abgenommen werden, sollte aber gleich hinterher wieder aufgesetzt werden.

Maske »Hektik«
Ich habe nie Zeit. Ich bin immer in Eile. Ganz egal, wo ich mich gerade aufhalte: Ich bin immer schon unterwegs zum nächsten Ziel. Stillstand, Besinnung, Ruhe - all das kenne ich nicht.
Ich halte es mit dem Satz, den einmal ein Mensch dieser Zeit gesagt hat: »Wer Zeit hat, macht sich schon verdächtig.« Zeit haben - das bedeutet für mich: Leerlauf, Langeweile, Faulheit.
Ich bin an vielen Orten anzutreffen. Nicht nur an unzähligen Arbeitsplätzen. Sondern auch im Leben vieler Menschen im Privatbereich. Von mir angetrieben, eilen, sausen sie von Aktion zu Aktion, von Ort zu Ort.

Für mich zählen nur die aufregenden Elemente des Lebens. Und aufregend ist für mich nur das, was mit Aktion - oder auf neudeutsch: »action« - verbunden ist. Ich werde wahnsinnig, wenn Stille herrscht. Ich brauche das Gebrodel um mich herum - am besten viele Menschen, Lautstärke, Getümmel. Dann fühle ich mich wohl.
Ich bin die Hektik. Ich habe nie Zeit. Und ich fühle mich wohl dabei. Kennen Sie mich? Komme ich in Ihrem Leben vor - vielleicht sogar als Dauerzustand?

Maske »Leistung«
Mein Name ist »Leistung«. Sie alle kennen mich. Auch dann, wenn Sie mich innerlich ablehnen oder wenigstens korrigieren wollen. Ich mache mich überall und in jedem Leben breit.
Mit der Hektik, die sich gerade vorstellte, bin ich übrigens verwandt.
Beide schütteln sich die Hand.
Und oft sind wir gemeinsam unterwegs. Aber da, wo ich auftrete, geht es noch um etwas anderes als bei der Hektik.
Wo ich herrsche, ist kein Platz mehr für diejenigen, die sich meinen Gesetzen nicht vollständig unterwerfen wollen. Für die Schwachen, für diejenigen, die Leistung nicht immer und überall bringen können oder wollen (ja, die gibt es leider auch - dabei bekämpfe ich sie radikal!), gibt es letzten Endes kein Lebensrecht. Ich weiß, das klingt hart. Aber da, wo ich mein Regiment endgültig habe durchsetzen können, ist es so. Die Schwachen fliegen raus. Weg damit!
Leistung muß sein! Wer wollte dem widersprechen? Leistung bringt die Welt voran. Leistung macht den Menschen erst zum Menschen. All die großen Erfindungen sind durch mich - und nur durch mich - zustande gekommen. Auch wenn manche der Erfindungen vielleicht etwas zwiespältig waren ...
Ich brauche immer mehr Platz. Ich brauche immer mehr Menschen, die sich mir unterwerfen. Menschen, die für mich buchstäblich über Leichen gehen. Ich will, daß die ganze Welt von mir her bestimmt wird!
Ich bin die Leistung. Und ich will Euch alle ganz!

Orgelstück

Maske »Jugend«
Glatt muß die Haut sein. Und der Körper - insbesondere der weibliche - darf kein Gramm zuviel aufweisen. Ich erobere die Herzen und Hirne der Menschen immer mehr. Ich bin die Maske der ewigen Jugend.
Winkt ab.
Ja, ich weiß: Zuerst wollen Sie mir widersprechen. »Ewige Jugend«, so sagen Sie, »das gibt's ja gar nicht nicht.« Und dann rennen Sie doch los - in die nächste Apotheke, zur Drogerie, oder zur Schönheitsfarm. Und dann

kaufen Sie sich all die Mittelchen und wenden all die Kuren an, mit denen man Ihnen ewige Jugend verspricht.
Ich bin dauernd gegenwärtig. In jeder Zeitschrift, in jedem Werbeblock im Fernsehen, in jeder Tageszeitung: ICH BIN DA! Ich locke mit Versprechungen, die schön klingen. Und viele Menschen glauben mir. Sie fallen auf mich herein.
Leider gibt es immer noch Menschen, die mir widersprechen. Es gibt so merkwürdige Leute, die behaupten: Auch alte Menschen sind schön. Falten machen einen Menschen nicht häßlich, sondern interessant. Und die glatten Katalog-Models seien nicht schön, sondern oft langweilig.
Welch eine absurde Vorstellung! Ewige Jugend - das ist das Geheimnis zur wirklichen Menschwerdung. Es ist doch kein Zufall, daß sich auf »alt« oft »kalt« reimt und auf »jung« oft »Schwung«. Ich bin die Maske der ewigen Jugend. Und Sie werden mir nicht lange widerstehen können.

Maske »Fröhlichkeit«

Traurig sein - das ist für mich undenkbar. Mein Gebot lautet: »Sei gut drauf!« Immer nur lächeln, noch besser: herzhaft lachen - das ist das Geheimnis des Lebens! Trauer macht schwach, Trauer macht häßlich. Und wer will schon schwach und häßlich sein?!
Ich bin die Fröhlichkeit. Nicht irgendeine Form von Fröhlichkeit, sondern diejenige, die alle anderen Gefühle an die Seite drängt. Diejenige, die es kaum ertragen kann, wenn Menschen ernst sind, nachdenklich, vielleicht sogar schwermütig.
Ich brauche immer Remmidemmi um mich herum. Je lauter, desto besser. Brüllendes Gelächter - das ist Musik in meinen Ohren.
Nun gibt es Leute, die sagen: Das hat mit der wirklichen Fröhlichkeit gar nichts zu tun. Wo Menschen vor Lachen brüllen, wo es nur noch laut zugeht, da herrscht nicht Fröhlichkeit, sondern eine Form von Rausch. Und das habe nichts miteinander zu tun.
Na ja, sollen sie das halt sagen. Ich gewinne auch so viele Menschen. Nicht nur im Karneval, im Fastnachtstreiben oder auf riesigen Parties. Sondern auch im privatesten Bereich vieler Menschen dieser Zeit. Die leisen Töne sind nicht mehr sehr gefragt. Laut, dröhnend, ohrenbetäubend muß es zugehen. Und das biete ich - ohne Einschränkung. Wer mich als Maske trägt - als »Stimmungskanone« sozusagen -, ist einfach zum Schießen!

Maske »Gewalt«

Ich bin zum Fürchten. Ich will, daß Menschen tief erschrecken, wenn ich ihnen begegne. Sie sollen Angst bekommen, unsicher werden, zitternd vor mir stehen. Gleichgültig, wo und wie ich ihnen begegne.
Man kann mich überall antreffen - mehr und mehr. Immer mehr Menschen sehen in mir, in der Gewalt, den letzten Ausweg. Die Lust daran, Dinge

und auch Menschen gewaltsam zu zerstören, greift immer mehr um sich. Nicht nur Jugendliche greifen nach mir. Auch Erwachsene wissen mich zu schätzen.

Ich bin die Gewalt. Ich greife nach den Herzen der Menschen. Ich will sie ganz und gar in meinen Geltungsbereich hineinziehen. Sie sollen von mir abhängig werden, mich als einzige Möglichkeit schätzen lernen.

Ich regiere nicht nur da, wo Steine fliegen, Autos umgestoßen werden oder man mit Knüppeln aufeinander losgeht. Ich regiere auch da, wo Menschen ihre Macht gegenüber anderen mißbrauchen. Viele Menschen tragen mich als Maske: Männer, die ihre Frauen und Kinder schlagen; Vorgesetzte, die an ihren Mitarbeitern kein gutes Haar lassen und sie schikanieren; Inhaber verantwortlicher Positionen - auch in der Politik -, die den Ärmsten immer mehr nehmen.

Manchmal bin ich auf einen Blick erkennbar. Manchmal braucht man länger, um mich zu sehen. Ich bin die Gewalt - und ich will die Angst verbreiten.

Meditation

Wer sind wir?
Wie sehen wir uns selbst? Wie sehen andere uns?
Werden wir auf eine einzige Rolle, auf ein einziges Bild festgelegt - von anderen oder auch von uns selbst?
Lassen wir uns festlegen -
auf eine Rolle, die wir spielen,
auf ein Bild, das andere von uns haben,
auf eine Maske, die wir tragen,
um unser wirkliches Gesicht zu verbergen?

Wenn wir die Augen öffnen:
sehen wir dann einen Weg vor uns,
der uns weiterführt?
Einen Weg, der uns Schritte des Mutes wagen läßt?
Oder finden wir keinen Grund
unter unseren Füßen?

Das ist unsere Hoffnung:
daß viele Schritte uns Menschen
in unserer Verschiedenheit zueinander führen.
Daß wir es nicht aufgeben,
einander zu suchen.
Daß wir es lernen,
uns zu begegnen und zu finden.

Wir alle sind mehr als ein Bild, eine Rolle,
mehr als eine Maske.
Unter unseren Masken haben wir alle
ein menschliches Gesicht.

Ein Gesicht, das sehen lernen will,
hören und atmen.

Ein Gesicht, das Freundlichkeit vermitteln kann,
das ein Licht sein kann
in der Dunkelheit, die uns oft umgibt.

Wenn wir aus unserer Angst heraus
Masken tragen,
mag es sein, daß wir nach helfenden Sätzen suchen,
nach Sätzen, die uns jemand
für unseren Weg mitgibt.

In dem einen alten Buch ›Bibel‹
gibt es viele Sätze, die helfen wollen.
Für diejenigen, die sich hinter
den dargestellten Masken verbergen,
gibt es dort Antworten.
Antworten, die nicht nur ausgesprochen,
sondern gelebt werden wollen.

Denen, die die Maske der Hektik tragen, wollen wir einen Satz aus dem Buch ›Prediger‹ im Alten Testament mitgeben: »Besser eine Hand voll mit Ruhe als beide Fäuste
voll mit Mühe und Haschen nach Wind.«

Wer die Maske der Leistung trägt, findet vielleicht Hilfe durch einen Satz aus dem 1. Korintherbrief. Dort wird menschliche Gemeinschaft mit einen Körper verglichen. Und da heißt es dann: »Die Teile des Körpers, die schwächer scheinen, sind besonders wichtig.«

Für diejenigen, die sich der Maske ewiger Jugend unterwerfen, mag ein Satz des Propheten Jesaja hilfreich sein. Gott sagt dort alten Menschen: »Auch bis in euer Alter bin ich derselbe, und ich will euch tragen, bis ihr grau werdet.«
Wer meint, immer fröhlich sein zu müssen, und dabei in der Gefahr steht, Trauer als Bestandteil des Lebens zu verdrängen, könnte ein Wort aus dem Buch Jesus Sirach mitnehmen: »Laß die Weinenden nicht ohne Beistand, sondern trauere mit den Trauernden.«

Und denen, die sich der Gewalt verschrieben haben, wollen wir ein Wort Jesu aus der Begrpredigt mitgeben. Es ist die vorletzte der Seligpreisungen im fünften Kapitel: »Selig sind diejenigen, die Frieden stiften, denn sie werden Gottes Kinder heißen.«

All diese Sätze, die wir als biblische Antworten auf das Tragen der Masken geben, wollen nicht Allheilmittel sein. Sie nehmen uns nicht unsere eigene, urpersönliche Verantwortung ab. Aber vielleicht können diese Sätze eine kleine Hilfe sein. Für ein paar Schritte wenigstens. Eine Stations-Hilfe, die ein wenig weiterführt.

In welcher Maske wir auch immer stecken mögen - wo immer wir stehen mögen: Wir sind nicht allein. Helfen wir uns gegenseitig, die Masken abzunehmen. Wo wir uns gegenseitig in unserer Vielfältigkeit wahrnehmen, sind neue Schritte möglich -

Schritte in die Zukunft hinein.

Lied
Und wieder stehn wir an der Schwelle
(Melodie: »O daß ich tausend Zungen hätte«)

Und wieder stehn wir an der Schwelle
zum neuen Jahr, und unser Blick
geht noch einmal an manche Stelle
des fast vergangnen Jahrs zurück.
Wir sehn Erfahrungen umfaßt
vom Jahr, das du gegeben hast.

Du hast uns, Gott, auch durch die Tiefen
begleitet; uns hielt deine Hand.
Wenn wir in Ängsten zu dir riefen,
hast du uns neue Kraft gesandt.
Und drückten uns auch Sorgen oft:
Entlastet ist, wer auf dich hofft.

Wie schnell ist dieses Jahr vergangen!
Die Zeit verstreicht, als wär's im Flug.
In unserm Hoffen und im Bangen
warst du es, der uns sicher trug.
Und wir vertrauen unbeirrt,
daß nichts uns dir entreißen wird.

Wir wollen manchmal Masken tragen,
schaun fort von unserm Spiegelbild.
Und doch will auch an diesen Tagen
sich zeigen: Deine Liebe gilt,
führt uns ins neue Jahr hinein,
will uns Trost und Begleitung sein.

Hilf uns, wenn wir dies Jahr gestalten,
daß Glaube, Liebe, Zuversicht
mehr als bisher an Raum erhalten.
Hilf, daß Gemeinschaft nicht zerbricht.
Ob hellstes Licht, ob Dunkelheit:
es bleibt von dir geschenkte Zeit.

(Text: U. Tietze)

Fürbitten
Gott des Lebens,
du hast uns dieses Leben geschenkt. Du hast uns hineingestellt in diese Welt, damit wir unsere Möglichkeiten nutzen, unsere Begabungen nicht brachliegen lassen, sondern sie für andere und für uns selbst einsetzen. Du hast uns aber auch Grenzen gesetzt. Wir können nicht alles, was wir möchten. Wir erleben uns manchmal als eingeengt, als schwach, als unfähig. Auch das gehört zu unserem Menschsein.
Gott der Liebe,
du sagst uns deine Liebe nicht erst da zu, wo wir Leistungen und Möglichkeiten aufweisen. Wir werden von dir nicht erst dann akzeptiert, wenn wir etwas Besonderes leisten. Sondern deine Liebe gilt uns in all unserer Begrenztheit, mit all unseren Schwächen.
Gott, unser Vater,
alle Zeit bleibt Geschenk aus deinen Händen. Auch das Jahr, das jetzt vor uns liegt. Hilf uns, daß wir erkennen: Wir müssen nicht Masken aufsetzen, die unsere Fehler und Schwächen verbergen. Wir haben es nicht nötig, immer nur stark und eindrucksvoll zu sein.
Du bist uns in Jesus, unserem Bruder und Heiland, nahe kommen, damit wir es mit manchem Schritt durch Angst und Schwäche hindurch leichter haben. Wir dürfen unsere Fehler und Schwächen zulassen.
Gott des Lebens und der Liebe,
hilf uns, daß wir einander sanft und liebevoll die Masken abnehmen, die unsere wahren Gesichter verbergen. Hilf uns, daß wir es wagen, unser Gesicht mit allen Schwächen, Narben und Falten zu zeigen.
Laß in diesem Jahr, das vor uns liegt, deine Liebe sichtbar werden - unter uns und durch uns.
Vater unser

Liturgie für einen Singgottesdienst am Altjahrsabend

Carola Krieg

Eingangslied: EG 15,1-4 »Tröstet, tröstet«, spricht der Herr

Votum
Unsere Zeit zwischen den Jahren,
die Zeiten der Welt
hält Gott zusammen:

unsere Zeit, unseren Gottesdienst
in der Macht des Vaters, des Sohnes
und des Heiligen Geistes. Amen.

Eingangsspruch

Und das Wort ward Fleisch und wohnte unter uns, und wir sahen seine Herrlichkeit als des eingeborenen Sohnes vom Vater, voller Gnade und Wahrheit (Johannes 1,14).

Psalmgebet

(im Wechsel gesprochen;
G: Gemeinde; *L:* Liturg, Liturgin)
L: Gott, meine Zeit steht in Deinen Händen (Psalm 31,16)
G: Ich gehe mit Deiner Zeit sparsam um.
L: Gott erzeigt mir reichlich seine Güte (Psalm 59,11)
G: In allen Lebensphasen möchte ich Deine Güte wahrnehmen.
L: Ich bin jung gewesen und alt geworden (Psalm 37, 25)
G: Die Jugend ist nicht zu vergöttern, das Alter nicht zu verschmähen.
L: Gott führte mich hinaus ins Weite. (Psalm 18,20)
G: Du machst meine Horizonte weit.
L: Gott rüstet mich mit Kraft und macht meine Wege ohne Tadel. (Psalm 18,33)
G: Ich will Dir, Gott, danken, daß Du bei mir bist auf meinen Wegen.
L: Laßt uns den Herrn anbeten.
G: Ehre sei dem Vater und dem Sohn und dem Heiligen Geist, wie es war im Anfang, jetzt und immerdar und von Ewigkeit zu Ewigkeit. Amen.

Confiteor

Herr, wir wollen uns an unseren Feiertagen erholen, aber wir verplanen uns so sehr, daß kein Freiraum zur Entspannung mehr besteht. Wir meinen, an Feiertagen getrost ausspannen zu dürfen, vergessen aber, daß während dieser Zeit andere für uns arbeiten. Herr, wir können es uns nicht leisten einzugestehen, Zeit zu haben.
L: Herr, erbarme Dich;
G: Christe, erbarme Dich; Herr, erbarm' Dich über uns!
Eine Sprache höre ich, die ich nicht kannte:
Wenn meine Zeit in Gottes Händen steht, dann gilt: Wir können loslassen, wir brauchen nicht über unsere Zeit zu herrschen. Herr, wir danken Dir, daß Du den Menschen Zeit gewährst, alt zu werden, an Reife zu gewinnen, ihre Individualität zu entfalten.
L: Lobsingt dem Herrn, erhebet seinen Namen.
G: Ehre sei Gott in der Höhe und auf Erden fried', den Menschen ein Wohlgefallen.

Kollektengebet
Herr, wir denken an die Feiertage,
geschützt in unseren warmen Wohnungen,
an die Zeit der Gemütlichkeit,
an die langen Abende,
an die schönen Mahlzeiten,
an unsere Wünsche, die erfüllt wurden.
Herr, wir denken an die Feiertage der Einsamen, Alleinstehenden in ihren Wohnungen, an unsere Sehnsucht nach Geselligkeit, an unsere Wünsche, die nicht erfüllt wurden.
Gemeinsam wollen wir vertrauen:
Herr, bleibe bei uns.
L: Amen
G (singt): Amen.

Lesung
Die Schriftlesung steht im Lukasevangelium; aus dem 2. Kapitel lese ich die Verse 25-38.
Singt unserem Gott, denn er belohnt das Alter!
Halleluja!
Gemeinde singt dreimal Halleluja

Credo

Lied: EG 29,1-3: Den die Hirten lobeten sehre

Gedanken zur Schriftlesung

Lied: EG 626: Allein Gott in der Höh sei Ehr

Fürbittgebet
Herr, wir brauchen Geheimnisse bis ins hohe Alter; Geheimnisse, die nie ganz gelüftet werden können, weil wir uns dann selbst nicht mehr verstehen. Wir sind uns selbst ein Geheimnis, auch wenn wir es nicht immer zugeben. Jedes Jahr wird ein Teil unserer Geheimnisse oft von anderen aufgedeckt. Wir stehen dann da, wie ein beschriebenes Blatt und für die anderen werden wir deshalb vielleicht uninteressant.
Ein Geheimnis ist der Trost Israels.
Herr, es ist unser Wunsch, vor Dir auszusprechen:
Wir erwarten immer noch den Trost Israels, den Christus:
Heilung der geistig, seelisch und körperlich Kranken,
Verständnis der Gesunden für ihr krankhaftes Normalsein;
Frieden den Streitenden,
Streit den Unbeweglichen;

Gerechtigkeit den Hungernden und Dürstenden,
Hunger den Satten nach gerechter Güteraufteilung;
Liebe den Alleinstehenden,
Besinnlichkeit denen, die sich von der Masse treiben lassen;
Schutz den Arbeitenden vor dem Aufgezehrtwerden durch ihre Tätigkeit,
Arbeit den Arbeitsuchenden;
Geborgenheit den Trauernden,
Trauer den Gleichgültigen gegenüber dem Leid anderer;
Scharfsinn den Politikern,
gesellschaftlicher Einsatz den Unpolitischen;
Befreiung den Gefangenen und Gefolterten,
Bindung den Machthabern;
Weisheit den Wissenschaftlern,
Vermeidung von Torheit bei der praktischen Umsetzung ihrer Erkenntnisse. Amen.

Vaterunser

Orgel

Segen

Liturgische Elemente für den Silvestergottesdienst

Anke Zimmermann

Votum
Im Namen Gottes,
der gleich bleibt von Ewigkeit zu Ewigkeit,
im alten wie im neuen Jahr.
Im Namen Jesu,
der uns befreit von allem, was gewesen ist.
Im Namen des Heiligen Geistes,
der uns stärkt zum Aufbruch in ein neues Jahr.
Wir feiern diesen Gottesdienst am Altjahrsabend im Namen unseres dreieinigen Gottes. Amen.

Kyrie
Die Zeit vergeht - wieder ist ein Jahr vorüber.
Wir sehen auf das, was gewesen ist.
Manches hat unser Herz schwer gemacht:

der Tod eines geliebten Menschen
Krankheitszeiten mit Schmerzen
Enttäuschungen, die uns verletzt haben
Ängste, die die Freude am Leben getrübt haben
Sorgen, die uns den Blick verstellten.
Ein Jahr ist vorüber,
es bleibt viel Unvollkommenes und Versagen
es bleiben Fragen und Klagen
es bleibt Unvermögen und Schuld.
In der Stille bringen wir vor Gott, was uns auf dem Herzen liegt:
Stille
Gott will neu mit uns anfangen. Wir können ihn für alles um sein Erbarmen bitten: »Herr, erbarme dich unser, Christe, erbarme dich unser, Herr, erbarme dich über uns« (wird von der Gemeinde gesungen, entsprechende Varianten sind möglich)

Gloria
Die Zeit vergeht - wieder ist ein Jahr vorüber.
Wir sehen auf das, was gewesen ist.
Manches hat unser Herz froh gemacht:
die Geburt eines Kindes
neue Kraft und Energie nach einer Krankheit
gute Beziehungen zu anderen Menschen
behütetes Unterwegssein und Ankommen
klare Gedanken in entscheidenden Momenten.
Ein Jahr ist vorüber,
es bleibt viel Freude und Zuversicht
es bleibt Zufriedenheit und Hoffnung
es bleibt Dankbarkeit.
Das alles versteht sich nicht von selbst.
Es ist ein Geschenk Gottes für uns Menschen.
Mit einem dankbaren Herzen können wir so Gott zur Ehre singen:
»Allein Gott in der Höhe' sei Ehr ...«

Fürbittengebet
mit der gemeinsamen Bitte: »Gott, sei uns nahe«

Guter Gott,
an der Schwelle vom alten zum neuen Jahr kommen wir zu dir.
Wir kommen zu dir mit allem, was uns das vergangene Jahr gebracht hat.
Wir kommen zu dir mit unserer Freude und Zufriedenheit.
Wir kommen zu dir mit unserer Trauer und Sorge.
Gott, hilf uns Abschied zu nehmen von dem, was gewesen ist.
Hilf uns, in Erinnerung zu behalten, was uns wichtig gewesen ist.

Hilf uns, loszulassen von dem, was uns am Leben hindert.
Im Wechsel der Zeit rufen wir zu dir: »Gott, sei uns nahe.«
Barmherziger Gott,
an der Schwelle vom alten zum neuen Jahr kommen wir zu dir.
Wir kommen zu dir mit allem, was wir von dem kommenden Jahr erwarten.
Wir kommen zu dir mit all unseren Sorgen und Ängsten.
Wir kommen zu dir mit allen Fragen und Unsicherheiten.
Wir kommen zu dir mit unseren Erwartungen und Hoffnungen.
Gott, hilf uns, dem neuen Jahr gespannt entgegen zu sehen.
Hilf uns, offen zu sein für das, was kommen wird.
Hilf uns, dieses neue Jahr als geschenkte Zeit von dir zu begreifen.
Im Wechsel der Zeit rufen wir zu dir: »Gott, sei uns nahe.«
Ewiger Gott,
an der Schwelle vom alten zum neuen Jahr kommen wir zu dir.
Wir bitten dich um deine Begleitung im Wechsel der Zeit.
Gott, schenke uns immer wieder Erfahrungen deiner Nähe,
die uns Kraft geben für alle Zeiten unseres Lebens.
Bleibe du mit all deiner Liebe an unserer Seite,
so daß wir Beständigkeit erfahren können in unbeständigen Zeiten.
Im Wechsel der Zeit rufen wir zu dir: »Gott, sei uns nahe.«
In der Stille können wir weiter miteinander und füreinander beten, zurückdenken und nach vorne sehen:
Stilles Gebet
Alles, was uns an diesem Altjahresabend bewegt, können wir hineinnehmen in das Gebet Jesu:
Vater unser

Friede auf Erden – bitte wo, bitte wann?

Silvesterpredigt
Text: Epheser 2,14 a *Klaus von Mering*

»Kinder suchen immer nach dem Geheimnis jenseits des Spiegels«, hat der polnische Aphoristiker Stanislaw Jerzy Lec einmal angemerkt. »Nur wir Erwachsenen begnügen uns mit unserer flachen Vordergründigkeit.« Und eine jüdische Anekdote »bebildert« diese Erkenntnis in Richtung auf unser Thema: »Vor der Schlacht tritt der Offizier an die Truppe heran und sagt feierlich: Soldaten, jetzt geht es Mann gegen Mann! – Darauf der Infanterist Rubin: Zeigen Sie mir bitte meinen Mann! Vielleicht kann ich mich mit ihm gütlich verständigen!« (Landmann Salcia).

Über dem Silvesterabend liegt eigentlich immer eine gewisse Melancholie, die durch die oft genug verbissene Lustigkeit nur mühsam verdeckt wird. Aber in diesem Jahr hat sich das offenbar zu einer ausgesprochenen Wehleidigkeit ausgewachsen, die aus den überwiegend skeptischen oder pessimistischen Prognosen der meisten Meinungsmacher ihre Nahrung bezieht und die vielen schlechten Nachrichten aus aller Welt als bösartige Angriffe auf den eigentlich verdienten Seelenfrieden ansieht. Der Kurdenkonflikt in der Türkei erscheint dann als ärgerliche Verhinderung eines dort eigentlich geplanten Frühlingsurlaubs. Die Probleme der Menschen in den neuen Bundesländern interessieren in der Gestalt von 68 Mark Solidaritätszuschlag, die nun monatlich im Portemonnaie fehlen. Und der Teenager beklagt die Investitionsunwilligkeit der Unternehmer, weil die örtliche Disko auch 1995 noch nicht mit Laserlicht ausgestattet wird. Selbst die schreckliche Not in Bosnien und Tschetschenien und in all den andern Kriegsgebieten dieser Erde oder die bedrohlichen Entwicklungen in den Zukunftsfragen unserer Erde werden auf diesem Wege in handliche Joints verwandelt, die man sich zur Steigerung des Selbstmitleids genußvoll »reinziehen« kann.

Daß mich keiner mißversteht: Ich will die Verhältnisse, wie sie sind, nicht durch einen billigen Appell zum »positiven Denken« verharmlosen oder gar rechtfertigen, ganz im Gegenteil: Ich möchte uns, um im Bild vom Anfang zu bleiben, dazu ermutigen, hinter den Spiegel zu schauen oder, in sinngemäßer Umkehrung des bekannten Jesuswortes: ›Was bejammerst du die kleinen Lasten, die du zu tragen hast, und siehst nicht die großen Lasten, die auf den anderen liegen!‹

»Christus ist unser Friede«, das ist in seiner lapidaren Kürze so richtig wie a = b - und genauso nichtssagend, solange nicht erkennbar wird, wo du und ich in dieser Gleichung vorkommen. Ich habe deshalb versucht, diesem ach so richtigen Satz eine Art Haltegriff zu verpassen und habe als Thema für diese Predigt im Rückblick auf die vielzitierte Weihnachtsbotschaft der Engel gefragt: »Und Friede auf Erden - auf welcher (denn)?

Wo ist denn dieser Frieden, so fragen wir doch, bei weltweit 58 »bewaffneten Konflikten« im Jahre 1994, wie die Friedensforscher, um Neutralität bemüht, vorsichtig formulieren. Oder meint die Jahreslosung nur einen »inneren Frieden«, der mich dann bestenfalls immun macht gegen den Unfrieden um mich herum? Nein, das kann nicht sein. »Frieden auf Erden« haben die Engel bei der Geburt Jesu in Bethlehem ausdrücklich verheißen. Und sie haben dabei nicht an ein weltfernes Paradies gedacht, wo es keine Autos und keine Fabriken und dann wohl auch sonst nichts Böses gibt. Solche Paradiese gibt es ja, wie alles Menschengemachte, nur um den Preis, daß man dort bestimmte Fragen und Anteile des Lebens aussperrt, sei es, indem man die Eintrittskaren entsprechend teuer macht, oder sei es, indem man bestimmte Schwierigkeiten für eine begrenzte Zeit unter den Teppich kehrt und sich die Augen zuhält und ein bißchen Blindekuh spielt.

Nein, Christus ist auf dieser Erde unser Friede, in unserm privaten wie in unserm öffentlichen Leben - oder wir machen uns dem Glauben nur eine weitere, eben eine religiöse Droge zum Genuß des Selbstmitleids. Ich will nicht verschweigen, daß diese Gefahr besteht und daß dies auch in unsern christlichen Kirchen immer wieder geschieht. Die Fülle der Katastrophenberichte ist offenbar so groß geworden, daß wir mit unserm Gefühlshaushalt nicht mehr Schritt halten können, zumal die Zweifel an den Instanzen, von denen wir eine Lösung dieser vielen Probleme erwarten, auf Grund derselben Nachrichtenfülle stark gewachsen sind.
Aber dagegen hilft eben nicht ein Jesusfrieden, der in scheinbar naiven Bibelzitaten daherkommt, in Wirklichkeit aber aus einer raffinierten Mischung aus psychologischen Beruhigungs- und Aufputschmitteln besteht und unter Etiketten wie »charismatisch«, »missionarisch« oder auch »fundamentalistisch« verkauft wird. Eine hilfreiche Schlüsselfrage bei allen Auseinandersetzungen um den biblischen Jesus ist nach meiner Erfahrung immer noch die Frage, mit wem sich Jesus eigentlich in den Berichten der Evangelien kritisch auseinandersetzt: Marxisten oder Atheisten kommen da merkwürdigerweise nirgends vor, wohl aber immer wieder die Pharisäer!
Es geht den Evangelien nämlich wirklich um den Frieden auf dieser Erde, und Jesus ist deshalb der Christus Gottes, weil er sowohl die Tiefendimension dieses Friedens aufgezeigt wie selber den Weg gewiesen hat, auf dem er wachsen kann.
Beim Propheten Jeremia lesen wir: »Denn sie gieren alle, klein und groß, nach ungerechtem Gewinn; Priester und Propheten gehen mit Lügen um und heilen den Schaden meines Volkes nur obenhin, indem sie sagen: Friede! Friede! und ist doch kein Friede!« (8,10 f.).
Die richtigen Worte sind eben kein Beweis für die Wahrheit des Inhalts, damals in Israel genauso wenig wie heute. Und ebenso ist die Wahrnehmung der blutigen Wirklichkeit noch kein Gegenbeweis gegen die Wahrheit, daß Christus unser Friede ist. Tatsachen zur Kenntnis zu nehmen ist das eine, Tatsachen zu Tabus zu erklären, die sich nicht ändern lassen, ein anderes. »Christus ist unser Friede« - wenn man diesen Satz zurückstellt in den Zusammenhang im Epheserbrief, aus dem er gerissen ist, dann wird deutlich: Niemand kann Christus zur Sicherung des eigenen Friedens gegen den Unfrieden der andern mißbrauchen. »Christus ist unser Friede, der aus beiden eines gemacht hat und den Zaun abgebrochen hat, der dazwischen war, nämlich die Feindschaft. Durch das Opfer seines Leibes …«, lesen wir im 14. Vers des 2. Kapitels in der Lutherübersetzung. Christus ist also so der Friede, daß er die Grenze zwischen denen, vor denen wir uns sichern wollen - damals waren das, aus der Perspektive der Juden, die sogenannten Heiden - und uns, die wir Sicherheit suchen - diesen künstlichen Zaun, diese Ab- und Ausgrenzung hat er weggeräumt und aufgehoben. Er ist in seiner Person der Friede, weil er uns durch sein Reden

und Tun und am Ende durch die Hingabe seines Lebens die Angst vor dem Fremden nimmt, indem er Fremde und Nahe gemeinsam zu Gottes Kindern erklärt. Die Feindschaft, die dazwischen war, hat er durch seine Liebe entfeindet und seine Nachfolger und Nachfolgerinnen hat er ausdrücklich mit diesem Gebot der Feindesliebe, der Entfeindungsliebe beauftragt.
Damit ist sowohl die Größe des Auftrages klar wie die Möglichkeit, trotz dieser oft genug bestürzenden Größe konkrete und sinnvolle Schritte zu gehen. Es kann keinen Frieden nur an einer Stelle dieser Erde geben oder nur für einen Teil der Menschen, heißt das einerseits. Und andererseits: Jede Versöhnung zwischen einzelnen und Gruppen kann ein Schritt hin auf den Frieden sein, der in seiner Fülle und Vollendung in Christus zeichenhaft dargestellt ist. Wir erleben das ja gerade wieder sehr handgreiflich, wie der Versuch, an einer Stelle den Frieden zu sichern bzw. zu erzwingen, sofort auf das Ganze zurückschlägt: Zwischen dem, was in Tschetschenien geschieht, und dem, was sich in Moskau tut, besteht ein spürbarer Zusammenhang, sagen die Korrespondenten. Und bei den Konflikten in der kurdischen Osttürkei oder in Algerien ist das ja auch unübersehbar.
Solche Gewalt ist in ihrer Tiefe immer die Folge von Selbstmitleid, von dem Bemühen, den eigenen Anteil an der aufkommenden Last nicht zu tragen. Solange ich mit der Angst vor eigenen Leiden besetzt bin oder mit der Beschäftigung mit tatsächlich vorhandenen Leiden ausgefüllt bin, solange ist mir fast jedes Mittel recht, das abzuwehren; denn ich prüfe diese Mittel ja gar nicht ernsthaft, ich greife gleichsam blindlings danach. Erst wo wir uns von Christus die Augen öffnen lassen für das Leiden anderer und aus dem Glauben an ihn auch die Kraft beziehen, diesem Anblick standzuhalten, ja uns dem fremden Leiden mitleidend zuzuwenden, - erst da schwindet unsere Gewaltbereitschaft und wächst stattdessen die Energie, sich für mehr Gerechtigkeit einzusetzen und damit auf einen Frieden hinzuarbeiten, der nicht mehr gesichert werden muß, weil er von allen begrüßt und akzeptiert wird.
Große Worte auf einem kleinen Fleckchen Erde, ich weiß - noch dazu auf einem Fleckchen, das auf Grund seiner äußeren Gegebenheiten besonders viele Chancen hat, relativ friedlich zu sein. Das gilt für diesen Kirchenraum im Vergleich zum Alltag unserer Insel. Das gilt für diese gottesdienstliche Stunde im Vergleich zu den Ereignissen dieser Nacht. Und das gilt für diese Insel im Vergleich zu den großen politischen Einheiten, zu denen wir gehören und erst recht zu den riesigen Gebieten unserer Erde, die zu dieser Stunde von Krieg und Not geplagt sind. Große Worte auf einem kleinen Fleckchen Erde - ja gewiß!
Aber brauchen wir nicht immer wieder solche Verkleinerungen, um mit unserer Wirklichkeit fertig zu werden? Ist nicht im Grunde jeder Gottesdienst das Angebot, einige Schritte von den Dingen, die uns beschäftigen

und bedrängen, zurückzutreten, eine Perspektive zu gewinnen und die innere Ruhe für Überlegungen und Entscheidungen? Liegt das nicht in der Konsequenz dessen, daß »Christus ... unser Friede« ist?
Es ist eben nicht unsere Friedfertigkeit, an die wir glauben, sondern der Christus Gottes. Der Vorwurf, die Christen sollten erst mal in den eigenen Reihen Frieden schaffen, ehe sie sich auf der politischen Bühne zu Wort melden, ist genauso ein schlichtes Ablenkungsmanöver wie die Behauptung, wer seinen Frieden mit Gott und sich selbst gefunden habe, habe genug getan für den Frieden Christi.
Natürlich gibt es auch eine Gewaltbereitschaft des Glaubens, die überwunden werden muß, und nicht nur bei den fundamentalistischen Moslems oder in Nordirland. Und natürlich bekommt es der, der sich auf den Weg dieses Friedens macht, dabei unweigerlich mit Gott zu tun und steht sich damit plötzlich selbst ganz neu gegenüber. Diese Nacht ist dafür besonders gut geeignet, wie die Erfahrung lehrt. Wundern Sie sich also nicht, wenn Sie heute nacht auf einmal Ihr eigenes Spiegelbild entdecken, das Sie mit seinem fragenden Blick ermuntert, hinter den Spiegel zu schauen. Und vor allem: Laufen Sie vor dieser Erfahrung nicht davon! Lassen Sie Gott Zeit, mit Ihnen zu reden - oder besser: Lassen Sie Ihrem Ohr Zeit, auf ihn zu hören!
Aber das alles bedeutet eben nicht, daß der einzelne Christ erst ein Engel werden muß, um dem Frieden auf Erden zu dienen. Und die christliche Kirche leistet ihren Beitrag zum Frieden nicht als der säuselnde Hallelujaverein, den viele draußen immer gern aus uns machen möchten, die Politiker zuerst. Ich denke im Gegenteil: Gerade durch eine faire Art, miteinander um den richtigen Weg zu streiten, können wir ein Beispiel geben; denn nicht wir, sondern Christus ist ja eben der Frieden.
Wo fair gestritten wird, bleibt auch kein Platz mehr für wehleidiges Gejammere über die ach so schlechten Zeiten und darüber, daß wir in nächster Zeit vielleicht wirklich etwas kürzer treten müssen. Denn wo fair gestritten wird um den Frieden, da kommen ja unweigerlich die ins Bild, die jetzt in ungeheizten Kellern sitzen und zwischen den klammen Fingern Eisbrokken aufzutauen suchen, um etwas Wasser zu haben. Oder die mit müder Handbewegung ab und zu die Fliegen von den fiebrigen Augen ihres Kindes zu verscheuchen suchen, das als ausgezehrtes Bündel vor ihnen im trockenen Sand liegt. Und die alle so gern unsere Sorgen hätten, so gern!
Christus ist unser Friede. Er hat dem Teufel eine Absage erteilt, als er ihm die Welt zu Füßen legen wollte für ein einziges Ja zur Gewalt. Und hat stattdessen auf die kleinen Schritte der Liebe gesetzt bis zum Kreuz auf Golgatha. Wir wollen die Welt nicht beschönigen, aber die Wahrheit gebietet, daß wir heute abend auch die Namen derer nennen, die sich in diesem Jahr bemüht haben, diesen Spuren der kleinen Schritte zu folgen: den Südafrikaner Nelson Mandela und seinen weißen Stellvertreter de Klerk, den iraelischen Außenminister Perez und seinen Regierungschef Rabin auf der einen und Yassir Arafat auf der anderen Seite. Und die Führer der IRA in

Nordirland, die auch ihren protestantischen Gegnern den Weg zum Waffenstillstand geebnet haben. In all diesen Ländern ist noch kein Friede, wo sollte er auch herkommen, wo noch vorgestern geschossen und gebombt wurde! Bei uns wird schon seit vielen Jahren nicht mehr geschossen - und trotzdem ist kein Friede, jedenfalls keiner, der sich allen gönnt, Ausländern und Inländern gleichermaßen, und der deshalb nicht mehr mit Gewalt gesichert werden muß. Aber in Südafrika und Palästina und Nordirland können wir doch erkennen, was machbar ist, wenn Menschen sich nicht mehr von ihrem Selbstmitleid leiten lassen, sondern von dem, der unser Friede ist, der Rabbi Jesus und der Christus Gottes. Und sie können uns damit helfen, nicht mehr unsere Angst anzubeten heute nacht, mit Knallkörpern und abergläubischen Praktiken, sondern getrost und mit offenen Augen und Händen das neue Jahr anzugehen als ein »Jahr des Herrn«. Amen.

Bereit sein

Silvesterpredigt
Text: Lukas 12,35-38 *Jörg Rothermundt*

In ein paar Stunden ist das alte Jahr zu Ende. Was wird das neue bringen? Was erwartet uns da? Der Altjahrsabend ist eine gute Gelegenheit, ein wenig über diese Frage nachzudenken.

Was uns da erwartet, sieht wohl für die einzelnen recht unterschiedlich aus. Ich denke an einen Schüler, der nächstes Jahr aus der Schule kommt und eine Lehrstelle sucht. Wird er eine finden in dem gewünschten Beruf? Und wie wird es ihm dann dort gehen?

Ich denke an eine junge Frau, die ihre Ausbildung abschließen wird. Da ist eine Prüfung zu schreiben. Und wenn sie geschafft ist, kommt die Frage, ob sie eine Chance bekommt, oder ob wieder einmal die Männer vorgezogen werden. Und was wird ihr Freund zu dem allem sagen?

Ich stelle mir einen Mann in mittleren Jahren vor, im Beruf fest eingespannt. Der Terminkalender für nächstes Jahr ist schon ziemlich voll, auch der Urlaub ist geplant. Da ist weithin klar, was kommt. Aber wird er's auch schaffen?

Schließlich sehe ich eine alte Frau vor mir, die allein lebt und denkt: »Wenn ich nur jeden Tag aufstehen kann und mein' Sach' schaffen. Hoffentlich falle ich niemand zur Last. Wer weiß, ob ich den nächsten Geburtstag noch erlebe.«

Unterschiedliche Lebenskreise, unterschiedliche Erwartungen. Mir fällt jedoch auf, daß die meisten Menschen, die ich kenne, nur in sehr gedämpften Tönen von dem reden, was sie erwartet, auch die, denen nichts fehlt. Und mir selbst geht es nicht anders, besonders wenn ich an die wirtschaftlichen Unsicherheiten und die drohenden politischen Wolken denke ...

Der Predigttext, der für heute abend vorgesehen ist, schlägt andere Töne an. Jesus spricht von Leuten, die etwas sehr Erfreuliches zu erwarten haben. Ich lese Lukas 12,35-38 (nach der Übersetzung der Guten Nachricht).

Zunächst sieht es allerdings für die Diener gar nicht erfreulich aus, sondern ausgesprochen lästig und langweilig. Normalerweise genügt es, wenn der Türhüter, der das Haus bewacht, wach bleibt und den Herrn einläßt. Diesmal hat der Herr nun die ganze Schar der Haussklaven in Bereitschaft versetzt. Wer weiß, wann er kommt und was er dann noch will. Essen? Baden? Musik? Aber dann kommt die Überraschung. Der Herr kommt, legt den Mantel ab, geht in die Küche, bindet sich eine Schürze um, geleitet die Sklaven in den guten Speiseraum, läßt sie auf den Sitzpolstern Platz nehmen und serviert die besten Speisen und Getränke.
Es ist eine typische Gleichnisgeschichte, wie Jesus sie zu erzählen pflegt. Es beginnt ganz alltäglich und plötzlich kommt eine überraschende Wende. Heute würde er vielleicht erzählen: »Eine Textilverkäuferin hatte eine Stammkundin, die regelmäßig von ihr bedient werden wollte. Eine Ehre war es schon, aber auch eine Nervenprobe. Denn sie war sehr anspruchsvoll. Sie ließ sich immer alles zeigen, probierte dies, probierte das und brauchte ewig, bis sie sich entschied. Und sie erwartete, daß die Verkäuferin immer parat war. Eines Tages nun kommt die Kundin in den Laden, legt den Mantel ab und sagt: Heute bediene *ich* Sie. Sie können aussuchen, was Sie wollen, egal, wieviel es kostet. Ich bezahle für Sie! Und als die Verkäuferin nach einigem Zögern dann doch ein chiques Kleid ausgesucht hatte, sagte die Kundin: So, und jetzt gehen wir noch zusammen ins Café! Ihre Chefin weiß Bescheid.

Liebe Gemeinde! Solche erfreuliche Überraschungen erwarten uns im neuen Jahr. Vielleicht nicht buchstäblich so - es ist ja ein Gleichnis! - aber deshalb nicht weniger beglückend. Es erwarten uns nicht nur aufreibende Berufsarbeit, schwierige Prüfungen oder Ärger in der Familie. Das wird es geben. Aber sie werden mit Sicherheit durchbrochen werden von Überraschungen. Die Gegenwart Gottes hat viele Formen.
Da ist vielleicht ein Tag im Büro wie sonst, ziemlich hektisch und anstrengend. Aber da ist auf einmal eine innere Ruhe, daß die Arbeit flott von der Hand geht und ich auch in einer schwierigen Situation fest und freundlich bleibe.
Oder die alte, gehbehinderte Frau kann einen ganzen Tag lang ohne ihren Stock gehen. Dabei geht ihr das Wort Jesu durch den Kopf: »Steh auf, nimm dein Bett und wandle!«

Oder da wird ein Gottesdienst, der sich zuerst zäh und langweilig dahinschleppt, plötzlich zu einem Erlebnis, weil ein Bibelwort oder ein Liedervers, die sonst so ehrwürdig und papieren daherkommen, auf einmal zu klingen anfangen.
Oder da kommt eine, die einen Besuch machen wollte, um jemandem zu helfen, selbst als die Beschenkte nach Hause.
Ich will nicht behaupten, daß das kommende Jahr eine ununterbrochene Kette solcher Erlebnisse werden wird. Wir leben weder im Paradies noch im Himmel. Aber wir bekommen Zeichen zu sehen und zu spüren. Dazwischen sind Durststrecken. Die Sklaven im Gleichnis müssen ja auch warten bis Mitternacht oder morgens um drei! Aber es lohnt sich.

Eines ist freilich nötig, und darauf läuft das ganze Gleichnis hinaus: Es gilt, bereit zu sein. Man kann die Zeichen der Liebe Gottes nämlich auch übersehen. Nur der begegnet Gott, der mit ihm rechnet, der für ihn bereit ist. Die Sklaven im Gleichnis hätten ihre Lampen ausblasen und den Gürtel ablegen können, hätten es sich bequem machen können und schlafen. Dann hätten sie die große Überraschung verpaßt. So gilt es auch heute, wach und aufmerksam zu sein. Winke registriert nur, wer die Augen offen hält und nicht meint, er wisse schon genau, was ihm der heutige Tag bringen wird. Gute Begegnungen mit Menschen erlebt nur, wer sie anschaut und nicht schläfrig und mürrisch vor sich hinstarrt. Jemand, der nichts erwartet, wird jede Chance verpassen. Vielleicht ist ihm Gott begegnet, und er hat es gar nicht gemerkt.
Und noch etwas gehört zur Bereitschaft: ein Stück Nichtstun. Vielleicht wundert Sie das. Aber denken Sie noch einmal an die Verkäuferin. Angenommen, sie wäre nicht an ihrem Platz gewesen, gemütlich im Gespräch mit einer Kollegin, sondern wäre ins Lager gerannt, um die Zeit auszunützen und hätte sich dort zu schaffen gemacht, weil es dort natürlich immer etwas zu tun gibt – dann wäre die Kundin gekommen und wieder gegangen. Dasselbe gilt für einen Taxichauffeur. Der kann gut und gern Zeitung lesen oder Radio hören. Wenn ein Fahrgast kommt, ist er bereit.
Zur Bereitschaft gehört ein Stück Nichtstun, gehören freie Termine im Kalender und Hände, die nicht immerfort am Werkeln sind. Ich muß gestehen, daß mir das gar nicht leicht fällt. Ich plane gern weit voraus, und dann fällt es mir sehr schwer umzudisponieren, selbst wenn ich könnte. Ich glaube, die Sache mit dem Bereitsein muß ich mir selbst hinter die Ohren schreiben für das neue Jahr.
Was erwartet uns, liebe Gemeinde? Der Jahreswechsel ist die Zeit der Hellseher, die behaupten, sie könnten sagen, was kommt. Ich behaupte nicht, ein solcher Hellseher zu sein. Aber eines kann ich Ihnen sagen: Neben viel lästiger Alltagsarbeit und vielen Unsicherheiten erwarten uns erfreuliche Überraschungen, erwarten uns Zeichen der Liebe Gottes. Es lohnt sich, dafür bereit zu sein. Amen.

Was ist Zeit?

Andacht in der Silvesternacht im Anschluß an ein Orgelkonzert

Heinz Behrends

Lesung
aus Psalm 90

Meditation
Was ist Zeit?
In dieser Nacht haben wir ein tieferes Empfinden für Zeit, für unsere Zeit, obwohl doch Silvester nur ein Datum auf dem Kalender ist.
Die Zeit. Wir haben als Kinder im Sandkasten gespielt, den Sand von einem Haufen auf den anderen geschüttet. Der Haufen, der größer wurde, das ist meine Vergangenheit, der kleiner wurde, meine Zukunft. Anschaulich wurde des Lebens Maß. Und der da schüttet, das ist meine Gegenwart.
Die Ägypter dachten anders über die Zeit.
Wie eine Schlange ist sie, die sich in den Schwanz beißt. Sie häutet sich, verjüngt sich. Ihr Leib umhüllt uns wie ein riesiger Kerker. Alles dreht sich und dreht sich und kehrt immer wieder. Wir, wir sind darinnen, flüchtig.
Die Zeit ist eine schöne Frau, sagen die Inder, von blühender Schönheit. Alles gebiert sie und alles verschlingt sie wieder. Ein ewiger Kreislauf.
Der Gedanke des Kreislauf scheint zu beruhigen. Nichts Neues unter der Sonne. Wir richten uns ein. Vergangenheit ist schon das Versprechen der Zukunft. Je mehr wir vom Druck der Vergangenheit geprägt werden, desto mehr werden wir uns eine eigene Zeit zutrauen. Kann es wirklich Neues geben oder ist unsere Zeit im Verborgenen geplant wie der Fahrplan der Bundesbahn.
Nein, unser Leben währt 70 Jahre, und verbracht haben wir sie wie ein Seufzer, sagt die Bibel in Psalm 90. Darum lehre mich, Herr, das Maß unserer Tage, daß ich erkenne, wie vergänglich ich bin.
Unsere Zeit, wie zwei Haufen im Sandkasten, endlich.
Es gehört schon die ganze Kraft des Glaubens dazu, sich nicht in die Zeit hinein zu verlieren, an die Erde gedrückt zu werden, sondern das Leben zu begreifen voller Schöpfungskraft, Phantasie und Gestaltungswillen. Uns als Menschen zu fühlen, die ihre Zeit gestalten, auf ein Ziel hin.
Die Zeit wie ein Sandhaufen? Dann bin ich der Handelnde.
Diesem alttestamentlichen Verstehen von Zeit fügt Jesus noch eine andere Erfahrung hinzu: Jetzt ist die Stunde des Heils, sagt er.
Uns von dem Spielerischen des Augenblicks nichts nehmen lassen. Den Augenblick nicht aus dem Auge verlieren. Jetzt ist die Stunde. Aber auch den Augenblick nicht überfordern, daß er alles geben und bringen muß.
Die Erfüllung kann nur geschenkt werden.
Meine Zeit steht in Deinen Händen, Gott.

Gebete im Silvestergottesdienst

Beichtgebet *Johannes Gerrit Funke*

Mein Schöpfer,
ich bekenne Dir:
Wie viele meiner Gedanken kreisen immer wieder bloß in längst ausgetretenen Bahnen,
wie wenige meiner Gedanken haben gesucht, was von Dir geleitet ist!
Mein Erlöser,
ich bekenne Dir:
Wie oft verschanze ich mich hinter Mauern, die mir Sicherheit geben sollen, hinter Prinzipien, Gewohnheiten, Traditionen und Besitzdenken,
wie wenig stelle ich mich Deiner Gnade, die stark ist, weil sie nicht auf Illusionärem aufgebaut ist!
Mein Befreier,
ich bekenne Dir:
Wieviele Kräfte und wieviel Zeit vergeude ich ins Leere,
wie wenig lasse ich mich öffnen von Deinem Geist.
Ich komme zu Dir und bitte Dich aus der Tiefe meiner Gefangenschaft heraus:
Errette und befreie mich. Vergib und erbarme Dich.

Beichtgebet *Klaus Zillessen*

Die Schuld dieses Jahres Herr,
bringen wir vor dich.
Was wir versäumt haben an Liebe und Geduld miteinander.
Zeit, Kräfte und Mittel haben wir vertan,
Gelegenheiten versäumt,
Menschen verletzt und vergessen.
Und dann wieder,
als wir hätten zuhören und die Hände offen halten sollen,
da waren wir geschäftig,
als hinge alles von uns ab,
als dürften wir nicht mit deiner großzügigen Freundlichkeit rechnen.
Unsern falschen Stolz,
unsere Ängstlichkeit,
die Schuld dieses Jahres, Herr,
bringen wir vor dich.
Verzeih uns.

Sündenbekenntnis *Wolfhart Koeppen*

Herr, unser Gott: Wieder geht ein Jahr zu Ende. Und wir erschrecken, wie schnell die Zeit vergeht. Du aber bist und bleibst. Deine Liebe und Treue haben kein Ende.
Darauf vertrauen wir, wenn wir dir jetzt sagen, was uns bewegt.
Vieles, was wir in diesem Jahr angefangen haben, ist unfertig geblieben. --- (Pause)
Wir sind enttäuscht worden und haben andere enttäuscht. ---
Wir wurden verletzt und haben anderen Menschen weh getan. ---
Hoffnungen blieben unerfüllt, auch durch unsere Schuld. ---
Wir mußten erleben, daß es manchmal zu spät ist, etwas gutzumachen. ---
Wir haben nicht treu genug geglaubt, nicht intensiv genug gehofft und unseren Glauben viel zu selten in die Tat umgesetzt. Unsere Liebe blieb oft halbherzig. ---
Wir waren nicht Salz der Erde, nicht Licht der Welt. ---
So lassen wir das alte Jahr zurück als eine Zeit, in der wir an dir, an unseren Mitmenschen, aber auch an uns selbst schuldig geworden sind.
Wir können dich nur bitten: daß du gutmachst, was uns mißglückt ist; daß du uns gibst, was wir brauchen, um das alte Jahr in Frieden beenden und das neue in Frieden anfangen zu können:
deine Liebe, die alle Morgen neu ist;
deine Vergebung, die uns heilt;
deine Barmherzigkeit, die kein Ende hat.
Um sie bitten wir dich, guter Gott. Laß nicht nur ein neues Jahr werden; erneuere auch uns und unser Leben. Herr, erbarme dich über uns und segne uns.

Sündenbekenntnis *Wolfhart Koeppen*

Herr, unser Gott,
wir wissen: Es waren 365 Tage, die du uns geschenkt hast. Ein ganzes Jahr. Viele, viele Stunden. Und in diesen Stunden die Menschen, die um uns waren. Unzählige Gelegenheiten, zu staunen, neu anzufangen, Liebe zu üben. Zahllose Möglichkeiten, dieses Leben zu füllen.
Trotzdem sind wir einander oft ferngeblieben, obwohl wir uns nahe waren. Unzählige Gelegenheiten haben wir nicht genutzt. Viele Chancen vertan. Auch das wissen wir.
So bitten wir dich, guter Gott:
Nimm diese Stunden und Tage, nimm dieses ganze Jahr zurück in deine Hände. Du kannst auch noch unsere Versäumnisse zum Guten wenden. Du siehst uns, wie wir wirklich sind. Bei dir ist nichts verloren, auch dieses vergangene Jahr nicht.

Gib uns mit dem neuen Jahr, das morgen beginnt, viele neue Möglichkeiten und Gelegenheiten, deinen Willen zu tun. Laß uns neu anfangen, wo es sein muß - mit dir, mit den Menschen in unserer Nähe, mit uns selber. An Weihnachten hast du mit der ganzen Welt einen neuen Anfang gemacht. So hilf, daß auch dieser Gottesdienst heute abend für uns alle ein guter, neuer Anfang wird.

Gebet

Wolfhart Koeppen

Gott, unser Vater.
Im Wechsel der Tage und Jahre,
in unserem Kommen und Gehen
fragen wir,
was bleibt und Bestand hat,
was hält und uns Mut gibt.
Gott, deine Liebe bleibt, wenn unsere Zeit vergeht.
Dein Wort begleitet uns im neuen wie im alten Jahr. -
Wir danken dir für gute Tage, gute Worte, gute Freunde - für alles, womit du uns beschenkt und erfreut hast.
Wir bekennen aber auch leere Tage, böse Worte, versäumte Gelegenheiten und falsche Wege - all das, womit wir deinem Willen widersprochen und die Zeit vertan haben, die du uns gabst.
Wir bitten, hoffen und vertrauen,
daß du uns nahe bleibst,
Gott, guter Vater.
Dann werden wir die Spuren Jesu in unserem Leben entdecken und ihm folgen können in guten wie in schweren Tagen,
solange du uns Zeit gibst,
guter Gott.

Gebet
(im Anschluß an 1. Mose 28,10 ff.)

Klaus Zillessen

Herr, wir sind unterwegs
und manchmal auf der Flucht
wie Jakob
auf der Flucht vor uns selbst
auf der Flucht vor dir
auf der Flucht vor unserer dunklen Vergangenheit und Schuld.

Und dann öffnest du uns den Himmel
schickst deine Boten
deckst uns den Tisch
reichst Brot und Wein
und sprichst:
»Trotz aller Schuld und Hast
trotz all deiner Fluchtversuche:
Ich bin und bleibe dein Gott
will dir ganz nahe bleiben
dich behüten auf deinen Wegen
Irrwegen
Umwegen
Fluchtwegen
will dich wieder zurückbringen
dich beschenken und segnen
dich
und die, die nach dir kommen.«

Herr,
dafür will ich dir danken.
Und wenn ich nicht vergesse
- Herr, wenn ichs nur nicht vergesse -
dann will ich ein Denkmal deiner Freundlichkeit errichten
ein gesungenes
geopfertes
geschriebenes
bekennendes Denkmal
ein gelebtes Denkmal deiner Güte,
das andern Mut macht
und meine Dankbarkeit vor dem Verkümmern bewahrt.

Gebet *Helmut Herberg*

Du, unser Gott,
am letzten Tag des alten Jahres kommen wir zusammen zum Gottesdienst.
Oft haben wir im vergangenen Jahr deine Güte und Treue erfahren,
mitten im Alltag deine heilende Nähe gespürt.
Dafür danken wir dir.

Ja, es gab auch Tage und Stunden,
in denen wir lange auf dich gewartet haben.
Vieles von dem, was wir im vergangenen Jahr erlebt haben,
verstehen wir bis heute nicht.

Es fällt uns schwer, mit unseren Enttäuschungen
zu glauben, zu lieben, zu hoffen.

So kommen wir zu dir: Dankbar und voller Fragen.
Suchende.
Wir suchen Ruhe und Frieden.
Wir sehnen uns nach Zuversicht, Heiterkeit und Gelassenheit.
Wir hungern nach Anerkennung und Liebe.

Du, Gott des Lebens,
erfülle uns mit deinem Frieden.

Gebet

Helmut Herberg

Du, unser Gott,
das Jahr klingt aus,
wir lassen es los
und legen es zurück in deine Hände.

Wir danken dir für die Kraft, dieses Jahr zu bestehen,
wir danken dir für die Menschen, die uns begleitet,
getröstet, geholfen haben.
In der Stille sagen wir dir Dank für all deine Güte.
(Zeit der Stille)

Du, unser Gott,
manches ist im vergangenen Jahr nicht so geworden,
wie wir es erwartet haben.
Vieles ist ganz anders gekommen,
als wir geplant hatten.
In der Stille sagen wir dir unsere Enttäuschung.
(Zeit der Stille)

Du, unser Gott,
zwischen den Jahren wird uns bewußt,
wie schnell unser Leben dahinfließt.
Wir haben oft Angst, unser Leben könnte zu kurz sein,
und wir würden zu kurz kommen.
In der Stille bringen wir unsere Ängste vor dich.
(Zeit der Stille)

Du, unser Gott,
manchmal bist du uns so ferne,
so unbegreiflich in deinen Wegen mit uns.
Dann wieder spüren wir dich ganz nahe.

So kommen wir am Ende dieses Jahres zu dir,
Glaubende und Zweifelnde,
wir, deine Töchter und Söhne.

Gebet

Arno Schmitt

Die Zeit macht ihre Schritte,
und fast scheint es,
als sei in diesem Jahr
alles
nur eine Pause gewesen,
ein Atemzug.
So haben wir es nötig,
Herr,
daß du unserer gedenkst,
daß du unser Schreiten von Jahr zu Jahr
aufnimmst
in deine Ewigkeit,
damit unser Leben
nicht der Vergessenheit anheim fällt,
damit wir in dir
und unser Tun
in deiner Ewigkeit sind
und unser Leben, schreitend,
so die Gestalt erhält,
die du ihm zugedacht hast.

Gebet

Arno Schmitt

Dankbar bin ich

Gott, mein Gott, ich danke dir,
daß ich mich anschauen darf mit allem,
was unerlöst ist in meiner Tiefe
und des Geheiltwerdens bedürftig.
Nicht um meiner Makellosigkeit,
um meines Mangels willen
bist du mir zugewandt.
So kann ich leben.

Auch wenn ich allenthalben
mein Ungenügen erfahre,
es treibt mich nicht in Verzweiflung,
denn ich habe deinen Arm.

Und so denn kann auch das andere
Raum gewinnen in mir:
Daß ich bisweilen
zu einer Tat der Liebe fähig bin,
obwohl viel Selbstsucht in mir ist.
Daß es mir zuweilen gelingt,
aufrichtig zu verzeihen.
Daß ich meinem Herzen zu folgen wage,
hin und da,
auch wenn mein Kopf es Unsinn heißt.
Daß ich mitunter
verzichten kann,
auch wenn es mir schwerfällt,
dem Habenwollen zu widerstehen.

Mein Gott, ich freue mich,
daß ich nicht immer meinem Mißtrauen erliege,
einen Schritt des Vertrauens tun
und in deinen Willen einwilligen kann!
Behüte, was sich erneuern will in mir,
bis du mich ganz auf deine Seite gebracht hast
und ich ein Mensch deines Schalom sein werde.

Fürbittengebet zur Lebensbewegung im vergangenen Jahr

Jörg Rothermundt

Ankündigung

Im letzten Gottesdienst des Jahres wird immer die Lebensbewegung innerhalb der Gemeinde bekannt gegeben. Das soll auch jetzt geschehen. Es sind nur ein paar Zahlen, aber hinter jeder Zahl stehen Menschen mit ihrem persönlichen Lebensweg.

Im Jahr ... wurden ... Kinder getauft
... Jungen und Mädchen wurden konfirmiert
... Paare wurden kirchlich getraut
... Personen sind in die Kirche eingetreten
... sind ausgetreten.
... Frauen und Männer wurden beerdigt.

Wir wollen beten:
Ewiger Gott, der du uns Vater und Mutter bist,
alles Ding hat seine Zeit
und jeder Mensch hat seine Stunde.
Du aber bist die Quelle des Lebens,
die unerschöpflich fließt.
Darum kommen wir zu dir
und bitten dich für die Kinder,
die dieses Jahr getauft wurden.
Laß sie gedeihen an Leib und Seele,
und schenke ihren Eltern eine glückliche Hand
bei ihrer Erziehung.
Wir bitten dich für die Jungen und Mädchen,
die dieses Jahr konfirmiert wurden.
Gib ihnen die Gewißheit deiner guten, bleibenden Nähe
und laß sie sichere Schritte tun in eine unsichere Welt.
Wir bitten dich für die Paare,
die dieses Jahr kirchlich getraut wurden.
Segne ihren gemeinsamen Weg
und laß sie einander zugetan bleiben
in Liebe und gegenseitiger Achtung.
Wir denken an die Menschen, die dieses Jahr bei uns
in die Kirche eingetreten sind,
und an die, die ihr den Rücken gekehrt haben.
Hilf uns, eine offene und lebendige Gemeinde zu sein,
in der Menschen Heimat und Freiheit gewinnen.
Wir gedenken vor dir der Toten dieses Jahres
und derer, die um sie trauern.
Nimm du Tränen, Leid und alle Fragen in deine Hand
und laß sie, wenn es Zeit ist, zur Ruhe kommen in deiner Liebe.
Uns alle aber behüte auf dem Weg in das neue Jahr:
Alte und Junge,
Gesunde und Kranke,
Selbstbewußte und Mutlose.
In deinem Frieden bewahre unsere ganze Welt.

Dank- und Fürbittengebet *Klaus Zillessen*

Hab Dank, Herr,
daß du uns hineingenommen hast in deine Tischrunde.
Hab Dank für dein Beschenken und Verzeihen
heute abend und das ganze Jahr hindurch.

Hab Dank für alle Ermutigung
und für alle Vorfreude auf Kommendes.

Nun bitten wir dich für alle, die dich besonders brauchen:
für Traurige, Kranke, Einsame und Sterbende,
für Hungernde, Verzagte, Gefangene, Obdachlose und Heimatlose,
für Menschen ohne Arbeit und für Menschen ohne Freizeit,
für die, die Angst haben, und für die, die Angst machen,
für die, die unter Haß leiden, und für die, die hassen,
für alle, die unter uns zu leiden haben.

Überwinde alles Böse durch deine Liebe.
Laß jeden Menschen deine Nähe spüren.
Bleib uns gnädig zugewandt,
gestern, heute und an jedem Tag des neuen Jahres.

Segen

Wolfhart Koeppen

Gott segne euch auf dem Weg, den ihr geht:
  Er schenke euch Geduld,
  damit ihr warten könnt auf das,
  was erst noch wachsen muß.
Gott segne euch das neue Jahr, das vor euch liegt:
  Er schenke euch offene Augen,
  damit ihr seine Spuren entdeckt
  in den Herausforderungen,
  die euch das Leben stellt.
Gott segne euch und er behüte eure Schritte:
  Er schenke euch Vertrauen ins Leben,
  Mut, für das Gute einzustehen,
  und die Zuversicht, daß nie umsonst ist,
  was ihr tut in seinem Namen.
Gott segne euch mit Frieden für euch selbst und andere:
  Er schenke euch die Kraft,
  auf sein Wort zu hören,
  seinem Willen zu folgen,
  und zu wachsen in Glaube, Hoffnung und Liebe,
  damit euer Leben Frucht bringt, die bleibt.
So segne euch der gütige und barmherzige Gott, der Vater, der Sohn und der Heilige Geist.

Gegliederter Segen *Wolfhart Koeppen*
mit Lied EG 170 (Komm, Herr, segne uns)

(1) Komm, Herr, segne uns, daß wir uns nicht trennen, / sondern überall uns zu dir bekennen. / Nie sind wir allein, stets sind wir die Deinen. / Lachen oder Weinen wird gesegnet sein.

Gott, unser Herr und Erlöser
segne euch und behüte euch:
Er beschenke euch mit seiner Nähe
und begleite euch mit seiner Gnade.
Er stärke euren Glauben, eure Hoffnung und eure Liebe.

(2) Keiner kann allein Segen sich bewahren. / Weil du reichlich gibst, müssen wir nicht sparen. / Segen kann gedeihn, wo wir alles teilen, / schlimmen Schaden heilen, lieben und verzeihn.

Gott, unser Herr und Erlöser
erhebe sein Angesicht auf euch und sei euch gnädig:
Er lasse euch den Reichtum seiner Güte erleben
und beschütze euch vor der Angst um euch selbst.
Er helfe euch, Brot und Leben mit denen zu teilen,
die euch brauchen.

(3) Frieden gabst du schon, Frieden muß noch werden / wie du ihn versprichst uns zum Wohl auf Erden. / Hilf, daß wir ihn tun, wo wir ihn erspähen - die mit Tränen säen, werden in ihm ruhn.

Gott, unser Herr und Erlöser
erhebe sein Angesicht auf euch und gebe euch Frieden.
Zeugen des Lebens werdet ihr sein.
So segne euch der allmächtige und barmherzige Gott -
Vater und Sohn und Heiliger Geist.

Kalenderblätter - beschrieben, unbeschrieben

Gottesdienst am Neujahrstag *Christian Kollath*

Der 10.00-Uhr-Gottesdienst, so war unsere Erfahrung, ist nicht gerade eine Veranstaltung, in der wir den Jahresbeginn christlich-zuversichtlich, fröhlich und erwartungsvoll aus Gottes Hand empfangen. In den verschiedenen Gemeindekreisen überlegten wir, wie wir zu einem Gottesdienst kommen könnten, der uns angemessener erschien. Dabei kam heraus, daß wir den Gottesdienst auf 17.00 Uhr verlegten; daß der Charakter meditativ wurde; daß die Liturgie ein wenig gekürzt wurde; daß als Verkündigungsteil ein Zwiegespräch von Wort und Musik, von Predigt und Orgel entstand; daß anstelle des gewohnten Kirchcafés nach dem Gottesdienst ein Beisammensein mit Punsch und Berlinern stattfand.

Der Verkündigungsteil war meist zwei- oder dreigeteilt, orientierte sich thematisch an den jeweils vorgeschlagenen Texten oder am Kasus »Jahreswechsel«. Im vorliegenden Beispiel wählte ich eine dreiteilige Struktur: Unangenehmer Rückblick (1), angenehmer Rückblick (2) und Ausblick (3).

Orgelvorspiel

Begrüßung und Mitteilungen

Gemeindelied: EG 64,1-3: Der du die Zeit in Händen hast ...

Psalm 8

Kollektengebet
Guter Gott, wir sind hier in deinem Haus mit all den unterschiedlichen Befindlichkeiten: in müder Katerstimmung; nachdenklich und sehr in uns gekehrt; aufgedreht nach einem schönen Fest; traurig, weil uns Menschen fehlen; erwartungsvoll und gespannt auf das neue Jahr; voller Sorge und Unsicherheit, was auf uns zukommt.
Bei dir, Gott, hoffen wir, einfach so sein zu dürfen, wie wir gerade sind. Bei dir, Gott, suchen wir Kraft, um die Erlebnisse des letzten Jahres loslassen und in deine Hände zurücklegen zu können. Bei dir, Gott, suchen wir Segen für das, was vor uns liegt. Amen.

Gemeindelied: EG 64,4-6

Lesung
Lukas 4,16-21

Credo

Gemeindelied: EG 36,1-3: Fröhlich soll mein Herze springen dieser Zeit ...

Wortmeditation Teil 1
Liebe Gemeinde, haben Sie auch so Zeiten, in denen Sie das letzte Jahr durchdenken und durchfühlen? Ich nehme mir in den letzten Tagen des Jahres immer noch einmal intensiv meinen Kalender vor. Dazu muß ich sagen, daß ich in meinem Kalender jeden Tag - wie in einem Tagebuch - einen Tageseindruck und -rückblick notiere. Ich übertrage die Gedenk- und Geburtstage, gehe Tag für Tag durch, lese meine Notizen und erinnere mich so des Jahres.
Beim Durchsehen wurde ich auch ziemlich traurig, weil ich einige Geburtstage nicht mehr übertragen habe. Trennungen wurden mir bewußt, Menschen, von denen ich ein Jahr lang nichts mehr gehört habe, weil wir unterschiedliche Wege gegangen sind, weil wir uns aus den Augen verloren haben, oder verlieren wollten, weil der Tod sie aus diesem Leben gerissen hat.

Bei einigen Eintragungen wußte ich gar nicht mehr, worum es ging. Bei anderen war meine Erinnerung sofort wieder da. Ereignisse, bei denen ich versagt habe; Begegnungen, in denen ich Menschen verletzte, sie im Stich ließ oder vernachlässigt hatte. Die Gefühle von schlechtem Gewissen, Scham und Ärger auf mich selbst waren gleich wieder präsent.
Und es gab andere Schmerzen, die ich noch einmal spürte. Situationen, in denen ich von anderen über den Tisch gezogen wurde; Überheblichkeiten, Verleumdungen und Verunglimpfungen, die ich ertragen mußte. Da sind Narben geblieben, die sehr wetterfühlig sind.
Zudem tauchten all die Tage wieder auf, an denen ich nicht weiter wußte; an denen ich krank und handlungsunfähig war; an denen ich Angst hatte, entsetzliche Angst vor einer Diagnose, vor einer unumgänglichen Auseinandersetzung oder der Beurteilung durch andere; Tage, an denen mir das Leben zu schwer zu sein schien.

Orgelmeditation Teil 1

Wortmeditation Teil 2
Aber es gab auch sehr angenehme Erinnerungen. Die schönen warmen Tage im Sommer, die langen Tage, an denen es gar nicht dunkel werden wollte. So manchen Abend erinnerte ich, wie wir nach getaner Arbeit auf dem Balkon gesessen haben, ein schönes Glas Wein oder ein Weizenbier getrunken haben und Gespräche geführt, wie sie eben nur an so lauschigen Abenden möglich sind.
Andere Tage waren so dahingeflossen, Gott sei Dank, denn es wäre ja furchtbar, wenn es nur herausragende Tage gäbe. Morgens aufgestanden, mehr oder minder gelungen in der Arbeit gewirkt, mehr oder minder gelungen gegessen, mehr oder minder gelungen mit der Familie und anderen kommuniziert - und abends erschöpft eingeschlafen in mehr oder minder guter Stimmung.
Ach ja, und dann diese tollen Tage, an denen es so schön war. Da ist das Glückgefühl auch gleich wieder präsent. Richtig gute Freunde kamen ganz überraschend zu Besuch, wir gingen gemeinsam Essen und erzählten uns ganz ausführlich, was uns bewegt und beschäftigt.
Im Rückblick bin ich erstaunt und dankbar, wie viele Gelegenheiten es gab, fröhlich und glücklich zu sein. Wie oft habe ich mich wirklich geliebt und akzeptiert gefühlt von meiner Frau, von Familienangehörigen und Freundinnen - besonders zufrieden war ich natürlich, wenn ich mich von mir selbst gut beurteilt wußte. Immer wieder gab es Zeiten, zu atmen, durchzuatmen, aufzuatmen, einfach gar nichts dafür tun zu müssen, daß der Atem floß, ein- und ausströmte.
Es geschah Überraschendes. Im Privaten wie auch im Politischen ereigneten sich unerwartete Lösungen. So mancher Kelch ging an mir vorüber. So mancher Erfolg stellte sich ein, der mich zufrieden und glücklich machte.

Orgelmeditation Teil 2

Wortmeditation Teil 3
Und was wird das neue Jahr bringen? »Ein gutes neues Jahr« wünschen wir uns in dem Bewußtsein, daß das nicht selbstverständlich ist. Aber wann ist es denn ein »gutes« Jahr?
»Einen guten Rutsch in's neue Jahr«, sagt man auch manchmal. Daraufhin pflegte mein Schwiegervater immer zu antworten: »Reinkommen soll ich wohl gut, aber wichtig ist, daß ich auch gut wieder 'rauskomme!«
In der Tat, auch ich spüre, wie mich diese unbeschriebenen Blätter meines neuen Kalenders neugierig, unsicher und ängstlich zugleich machen.
Wird es auch wieder Trennungen geben und schwer zu ertragende Tage? Kann ich wieder neue Namen in mein Adreßbuch tragen, werde ich neue Freunde gewinnen?
Bei so vielen offenen Fragen ist es gut, an Verse wie die des 8. Psalms glauben zu dürfen:
»Wenn ich sehe die Himmel, deiner Finger Werk,
den Mond und die Sterne, die du bereitest hast:
was ist der Mensch, daß du seiner gedenkst,
und des Menschen Kind, daß du dich seiner annimmst?«
Da ist es gut zu wissen, daß es Gott gibt, der uns kennt, der – Gott sei Dank – sehr viel großzügiger und humorvoller mit uns ist als wir selbst. Da ist es gut zu fühlen, daß unser Leben ein sinnvolles Teil in einem sinnvollen Ganze ist – aufgehoben in Gottes Händen, die alles gemacht haben, beschützt in seinem Heilsplan in Zeit und Ewigkeit.
In dieser Zuversicht wünsche ich uns allen ein gesegnetes Jahr. Ein Jahr, in dem wir sicher nicht von unangenehmen Erlebnissen verschont werden. Aber ein Jahr, in dem wir hoffentlich in allem, was uns widerfährt, uns von Gott getragen fühlen und wissen. Ein gesegnetes, neues Jahr wünsche ich uns allen.

Orgelmeditation Teil 3

Fürbittgebet
Gott, wir legen in deine Hände zurück, was uns im letzten Jahr beschäftigt und umgetrieben hat.
Wir legen in deine Hände zurück all das, was wir unvollkommen, bruchstückhaft und kaputt erlebt haben – im ganz Privaten wie auch in der großen (welt-)politischen Sicht. Wir bitten dich: Füge es zusammen, vollende es, und mache es zu einem guten Ganzen. In dieser Hoffnung können wir es loslassen.
Wir legen in deine Hände zurück all das, was uns selbst mißlungen ist, wo wir gefehlt und versagt haben. Wir bitten dich: Heile die Wunden und Schäden, die durch uns entstanden sind, und laß uns Vergebung erfahren. In dieser Hoffnung können wir neu anfangen.

Wir legen in deine Hände zurück all das, was das Leben gelohnt hat, die vielen freudigen, wichtigen und sinnvollen Erfahrungen. Wir danken dir dafür. Wir bitten dich: Laß sie nicht verloren gehen, sondern vermehre sie. In dieser Hoffnung können wir dort anknüpfen und weitermachen.
Gott, für das neue Jahr bitten wir dich um deinen Schutz, deine Begleitung und deinen Segen. Gib uns immer etwas mehr Kraft, als wir jeweils zur Bewältigung der Situation brauchen. Bewahre uns, Gott, behüte uns, Gott. Amen.

Gemeindelied: EG 171: Bewahre uns, Gott, behüte uns, Gott …

Vaterunser

Segen

Orgelnachspiel

Das anschließende Beisammensein ist immer von großer Bedeutung, da man noch einmal die persönlichen Rückblicke, Wünsche, Hoffnungen und Befürchtungen für das neue Jahr teilen und mitteilen kann, was eine völlig andere Qualität hat, als es bei mir (selbst) zu behalten.

Wohin wenden wir uns?

Gottesdienst am Neujahrstag mit Abendmahl *Kurt Dohm*

Orgel

Eingangswort, Begrüßung, Abkündigungen

Lied: EG 59: Das alte Jahr vergangen ist

Gebet
Das Jahr hat sich gewendet, Gott.
Die Zeiten ändern sich und Menschen auch.
Du aber bleibst derselbe, der Eine, der Ewige.
Du bleibst der, der sich zuwendet,
einem jeden von uns, den du mit Namen gerufen hast,
um ihn zu erlösen,
dieser ganzen Welt, die du geschaffen hast
als einen Ort des Lebens.
So wende dich nun auch heute, Gott, ganz zu uns,
daß wir diesen Tag neu zu beginnen wagen
und auch dieses neue Jahr. Amen.

Psalm
Pastor und Gemeinde: Psalm 8 (EG 705) im Wechsel
Ehre sei dem Vater und dem Sohne und dem Heiligen Geist, wie es war im Anfang, jetzt und immerdar und von Ewigkeit zu Ewigkeit. Amen.

Lied: EG 179,1: Allein Gott in der Höh' sei Ehr'

Glaubensbekenntnis

Lesung
Lukas 4,16–21

Lied: EG 62,1–2: Jesus soll die Losung sein

Predigt
zu Jesaja 45,18–25

»Wendet euch zu mir, so werdet ihr gerettet, aller Welt Enden; denn ich bin Gott, und sonst keiner mehr.«
Wende ist angesagt. Wende – welch ein Wort! Oft gehört in den letzten Jahren, oft strapaziert, oft mißbraucht. Wende – ein Wort, in dem so vieles mitschwingt: Hoffnung und Freude, ebenso Enttäuschung und Bitterkeit; Wort voller Lockungen und Versprechungen, Wort von prophetischem Klang und dogmatischer Verführung, Friedenswort, Glücksbegriff, aber ebenso auch Drohwort, oft genug Lügenwort.
Wende – was sagt das schon? Das Wort allein bleibt leer, wenn es nicht sagt, wohin die Wende geht, was gewendet werden soll.
Früher hat man auch einen alten Mantel gewendet: außen neu, im Ganzen doch alt.
Mancher wendet sich und ist doch nur ein Wendehals. Aus Sich-wenden wird Sich-winden.
Eine Wende kann auch ein Weg zurück sein. Wendet euch nicht um, sprach der Engel zu Lot und seinem Weib. Sie aber wandte sich um und wurde zur Salzsäule.
Es gibt Parteien, die wenden sich so oft, daß niemand mehr weiß, wohin sie eigentlich wollen.
Der Wind, der wendet sich, wann er will, und weht mal hier, mal dort.
Und wir? Wohin wenden wir uns?
Auch das Jahr wendet sich. Von gestern auf heute. Viel Lärm war dabei. Und großes Feuerwerk, das schnell verpuffte. Was bleibt, ist Gestank in der Luft, sind Papierhülsen am Boden, leere Flaschen, müde Gesichter.
Das Jahr wendet sich. Was ist das schon? Ein Kalenderblatt wird umgelegt, eine Zahl anders geschrieben, statt einer Vier nun eine Fünf. Mehr nicht.

Vor fünf Jahren, ja, da war es anders. Das war ein Fest gewesen! Damals schien es die große Wende zu sein im Leben der Völker. War es ja auch. Für viele jedenfalls. Nun scheint es lange her zu sein. Was ist daraus geworden? Wende: Politiker sprechen gern davon, besonders in Wahlzeiten. Freilich verschweigen sie meist, wohin die Wende gehen soll. Was hätte sich wenden sollen?
Was hat sich für mich selber gewendet im alten Jahr?
Für manchen von uns hat sich Glück in Traurigkeit gewendet: Ein lieber Mensch ist nicht mehr, aus Gesundheit wurde Krankheit, Lebenssicherheit hat sich gewandelt in ungewisse Zukunft.
Für andere war es anders: Liebe hat das Leben verschönt, ein Kind wurde geboren, ein Mensch kehrte heim, die Fremde wurde zur Heimat, von dem Lager in die eigene Wohnung, die neue Arbeit sichert nun das tägliche Brot. Das Glück braucht keine großen Ereignisse.
Und was soll sich wenden für mich selber im neuen Jahr? Was will ich hinter mir lassen, welchem mich zuwenden? Was möchte ich, was wünsche ich mir, was erhoffe, erwarte ich: vom Leben, von den anderen, von mir selbst, von Gott? Was möchte ich, was soll geschrieben stehen auf den Blättern, die ich täglich umlege, eins nach dem anderen?
Es ist gewiß nicht verkehrt und unsinnig, sich darüber Gedanken zu machen. Es schafft Klarheit über den eigenen Weg. Auch wenn wir es nicht sein werden, die diese Blätter des neuen Jahres beschreiben.
Wende also ist angesagt. Doch Wende wohin?
Wendet euch zu mir, spricht Gott. So werdet ihr gerettet. Ich beschreibe die Blätter, auf denen euer Leben verzeichnet ist, Tag für Tag, Jahr für Jahr. Wendet euch zu mir. So werden es Blätter der Rettung sein.
Ich lese den ganzen Abschnitt:
Jesaja 45,18-25 lesen
Wendet euch zu mir! Viele haben das wohl nicht richtig gehört. Rechtzeitig zur Jahreswende gaben sie sich im Haus der Kirche die Türklinke in die Hand, um sich abzuwenden von Gott, oder zumindest von seiner Kirche. Die Wende dieses Jahres brachte uns erhöhte Steuern und Abgaben, nicht nur, aber auch eine Folge der bejubelten Wende von vor fünf Jahren. Freiheit ist nicht umsonst. Erneuerung will bezahlt werden. Solidarität hat ihren Preis. Pflege im Alter kostet Geld.
Und am Geld hängt so mancher. Wie auch jene an den Klötzen ihrer Götzen hingen, von denen Jesaja spricht. Ob die eingesparte Kirchensteuer nun das Leben schöner und sicherer macht? Ob man so besser zurecht kommt? Ob das wirklich not-wendig war? Ob das mehr hilft als die Hinwendung zu dem Gott, der einzig ist?
Wir in der Kirche werden dadurch weniger Menschen bezahlen können, die die Arbeit tun. Wir werden möglicherweise in Zukunft dadurch weniger helfen können, wo Not ist und wo nach Gerechtigkeit verlangt wird.

Ich bin doch keiner, der im Verborgenen redet, sagt Gott. Rede ich denn gegen die Wand? Eltern haben manchmal diesen Eindruck, wenn sie ihren Kindern Gutes sagen und Wegweisung geben wollen. Oder spricht Gott eine Geheimsprache?
Gottes Tun liegt offen zutage: Er hat die Erde bereitet und gemacht, er hat sie gegründet und wohnlich geschaffen für alle Menschen. Die ganze Erde ist sein Zeuge. Die ganze Schöpfung spricht für ihn. Wie sollte man ihn nicht hören und sehen? Wie sollte man sich von ihm abwenden? Kann man sich von der Erde abwenden? Kann man sich von seinem eigenen Lebensgrund abwenden?
Auch die Kirche ist keine, die in den Schmuddelecken der Welt ihr Wesen treibt. Sie ist kein okkultes Unternehmen, kein religiöser Geheimbund. Hat sie denn etwas zu verbergen?
Ihr Tun liegt doch offen zutage. Ihre Türen stehen offen. Ihre Häuser sind Häuser für Menschen. Sie ist ein wohnlicher Ort für viele, für Kinder, für Alte, für nachdenkliche Menschen, für solche, die sich engagieren wollen. Der Schüchterne darf zu ihr kommen, und auch, wer anzufassen weiß; der Traurige und die Fröhliche; die Schwache und der Starke, die Fromme und der Zweifelnde. Es gibt Raum für viele in dieser Kirche.
Wie kann man die Kirche sich selbst überlassen wollen? Wie kann man dieses Haus leer und öde werden lassen wollen? Soll man das Lachen der Kinder nicht mehr darin hören, sollen die Alten nicht mehr singen? Soll niemand mehr ein- und ausgehen? Soll man frieren in diesem Haus, wie man anderswo friert vor menschlicher Kälte? Soll das Licht ausgehen, daß es finster werde und man Wahrheit und Gerechtigkeit nicht mehr unterscheiden kann von Lüge und Betrug?
An welchem Ort sonst sollten sich Menschen zu Gott wenden, wenn nicht hier? Wo sonst wird von ihm geredet, wo sonst beugen Menschen die Knie vor ihm?
Menschen wenden sich ab von dem Gott, der den Himmel geschaffen hat und die Erde wohnlich gemacht. Welchem Gott werden sie folgen?
Unsere Welt scheint voll von Göttern zu sein. Religionen überall, Kult und Aberglaube an jedem Ort, Seelentrost und Therapie in Fülle, kleine und große Verführer an jeder Straßenecke, Heilung versprechende Lustangebote in jeder Zeitung, und der Gott des Geldes über allem. Nein, an Göttern fehlt es wahrlich nicht, nicht an ernstgemeinten und schon gar nicht an all den vielen kleinen und lächerlichen Götzen, die nichts anderes sind als hölzerne Klötze an den Beinen und Seelen der Menschen. Erkenntnis ist da nicht zu holen, weiß schon Jesaja, und schon gar nicht Hilfe und keine Rettung.
Die modernste Lösung scheint zu sein, überhaupt keinem Gott mehr zu folgen, sich auf nichts als sich selbst zu verlassen, keinem anderen als sich selber nur zu trauen: der Mensch sein eigener Gott!
Wie praktisch! Und auch wie preiswert! Kostet ja nichts: kein Geld, kein Opfer, keine Zeit, kein Engagement, kein Verzicht, keinen Gedanken. Aber

welch ein Irrtum! Kann ich mir mein Leben geben, kann ich es nur um eine Spanne verlängern? Kann ich mir eine Welt um mich herum erschaffen? Wer antwortet auf meine Fragen, wer erlöst mich von dem Schweigen in mir? Kann ich mir selbst vergeben, mir selbst Gerechtigkeit zusprechen? Wo kein Gott ist, bin ich verdammt allein, allein mit mir selbst, auf ewig, unerlösbar.

Wendet euch zu mir, spricht Gott, der Herr. Denn ich bin Gott, und sonst keiner mehr. Sonst keiner.

So leicht ist dieser Satz nicht. Und nicht so selbstverständlich. Gottes eigenes Volk hat eine lange Geschichte mit diesem Satz gehabt. Und sehr darum gerungen. Die Verführung, andere Götter für möglich und real zu halten und ihnen zu folgen, hat es immer auf seinem Weg begleitet: in guten Zeiten, in bösen Zeiten. Es hat ums Goldene Kalb getanzt, es hat dem Baal geopfert, es ist den Göttern Babylons nachgelaufen.

Aber es hat sich auch immer wieder dem Herrn, seinem Gott, zugewandt. Weil es die Erfahrung gemacht hat, wo es Hilfe und Rettung findet: hier und bei keinem anderen.

Ich bin Gott, und sonst keiner mehr. Das zu hören und mit dem entsprechenden Bekenntnis zu antworten, kann eine lange und schmerzhafte Geschichte sein, im Leben eines Volkes und im Leben eines einzelnen Menschen.

Aber es ist ebenso eine Geschichte der Rettung und Erlösung. Im Herrn habe ich Gerechtigkeit und Stärke - das ist ja auch eine Erfahrung von Menschen. Und viele haben sie gemacht und machen sie heute noch. Wir wären ja sonst heute nicht hier, am Morgen dieser Jahreswende.

Wendet euch zu mir - für uns ist das doch kein Lug- und Trugwort, kein Drohwort, sondern ein Wort freundlicher Einladung. Einladung zu dem Gott des Lebens. Einladung auch zu seiner Kirche, weil sie der Ort ist, an dem er sich begegnen lassen will.

Wendet euch zu mir, spricht Gott, der einzig ist, ein gerechter Gott und Heiland. Wendet euch zu mir in Glauben und Vertrauen - und dann kann sich das Jahr wenden, wie es will, kann euch jede Wendung im Leben begegnen: Nichts wird euch schaden.

Wir müssen nicht mit Furcht in das neue Jahr blicken. Und das alte können wir getrost zurücklassen. Zwischen beiden ist wirklich nicht mehr als nur ein Kalenderblatt.

Und was sich sonst in unserem Leben wenden wird, zum Guten, zum Schlechten, das können wir nur so besingen:

»Der du allein der Ewge heißt und Anfang, Ziel und Mitte weißt im Fluge unsrer Zeiten: Bleib du uns gnädig zugewandt und führe uns an deiner Hand, damit wir sicher schreiten« (EG 64,6). Amen.

Lied: EG 64,1-3+6: Der du die Zeit in Händen hast

Wort zum Abendmahl

Wir beginnen das neue Jahr mit Gottesdienst und Abendmahl. So gehen wir gestärkt in die vor uns liegende Zeit. Wie das tägliche Brot dem Körper Nahrung und Kraft zuführt, so geben das Wort Gottes und das Mahl des Herrn dem Geist und der Seele Erkenntnis, Ermutigung und Kraft.
Wir lassen zurück, was gewesen ist an Schuld und Sühne, was uns schwach und mutlos gemacht hat. Wir empfangen neues Leben und neue Hoffnung. Denn Gott selber wendet sich uns zu.

Einsetzungsworte - Einladung - Austeilung

Gebet

Guter Gott,
in Brot und Wein bist du zu uns gekommen,
damit wir auf unserem Weg durch die Zeiten
nicht allein sind und nicht mutlos werden.
Wir danken dir und bitten dich:
Wende dich allen Menschen zu,
die Not leiden, die einsam sind,
die keine Hoffnung haben, die krank sind,
die von Krieg und Gewalt bedroht werden.
Gib ihrem Leben eine Wendung zum Guten.

Sieh auch an unsere Kirche, Herr,
daß sie nicht öde und leer werde,
daß sie ein Haus des Lebens sei,
offen für viele Menschen,
daß alle, die in ihr arbeiten,
nicht mutlos werden.

Sprich zu den Menschen, Gott,
daß sie dein Wort hören
und sich nicht abwenden.
Sei du ihr Gott,
sei unser aller Vater, unser Erlöser und Retter.
Denn du bist einzig und außer dir ist kein Gott.

Darum rufen wir dich an
mit den Worten deines Sohnes,
Jesus Christus:
Vaterunser

Segen

Lied: EG 222: Im Frieden dein, o Herre mein

Orgel

Eingangsliturgie zum Neujahrstag

Carola Krieg

Sündenbekenntnis
Wir sind unruhig,
wir treiben durch Tage und Jahre,
werden getrieben, treiben ab,
suchen Wege, verirren uns im Dunklen,
werden einsam und ratlos,
die Fragen der Weltgeschichte bohren in uns,
die Fragen nach dem Weg unseres Lebens bohren in uns,
die wir in der Stille vor Gott bringen.

Gebetsstille

Herr, erbarme Dich!
Gemeinde: Herr, erbarme Dich!
Gnadenverkündigung
Überraschender Gott,
es ist reizvoll, daß das neue Jahr wie ein unbeschriebenes Blatt vor uns liegt: offen, Neugierde lockend, herausfordernd und ermutigend. So nehmen wir es als dein Geschenk: Du eröffnest uns weitere Wege in unserem Leben. Du gehst unsere Wege mit und läßt uns nicht fallen. Wo wir vor einer Mauer stehen, machst du sie uns zur Leiter. Wenn wir eine Tür zugeschlagen haben, dann öffnest du uns ein Fenster. Wir danken dir, daß du uns Zeit gewährst, älter zu werden, an Reife zu gewinnen, unsere Gaben zu entfalten.
Lobsinget dem Herrn, erhebet seinen Namen!

Gemeinde:
Ehre sei Gott in der Höhe und auf Erden Fried', den Menschen ein Wohlgefallen. Allein Gott in der Höh sein Ehr und Dank für seine Gnade, darum, daß nun und nimmermehr uns rühren kann kein Schade. Ein Wohlgefallen Gott an uns hat; nun ist groß Fried ohn Unterlaß, all Fehd hat nun ein Ende.

Kollektengebet
Guter Gott, vieles bietet sich an im neuen Jahr,
nimmt unsere Zeit in Anspruch.
Was wird sich als sinnvoll erweisen,
was wird sich bewähren?
Wir hoffen, daß wir im kommenden Jahr
auf unserem Weg weitergeführt werden,
der Spur Deiner Liebe zu folgen
in unserem Leben,

in der Gemeinde,
am Arbeitsplatz.
Dies bitten wir durch Jesus Christus, unseren Herrn.
Gemeinde: Amen.

Schriftlesung
Jona 1,1-4.9-12.15; 2,1-3.11.
Dein Wort sei ein Licht auf unserem Weg ins neue Jahr! Halleluja!
Lied: 181,2: Halleluja
Lied: EG 23,4: Gelobet seist du, Jesu Christ

Schriftlesung
Jona 3,1-5.10; 4,1-11
Gott ist langmütig und von großer Güte! Helleluja!
Lied: EG 181,2: Helleluja

Glaubensbekenntnis

Lied: EG 171,1-3: »Bewahre uns, Gott, behüte uns«

Zeichenhandlung im Neujahrsgottesdienst

Hans Jürgen Milchner

Ich möchte für mich und für uns heute Kerzen anzünden. Kerzen erzeugen Licht, Licht ist ein Zeichen der Hoffnung. Christus spricht: »Ich bin das Licht des Lebens.«

1. Kerze:
Diese Kerze soll brennen für alle im vergangenen Jahr Getauften, daß diese Kinder in Friede und Hoffnung aufwachsen, daß sie ein Elternhaus haben, in dem sie sich geborgen fühlen.
Dieses Licht leuchtet auch für alle, die in diesem Jahr bei uns in der Gemeinde getauft werden.
Denn so bezeugt es der Prophet Jesaja: »Fürchte dich nicht, ich habe dich befreit; ich habe dich bei deinem Namen gerufen, du bist mein.«

2. Kerze:
Diese Kerze soll brennen für die Jungen und Mädchen, die in diesem Jahr bei uns in der Gemeinde konfirmiert werden, daß sie die Chance und die

Hoffnung unseres Glaubens ernst nehmen und als eine Hilfe für ihr Leben betrachten können.
Denn so heißt es im 1. Joh. Brief: »Gott ist Liebe, und wer in der Liebe bleibt, der bleibt in Gott und Gott in ihm.«

3. Kerze:
Dieses Licht soll leuchten für die, die in diesem Jahr heiraten möchten, oder eine Silberne oder Goldene Hochzeit feiern werden.
Der Apostel Paulus schrieb: »Einer trage des anderen Last, so werdet ihr das Gesetz Christi erfüllen.«

4. Kerze:
Dieses Licht soll für die leuchten, die in diesem Jahr aufstehen aus Hoffnungslosigkeit und Resignation und selber Licht werden können für den Frieden in der Welt, für das Tun der Nächstenliebe, für die Vernunft, für die Träger der Barmherzigkeit.
Jesus sagte einmal: »Selig sind die Barmherzigen, denn sie werden Barmherzigkeit erlangen.«

5. Kerze:
Dieses Licht soll leuchten für die, die im vergangenen Jahr verstorben sind. Es soll leuchten für uns, die wir in Angst leben, für die, die schweres Leid tragen müssen.
Jesus Christus spricht: »Wer an den Sohn glaubt, der hat ewiges Leben.«

6. Kerze:
Diese Kerze leuchtet für die aus unserer Gemeinde, die im vergangenen Jahr durch das Tal der Krankheit mußten, die erlitten, wie schwer es ist, krank zu sein; für die, die erlebten, daß Krankheit auch eine Chance ist.
Dieses Licht soll auch leuchten für die, die mithelfen, Kranke zu besuchen und Einsamkeit zu lindern.
Denn so spricht Jesaja, der Prophet: »Siehe, ich will euch tragen bis ins Alter und bis ihr grau werdet.«

7. Kerze:
Dieses Licht soll für jeden von uns ganz persönlich sein:
- es soll leuchten für unsere Sorgen und Freuden;
- für Ihre Hoffnungen und Ängste;
- es soll auf Ihren Wegen durch Ihr Leben leuchten;
- es soll leuchten für alle Menschen, die wir lieb und gerne haben;
- es soll leuchten für vieles, was wir uns nicht mehr zutrauen, weil wir viel zu bequem geworden sind.

Jesus - als der auferstandene Christus spricht: »Siehe, ich bin bei euch alle Tage, bis an das Ende dieser Welt.«

Einen Augenblick …

Meditation am Neujahrsmorgen *Dieter Schupp*

Alle reden vom neuen Jahr.
Was erwartet uns, was wird es uns bringen, und was wird auf uns zukommen?
Niemand weiß die Antwort.
Doch alle wissen, es wird auch im neuen Jahr ein, zwei oder auch drei Augenblicke geben, die wichtig sind, für einen Tag; die entscheidend sind für ein ganzes Leben.
Der Augenblick, die Augenblicke …
Anna erzählt: »Er sah mich an, ich sah ihn an, und schon war alles zwischen uns beiden entschieden.« Daniel: »Ich habe die Stelle nur darum bekommen, weil ich grad im rechten Augenblick angerufen hatte.«
Herr S. nach einem Autounfall: »Ich war nur einen einzigen Augenblick lang unaufmerksam.«
Eine junge Frau bei einem Trauergespräch: »Ich war dabei, als er starb. Jetzt weiß ich, daß es das gibt: Noch leben und schon tot. Es liegt nur ein winziger Augenblick dazwischen.«

Alle reden vom neuen Jahr.
Laßt uns lieber den Augenblick bedenken.
Friedrich Schiller hat um seine Bedeutung gewußt, - gleich fünfmal kann man ihn zum Stichwort »Augenblick« zitieren.
»Die Zeit bringt Rat. Erwartet in Geduld. Man muß dem Augenblick auch was vertrauen.«
»Aus den Wolken muß es fallen, aus der Götter Schoß das Glück, und der mächtigste von allen Herrschern ist der Augenblick.«
»So selten kommt der Augenblick im Leben, der wahrhaftig wichtig ist und groß.«
»Nutzen muß man den Augenblick, der einmal nur sich bietet.«
»Nicht in ferne Zeit verliere dich, den Augenblick ergreife: der ist dein.«

Schwer zu sagen, was ein Augenblick ist.
Fest steht: immer wenn von ihm die Rede ist, ist man nicht mehr aktuell.
Denn der Augenblick, der gerade ist, ist jetzt schon wieder Vergangenheit.
Einundzwanzig, zweiundzwanzig, dreiundzwanzig … Ein, zwei oder drei Augenblicke?
Unzählige erlebten wir, werden wir - so Gott will - noch erleben.
Erleben dürfen, - erleben müssen?
Unzählige.
Doch nur in ein paar wenigen Augenblicken geschieht etwas, kommt über

uns und ereignet sich, was uns und unser Leben aufrichtet oder niedermacht, erhitzt oder abkühlt, befreit oder einengt, erbaut oder ruiniert, erfrischt oder tötet. Im Grunde sind es wirklich nur ein paar wenige Augenblicke, die aus unserem Dasein eine Biographie machen, die lesenswert ist. »Der Augenblick nur entscheidet über das Leben des Menschen und über sein ganzes Geschick«, notierte schon Goethe und bedauerte an anderer Stelle das kurze Glück des Augenblicks.

Gewiefte Statistiker haben herausgefunden: In diesem einen Augenblick machen - weltweit gesehen - zweitausend Menschen Liebe, kommen fünf Menschen auf die Welt, ereignen sich vier Arbeitsunfälle, erkranken drei an Krebs, sterben zwei Menschen, wird einer von ihnen psychisch krank.
Im Augenblick ...
»... und der mächtigste von allen Herrschern ist der Augenblick.«
Auch Paulus, der Apostel, weiß um seine Macht und um seine Bedeutung. Im Korintherbrief (Kap. 15,51f.) schreibt er: »Siehe, ich sage euch ein Geheimnis: Wir werden nicht alle entschlafen, wir werden aber alle verwandelt werden, - und das plötzlich, in einem Augenblick ...
Ihm geht es um Leben und Tod.
Sicher auch um Leben mitten im Leben und um Tod, mitten im Leben; um die Augenblicke, wo wir wir sind und um jene, wo wir aus welchen Gründen auch immer, nicht präsent sind. Letztlich jedoch um den einen, den letzten ...

Alle reden vom neuen Jahr.
Laßt uns lieber bedenken, wie wichtig ein einziger Augenblick in unserem Leben ist, - sein kann. Daß wir den nicht versäumen, sondern recht nutzen, solange wir das Leben haben, das ist für die Geschichte unseres Lebens entscheidend. Für uns und im Angesicht Gottes, dem wir das Geschenk des Augenblicks zu verdanken haben. Und darum: »Sorgt immer für den Augenblick, und Gott laßt für die Zukunft sorgen.« (Wieland).
Es wächst daraus die Lust, den Augenblick zu genießen. Und die Kraft, sich Gott anzuvertrauen, ohne den es diese Augenblicke in unserem Leben nie und nimmer gibt.

Gebete im Neujahrsgottesdienst

Entfaltetes Kyrie *Wolfhart Koeppen*

Vieles bewegt uns am Beginn eines neuen Jahres. Nur wenig davon sprechen wir aus. Aber Gott dürfen wir anvertrauen, was uns mit Angst oder mit Sorge erfüllt, was wir uns wünschen und was wir erbitten. Er wird uns

hören. Denn er weiß, was wir brauchen. Darum rufen wir ihn an: Kyrie eleison - Herr, erbarme dich! (EG Nr. 178.9)
Wir bitten um ein behütetes Leben: daß uns Krankheit und Kummer wenn möglich erspart bleiben. - Stille -
Laßt uns zum Herrn rufen: Herr, erbarme dich!
Wir bitten für unsere Arbeit: daß Sinn macht, was wir tun, und daß wir Freude daran haben. - Stille -
Laßt uns zum Herrn rufen: Herr, erbarme dich!
Wir bitten für die Menschen, mit denen wir zusammenleben oder die uns wichtig sind: daß wir verbunden bleiben und einander vertrauen können. - Stille -
Laßt uns zum Herrn rufen: Herr, erbarme dich!
Wir bitten für unsere Gemeinde: daß sie ein offenes Haus ist für alle, die zu ihr gehören. - Stille -
Laßt uns zum Herrn rufen: Herr, erbarme dich!
Wir bitten für unser Land: daß der Gewalt gewehrt, Gerechtigkeit für alle geschaffen und niemand ausgegrenzt wird. - Stille -
Laßt uns zum Herrn rufen: Herr, erbarme dich!
Wir bitten für diese Erde mit ihrem grenzenlosen Leid: daß die Unterdrückten Freiheit, die Hungernden Brot und die von Kriegen Gequälten Frieden finden. - Stille -
Laßt uns zum Herrn rufen: Herr, erbarme dich!
Für uns alle: daß auch die unausgesprochenen Bitten Erhörung finden. - Stille -
Laßt uns zum Herrn rufen: Herr, erbarme dich!

Gebet

Wolfhart Koeppen

Ein neues Jahr hat begonnen.
Was wird es bringen?
Was von uns fordern?
Wir wissen es nicht.
So kommen wir zu dir,
guter Gott.
Komm du uns nah
und laß uns erfahren, was bleibt
in unserem Kommen und Gehen.
In deiner Hand liegt unsere Zeit.
Laß dein Licht darauf fallen,
das Licht deines Sohnes.
Ihm laß uns folgen.
Dann werden unsere Tage gesegnet sein.

Gebet *Berthold W. Haerter*

Guter Gott,
unser Leben ist wie ein Schiff.
Es treibt durch die Jahre.
Wir können es steuern.
Du bist aber der, der den Kurs festlegt.
Wir bitten Dich am Beginn des neuen Jahres:
Gib uns in der kommenden Zeit ruhige, sonnige und glatte See.
Führe uns aber auch durch dunkles, aufgewühltes Wasser, wenn es uns begegnet.
Und wenn dieses Jahr unser letztes wäre,
so laß uns die Gewißheit haben,
daß Du es bist, der uns im Hafen der Ewigkeit empfängst.

Gebet *Berthold W. Haerter*

Guter Gott, Du bist uns für unser Leben wichtig, deshalb beginnen wir das neue Jahr mit diesem Gottesdienst. Es gibt in unserem Leben Momente, in denen wir Dich nicht begreifen. Es gibt Zeiten, da bist Du weit weg, auch wenn wir uns um Dich bemühen. Wir haben dann Fragen an Dich. Es sind Fragen, die mit warum und wozu anfangen. Wenn Du für uns weit weg bist, sei uns dann bitte besonders nahe.
Jesus Christus, Du bist der Weg, auf dem wir zu Gott kommen. Wir bitten Dich, laß uns im Sonn- und Alltag immer wieder eine Pause einlegen. Laß uns Kraft schöpfen, durch das Nachdenken über Dich. Beim Nachdenken laß uns auch überlegen, wie Du in unserer Situation gehandelt hättest.
Heiliger Geist, Du bist so unfaßbar und doch bist Du es, der uns zusammenführt. Du bist es, der unter uns wirkt und uns so merken läßt, daß Gott es ist, der unseren Lebenskurs festlegt. Wir bitten Dich, Heiliger Geist, wirke unter uns und unseren Schwestern und Brüdern des christlichen Glaubens. Wirke da, wo Menschen und Länder zerstritten sind. Wirke da, wo offensichtlich Konflikte sind und da, wo sie verdeckt werden. Heiliger Geist, wirke da, wo Menschen Kraft brauchen und da, wo man nicht mehr weiter weiß.
Vor Dir, Gott Vater, Sohn und Heiliger Geist, bringen wir das, was wir Dir anvertrauen wollen und das, wofür wir Dich um Vergebung bitten:
...
Danke, daß Du uns erhörst. Guter Gott, sei heute und im neuen Jahr bei uns und dieser Welt.

Die Autorinnen und Autoren

Pfarrer Heinz Behrends, Göttingen; Pfarrer Wolfram Braselmann, Loccum; Pfarrer Gottfried Brezger, Berlin; Prof. Dr. Karl-Fritz Daiber, Hannover; Pfarrer Kurt Dohm, Bremen; Pfarrer Johannes Gerrit Funke, Dortmund; Pfarrer Dr. Wolfgang Gerlach, Essen; Pfarrer Traugott Giesen, Keitum/Sylt; Pfarrer Dr. Jürgen Grimm, Dörrenbach; Pfarrer Hansjörg Haag, Wächtersbach; Pfarrer Berthold W. Haerter, CH Unterstammheim; Prof. Dr. Gert Hartmann, Herborn; Pfarrer Dr. Rolf Heinrich, Gelsenkirchen; Pfarrer Helmut Herberg, Ulm; Pfarrer Dr. Wolfgang Herrmann, Holzappel; Pfarrerin Birgitt Johanning, Schwerte; Pfarrer Hannes-Dietrich Kastner, Worms; Pfarrerin Heidi Kell, Tangstedt; Pfarrer Dirk Keller, Karlsruhe; Pfarrerin Ingrid Keßler-Woertel, Moormerland-Veenhusen; Pfarrer Jürg Kleemann, Florenz; Pfarrer Heinz-Dieter Knigge, Göttingen; Pfarrer Wolfhart Koeppen, Ortenburg; Pfarrer Christian Kollath, Glinde; Pfarrerin Carola Krieg, Hofheim/Taunus; Pfarrerin Sigrid Lunde, Bad Kreuznach; Pfarrer Claus Marcus, Berlin; Pfarrer Klaus von Mering, Langeoog; Pfarrerin Annedore Methfessel, Wuppertal; Pfarrer Hans Jürgen Milchner, Hunteburg; Pfarrerin Angelika Obert, Berlin; Pfarrer Dr. Jörg Rothermundt, Plüderhausen; Pfarrer Dr. Traugott Schächtele, Ettlingen-Bruchhausen; Pfarrer Arno Schmitt, Mannheim; Pfarrer Dr. Günter Scholz, Neu Wulmstorf; Pfarrer Dieter Schupp, Kaiserslautern; Pfarrer Helmut Siegel, Hildesheim; Pfarrer Dr. Gunnar Sinn, Nürnberg; Pfarrer Ulrich Tietze, Lüneburg; Pfarrer Andreas Zeuschner, Berlin; Dekan i. R. Klaus Zillessen, Ettenheim; Pfarrerin Anke Zimmermann, Diemelsee